生活·讀書·新知 三联书店

李开元 著

从项羽到韩信

Simplified Chinese Copyright © 2015 by SDX Joint Publishing Company.
All Rights Reserved.

本作品中文简体版权由生活·读书·新知三联书店所有。
未经许可，不得翻印。

图书在版编目（CIP）数据

楚亡：从项羽到韩信 / 李开元著．—北京：生活·
读书·新知三联书店，2015.5（2024.11 重印）
ISBN 978-7-108-05295-7

Ⅰ．①楚… Ⅱ．①李… Ⅲ．①楚汉战争–通俗读物
Ⅳ．① K234.109

中国版本图书馆 CIP 数据核字（2015）第 066001 号

责任编辑　曾　诚
装帧设计　薛　宇
责任印制　董　欢

出版发行　生活·讀書·新知 三联书店
　　　　　（北京市东城区美术馆东街 22 号 100010）
网　　址　www.sdxjpc.com
经　　销　新华书店
印　　刷　北京隆昌伟业印刷有限公司
版　　次　2015 年 5 月北京第 1 版
　　　　　2024 年 11 月北京第 27 次印刷
开　　本　635 毫米 × 965 毫米 1/16　印张 22
字　　数　255 千字　图 42 幅　地图 4 幅
印　　数　226,001–236,000 册
定　　价　45.00 元

（印装查询：01064002715；邮购查询：01084010542）

序言 文学比史学更真实？

文学和史学，谁更真实？

文学所追求的极致是美，史学以求真为自己的最高目标。为了美，文学可以大胆地虚构，对于史学来说，虚构损害了真。

不过，有哲学家并不这样看。亚里士多德有一个说法，诗比历史更真实，他所说的诗，就是文学。因为历史所记述的，是已经发生了的事情，文学所描述的，是可能发生的事情，可能发生的事情比已经发生了的事情更本质、更富有哲学意义，也就更真实[1]。

世间流传这样一个故事。1663年，伽利略接受宗教裁判，正式宣布放弃地球围绕太阳转动的日心说。据说，他当时嘀咕道："但它（地球）确实转动。"这句话，至今找不到证据加以证明。这个故事，作为历史事实或许是假的，但是，它真实地刻画了伽利略在被迫放弃自己观点时的主观立场，具有逻辑的真实性。

在本书中，我详细地叙述了侯生说服项羽的故事，在这个故事中，侯生动之以情，晓之以理，以透彻的人情利害分析，成功地说服了项羽接受刘邦的和议，以鸿沟为界中分天下，释放了被

---

[1] 参见亚里士多德《诗学》第九章、第二十四章，陈中梅译注，商务印书馆，2012年。

扣押在军中做人质的太公和吕后，成就了一桩历史上罕见的外交伟业。侯公说项羽这件事情，史书有记载，寥寥数语，侯公如何说项羽的详情，史书没有记载，是一段空白。我的叙述是为了填补历史的空白。

多年以来，不管是历史学家还是文学家，都面临历史空白的困惑：对历史上肯定有过而史书没有记载的事情，究竟是沉默不语，用严谨和慎重将其束之高阁，还是打破沉默，用推测和想象将其构筑出来？

在写作本书的上部《秦崩——从秦始皇到刘邦》时[1]，我力求打通文史哲，师法司马迁，力求用优美动人的文笔，用追寻往事的感触和踏勘古迹的体验，复活两千年前的那一段历史。在追求真实的叙述中，我曾经尝试用推测性的构筑，去填补历史记载的空白，写成"戏水之战的秘密"，结果是赞否两论，毁誉参半。

在写作本书的过程中，我再一次面临同样的困惑。有幸的是，在叙述到侯公说项羽的时候，我得到两位伟大先辈的支持，

---

[1] 书名原题《复活的历史——秦帝国的崩溃》，2007年由中华书局出版，（台北）联经出版公司2009年出增补版时改为《秦崩：从秦始皇到刘邦》。以下，一律略称《秦崩》。

一位是宋代的苏东坡，一位是明代的王世贞。苏东坡读史，有感于侯生说项羽的详情失载，曾经撰写《代侯公说项羽辞》一文，纵横驰骋想象，有节有度叙述，堪称补史的名文[1]。王世贞著有《短长说》上下篇，其中有侯生说项羽的篇章，也是匠心独运，构思巧妙[2]。我读二位先贤，心灵相通之余，仍有意犹未尽之感，于是活用两篇侯公说项羽辞，再次复活了侯公说项羽的详情。

苏东坡大气明朗，自述撰写《代侯公说项羽辞》的动机说："侯公之辩，过陆生矣，而史阙其所以说羽之辞，遂探其事情以补之，作《代侯公说项羽辞》。"这句话说，侯生游说项羽的言辞，远远超过陆贾了。但是，史书没有将他如何说动项羽的详情记载下来，于是我探讨此事的事理情由，将其补充出来。清楚明确，他是有感于历史记载的空白，于是探讨当时的历史形势，基于相关的历史事实作合理的推测而构筑成文，宛若历史研究的文

---

[1]《苏轼文集》第五册，卷六十四，中华书局，1996年版。我将这篇文章全文收入附录，供有兴趣的读者参考。
[2]《弇州山人四部稿》卷二百四十二。因为此文不常见并有争论，我将全文收入附录并做了简要的说明。

学叙述表达。

王世贞精巧曲折，他景仰司马迁，模仿《史记》撰写当代史传，他也景仰苏东坡，学习苏东坡为《史记》补白。不过，由于补白太多，他不便于直说，于是借助托古的方式，声称补白的文字出于地下。他为《短长说》作序说："耕于齐之野者，地坟，得大篆竹书一帙，曰短长。其文无足取，其事则时时与史抵牾云。……录之以佐稗官。"这句话说，在山东地区，有人在耕地的时候，从隆起的土地中得到竹简一函，用大篆书写，篇题为《短长》。文字无甚可取之处，所记的事情也常常与史书的记载不同。……我将这些竹书文字整理记录下来，以供史官参考。

《短长说》这部书，肯定不是出土文献而是王世贞的编撰。不过，这部书的内容，绝非天马行空的胡编乱造，而是在史书记载的空白点上，运用间接的材料，基于已知史实，做合理的推测和构筑。这部书从史料学的角度上看，无疑是伪书。不过，这部书从文学的角度上看，是拟古文的佳作；从史学的角度上看，相当逼近历史的真实；从哲学上看，具有逻辑的真实性。

我曾经将历史学的知识结构概括为"3＋N"的世界，史实是第一历史，史料是第二历史，史书是第三历史，之外是N个延伸的历史[1]。毫无疑问,在这个"3 + N"的历史世界中,史料最接近史实,不过,它的欠缺是低视野,仍须用推想去与广阔的史实连接。在史料的空白处,合理的推测和构筑,应当是逼近历史真实的有力武器。

得到了这种认识以后,我在本书中较多地选用了《短长说》的内容,比如第四章第五节"范增之死",讲述了临死前的范增接受占卜师的询问,极力为项羽的种种行为辩护,唯独对于项羽指使部下杀害义帝的事情不作回答,讳莫如深,似有难言之隐。

这件事情,是王世贞构筑的一个历史故事。这个故事,作为历史事实或许是假的,但是,它真实地反映了范增被项羽猜忌出局的原因,他在对待义帝的态度上与项氏家族不一致。这个构筑的故事,具有相当的逻辑真实性。这个构筑的历史故事,比《史记》所记载的陈平使反间计,用不同待遇迷惑楚国使者的故事更接近历史的真实。所以,我在本书中抛弃了《史记》的故事而使

---

[1] 关于"3 + N"的历史学知识结构的一般表述,参见拙著《秦谜:重新发现秦始皇》谜底(一)之"《史记》是历史学的第三世界",北京联合出版公司,2015年。其学术表述,参见拙文《解构〈史记·秦始皇本纪〉——兼论"3 + N"的历史学知识构成》,刊于《史学集刊》,2012年第4期。

用了《短长说》的故事，并且将苏东坡和我自己的意见附在后面，既是采用这个故事的根据，也是对这段历史的重新解读。

往事留下的信息往往是只言片语。史料少于史实，是历史学的一个永恒的困境，特别是古代史，更是万劫不复的陷阱。历史学家面对如此困境时，在发现新史料的努力和幸运之外，或许也需要拓展自己的方法和思路。

眼下，我呈现给读者的这本书，既是复活往事的历史叙述，也是连接古今的纪实文学。通过这本书，我也想表达一种思想：

一切历史都是推想。有时候，文学比史学更真实。

目 录

序言　文学比史学更真实？ 1

第一章　大将韩信 1
　　一　本是王孙 3
　　二　胯下之辱有兵法 7
　　三　韩信保卫项羽 11
　　四　张良求得汉中 18
　　五　国士无双 22
　　六　萧何截贤追韩信 27
　　七　汉中对 32
　　八　田荣反楚 37
　　九　汉中的地形交通 41
　　十　章邯看走了眼 44
　　十一　明出子午，暗度陈仓 50

第二章　彭城大战 55
　　一　韩王郑昌 57
　　二　张耳来归 62
　　三　吃软饭的陈平 66
　　四　秦汉的乡里社祭 70

五	古代的克格勃	74
六	义帝之死	79
七	联军攻占彭城	82
八	项羽的反击	87
九	刘邦的极限	92
十	回首彭城之战	95

第三章 南北两翼战场 105
一	刘邦坚强	107
二	冷面杀手英布	110
三	外交家随何	114
四	骑将灌婴	119
五	魏豹反汉被擒	122
六	韩信开辟北方战场	129
七	背水之战	133
八	井陉访古寻战场	141

第四章 荥阳对峙 147
| 一 | 荥阳对峙的概观 | 149 |

	二	陈平受谗	152
	三	张良反对分封六国后人	155
	四	离间楚国的真相	160
	五	范增之死	165
	六	争夺荥阳	170
	七	刘贾、卢绾开辟敌后战场	175
	八	郦食其说下齐国	179
	九	项羽十大罪	185

第五章 **垓下决战** 193
    一 韩信破齐 195
    二 蒯通说韩信 200
    三 侯公说项羽 205
    四 陈下之战 212
    五 垓下之战 217
    六 乌江自刎 221
    七 垓下行 227
    八 刘邦即位于定陶 236

第六章　倒影回声中的楚与秦 241
- 一　谁杀死了项羽？ 243
- 二　最后的秦军 246
- 三　秦军成为汉军主力 250
- 四　秦将杨喜的故事 255
- 五　楚父秦母昌平君 260
- 六　寻找传闻中的历史流 265

尾声　失人心者失天下 274

后记　历史是中国人的宗教 279

- 楚汉之际列国大事月表 284
- 项羽年表 306
- 韩信年表 310

- 苏轼《代侯公说项羽辞》 315
- 王世贞《短长说》下 321

- 参考书举要 336

地图目录

地图1　韩信反攻关中图..................46

地图2　彭城之战图..................90

地图3　背水之战图..................137

地图4　垓下之战图..................216

第一章

大将韩信

一　本是王孙

　　漂母称韩信为"王孙",或许从另一头牵引出了韩信隐秘的身世。王孙,表面的意义,就是王子王孙。秦灭六国,古来的贵族社会终结,各国的王子王孙沦落到社会底层,破败的金枝玉叶,最容易引来善良的下层民众怜惜。

二　胯下之辱有兵法

　　人生如战场,兵法就是人生哲学。当韩信在淮阴街市受到恶少挑衅的时候,他理智地选择了胯下之辱,种种考量之外,他从小得到《孙子兵法》的指引,视《孙子兵法》为自己的人生哲学,不可不说是重大的原因。

三　韩信保卫项羽

　　韩信不是呼风唤雨、承头起事的领袖人物,他天才自负,高傲孤独,他无意造反、领头打江山,他只是想找到一个可以施展自己才能的平台,成就连百万之军,战必胜、攻必取的伟业。

四　张良求得汉中

　　范增深知,对于可能为害的猛兽,如果不能杀掉,就将它禁闭起来;对于潜在的敌人,如果不能马上消灭,就对他封锁堵截。他劝谏项羽说,巴蜀地区,易居难出,本是秦国的领土,请大王将巴郡和蜀郡分封给刘邦。

五　国士无双

　　萧何识人的慧眼再一次开启,他预感韩信是独步天下的统帅型人才。更让萧何兴奋的是,韩信在这个时候出现在汉中,可谓是上天特意赐予的瑰宝。引领刘邦军脱出当前困境的希望，应当就在韩信的身上！

六 萧何截贤追韩信

萧何追韩信处，在今四川省南江县两角山和米仓山间的截贤岭，两山之间有淮阴公庙，两角山下有石刻云："汉相国萧何邀淮阴公韩信至此山"，唐代集州刺史杨师谋有《题记》。

七 汉中对

"汉中对"，是楚汉相争历史的起点，刘邦集团由此制定了北上还定三秦，进而东进争夺天下的战略。从尔后的历史来看，"汉中对"的正确决策和成功推行，是刘邦集团由被动转为主动，由弱小走向强大的转折点。

八 田荣反楚

自封为齐王的田荣，公开竖起反楚的大旗，开始在不满项羽的各国实力人物中寻找帮手和同盟。他找到的第一个帮手，就是彭越，而第一个起来响应田荣的实力人物是陈馀。

九 汉中的地形交通

古往今来，进出汉中最大的难题是交通。由汉中进入关中地区，必须通过山间的古道，穿越秦岭山脉。秦岭山脉，东西绵延800里，平均海拔2000米以上，山势险峻难行。

十 章邯看走了眼

当章邯得到汉军大出陇西的军报时，他将信将疑，怀疑汉军攻击陇西的意图，或许是声西击东的诡计？不久，从陈仓方面又传来军报，汉军一部出陈仓道，开始攻击道口的故道县城。章邯并不觉得意外，他坚信自己的判断：汉军真正的攻击目标，在子午道。

十一 明出子午，暗度陈仓

常常听到说，历史不能假设。其实，假设是历史学常常使用的有效方法。如果诸葛亮接受魏延的建议，采用当年韩信反攻关中的战略，是否就会成功？

一 本是王孙

公元前 206 年 4 月，身在咸阳的韩信面临人生的重大选择：究竟是跟随项羽回到故乡楚国，还是跟随刘邦前往汉中？他必须马上决断。

韩信是淮阴人，地方在现在的江苏省淮安市一带。韩信的生年，在公元前 228 年左右[1]。这一年，以楚国的年历计算，是楚幽王十年，以秦国的年历计算，是秦王政十九年。韩信出生的时候，淮阴是楚国的国土，秦始皇统一天下后，编制成了秦帝国的东海郡淮阴县。所以，以出生地而言，韩信是楚国人。

不过，从韩信的姓氏上来看，他可能与韩国有些渊源。我们知道，韩是韩国王族的姓氏。韩信的姓氏，或许就是继承了韩国王族的血统而来的？当然，这种说法，仅仅是一种现代的推测，司马迁著《史记》为韩信立传的时候，完全没有提到韩信的亲族和家庭。所以，我们不知道他的父母是谁，他有无兄弟姐妹，我们也不知道他的妻子是谁，他有无子女亲属。史书中的韩信，仿

---

[1] 关于韩信的生年，史书没有记载。张大可、徐日辉著《张良萧何韩信评传》（南京大学出版社，2002 年）结合史事和民间传说推断韩信生年为公元前 228 年，今从之。韩信生平，参见本书附录《韩信年表》。

佛是英雄孤身一人，特立独行于天地之间。

汉帝国的江山，三分之二是韩信打下来的，韩信曾经先后被封为齐王和楚王。汉帝国建立的时候，以功业、声望、地位而论，韩信仅次于刘邦，无疑是名副其实的第二号人物。对于这样一位显赫的历史人物的家世，司马迁竟然不能有只言片语传达给后人，实在是非常遗憾的事情。不过想来，司马迁有他的难处，他是巧妇难为无米之炊。

我们知道，韩信辉煌的人生，有非常不幸的结局。公元前196年，也就是汉高帝十一年，他被吕后以谋反的罪名处死，被残酷地灭了三族。因此之故，有关他的亲族和家庭情况的记录，大概都被销毁了个干净。《史记·淮阴侯列传》中有关韩信早年行状的一些记事，多是司马迁到访淮阴时收集到的一些传闻故事。值得注意的是，在这些现场采风得到的花絮断片中，处处流露出古来贵族社会的流风余韵。

史书上说，韩信青年时代家境贫穷，连吃饭都没有着落。不过，韩信吃饭没有着落的问题，怨不得别人，都是他自身的习气带来的后果。韩信身材高大，堂堂正正一男子汉，既不耕田种地，也不做买卖经商，又不能出仕为吏，生计当然不会有着落。生计没有着落的韩信，成天游手好闲，到处晃荡。他不但到处晃荡，还喜欢佩着刀剑晃荡，吃不起饭还端着架子，活生生一副落魄贵族子弟的形象。

在古代社会，带刀佩剑，本来是贵族的特权，不事生产，更是贵族的本性。大概正是遗风所致，我们在韩信身上，不但见不到依靠劳动养活自己的行为，甚至见不到这种意愿，他习以为常地"从人寄食"。"从人寄食"，用今天的话来说，就是到别人家里吃白食，似乎是不太光彩的事情。不过，在韩信所生活的战国秦汉时代,"从人寄食"是士人依附权贵的一种生活方式。这种生活方式,本是古来贵族社会的遗风,到了战国时代,也成了新起的游侠社会的时尚[1]。战国末年,三千门客寄食于魏国公子信陵君门下,秦汉之际,乡侠刘邦带领一批小兄弟到嫂子家白吃白喝,都是这种寄食之风[2]。

韩信寄食,最初依附在淮阴县下乡的南昌亭长家,天天去白吃,几个月之后,惹得亭长老婆心烦,于是使坏,早早做饭吃了。韩信按往常的时刻到时,亭长老婆不再招呼吃饭。韩信心中明白,从此不再到亭长家去。乍一看,韩信寄食南昌亭长家的这个故事,与刘邦寄食大嫂家有些相似之处,仔细琢磨,内涵大不相同。

刘邦喜欢结交朋友,吆三喝四,呼风唤雨,去大嫂家混饭,领着一帮狐朋狗友。韩信是孤独的人,没有听说他在家乡有过什么朋友,孤零零一个人到南昌亭长家寄食,孤零零一个人在淮阴街市上受欺负。韩信不好酒色,不管是先前蛰居乡里还是后来高居庙堂,都没有听说过他有酒色方面的传闻,哪里像刘邦,婚前养外妇生子,发迹后更是性趣盎然。韩信一生待人接物拘谨矜持,既不洒脱,更缺豪气,完全不是游侠社会中的人,倒是多有一些虎落平阳被犬欺的没落贵族气。

淮阴是水乡,多河流湖泊。衣食无着的韩信,不时到城外钓鱼。韩信常去的钓鱼处,有年长的妇人在水边冲洗丝棉,被称为"漂母"。有漂母面善心慈,见韩信可怜,就将自己带来的饭菜分与他吃。数十天来,漂母天天在水边漂洗,天天带饭给韩信吃,

---

[1] 有关战国游侠的详细叙述,请参见拙著《秦崩》第一章之七"战国时代的游侠风尚"。
[2] 在战国时代的游侠世界中,刘邦是活跃于乡里的乡侠。关于乡侠刘邦的详细,参见拙著《秦崩》第一章之十"刘邦的追星历程"。

淮阴老街

2007年8月，我随历史北上，在扬州渡过长江。过广陵，走邗沟，沿高邮湖北上，西望东阳，一气进入淮安水乡。淮阴县如今改名淮安市，变革的潮流中，昨日旧城正在消失，千年古迹当去哪里寻觅？（作者摄。如非特别注明，皆为作者所摄。）

毫无厌烦的神色。曾挨过白眼的韩信，感动地对漂母说："我将来一定要重重地报答您老人家。"结果反而惹得漂母生气，讨来一顿重重的教训："你堂堂男子汉不能自食其力，我分口饭与你，无非是可怜你，可怜你王孙落到如此境地，哪里想到过要你报答的事情！"韩信一时无言，惭愧得无地自容。

漂母称韩信为"王孙",或许从另一头牵引出了韩信隐秘的身世。王孙,表面的意义,就是王子王孙。秦灭六国,古来的贵族社会终结,各国的王子王孙沦落到社会底层,破败的金枝玉叶,最容易引来善良的下层民众怜惜[1]。

韩信出生的前二年,也就是公元前230年,秦国攻灭韩国,为躲避战乱,不少韩国人向东迁徙。韩信一家,抑或是其中之一?漂母对韩信的家世,或许有所耳闻,称他为"王孙",或许正是实有所指?落魄无助之人,最能感受慈悲之心,当时的韩信,暗暗在心中发下誓言,眼下的滴水之恩,将来定将涌泉以报。

二 胯下之辱有兵法

在韩信的早年行状中,最为人津津乐道的就是胯下之辱。

据说有一天,韩信佩剑经过淮阴街市。街市上的人,多有些狗屠商贩,如同当年沛县街市上的樊哙和周勃一般。手脚勤快养家糊口之人,最看不惯韩信这种破落子弟,四体不勤,五谷不分,穷得吃不起饭,还酸溜溜地带把剑,实在是讨打。于是,在众人的怂恿下,一位鲁莽少年站了出来,横街挡住韩信的去路,挑衅说:"别看你小子长得人高马大,还喜欢佩剑带刀,其实是他妈胆小鬼。"

韩信没有搭理他。少年更来了劲,扯开衣襟高声喊道:"你小

---

[1] 王孙的本义,就是王的子孙。秦汉之际,也用来尊称亡国后的贵族后裔。《史记索隐》引刘德之言注释漂母称呼韩信为公子说:"秦末多失国,言王孙、公子,尊之也。"解释非常贴切。

韩信钓台

> 淮阴是水乡，内外运河、张福河、二河、古黄河等多条水道在此交汇，河道水泽之间，处处是历史遗迹。韩信用兵，最善用水，多次依水用兵的胜算，都是植根于淮阴水乡的灵气。

子不怕死，捅我一刀。不敢捅，就从我胯下钻过去。"众目睽睽之下，韩信一言不发，久久地注视着这位恶少，最终弯下腰，匍匐在地上，从恶少的胯下钻了过去。街市上爆发出哄堂大笑，大家都以为韩信是个窝囊废。

胯下之辱的故事，同寄食亭长、漂母饭食的故事一样，是司马迁到淮阴踏访时收集到的民间传说，生动地传达了淮阴的乡土风貌和韩信的性情，千百年来，脍炙人口。伟大的司马迁，最爱这些轶闻掌故，他继续为我们讲述这三个故事的结局，汉帝国建立以后，韩信被封为楚王，衣锦还乡，找到了三位故事的当事人，分别做了不同的处置。对于漂母，韩信赐以千金；对于南昌亭长，韩信当面指斥他是小人，为德不终，扔给他一百钱；对于当年侮辱了自己的恶少，韩信对部下说："此人也是一位勇士。当年他羞辱我的时候，我岂非不能一剑杀了他？不过，杀了他并不能扬名天下，因为忍受下来，才有了今天。"说完这番话后，韩信下令，提拔这位恶少作楚国的中尉，负责都城下邳的警卫。

我读《史记》，对于司马迁所讲述的这些历史故事，喜爱之余，又有将信将疑之感。韩信衣锦还乡，赐漂母千金，掷亭长百钱，作为民间传说来解读，是常见的因果报应的故事，一报还一报，容易理解。唯有提拔恶少作中尉的事情，总是觉得有些不可思议。胯下之辱的故事，千百年流传，已经成了汉语的常用成语，引申出来的意义，是说一个人只有能够忍受一般人所不能忍受的羞辱，才能得到一般人所得不到的荣光。遥想当年，韩信匍匐下地，在众目睽睽之下从恶少胯下钻过，他那种能忍的功夫，已经远远地超出了常人承受的范围。

苏东坡著《留侯论》说："古之所谓豪杰之士，必有过人之节。人情有所不能忍者，匹夫见辱，拔剑而起，挺身而斗，此不足为勇也。天下有大勇者，卒然临之而不惊，无故加之而不怒。此其所挟持者甚大，而其志甚远也。"[1] 苏东坡的这段名文，本是针对张良说的，不过，将这段话用来解说韩信，也许更为合适。韩信正是这样的大勇豪杰，能够忍受常人所不能忍受的羞辱，他之所以如此能忍，是因为他心中有远大的抱负。他自视甚高，展望甚远，他舍小求大，忍辱负重。由此推想开去，青少年时代的

---

[1]《苏轼文集》第一册第三卷，中华书局，1996年。

韩信，究竟有什么远大的抱负？他在淮阴街市上带剑独行的时候，他对未来究竟有何种梦想，在他那年轻的心中，谁是崇拜的偶像？

我整理韩信的历史，深感韩信是志在将帅的人，他自幼熟读兵书，《孙子兵法》他熟读成诵，孙子其人，或许还有辅佐周武王平定天下的姜太公，就是少年韩信心中的偶像。纵观韩信的一生，以《孙子兵法》为代表的兵家思想，不仅深刻地影响了他的军事生涯，也深刻地影响了他的性情和人生。可以说，《孙子兵法》，是了解韩信其人其事的一把钥匙。

《孙子·火攻篇》说："主不可以怒而兴师，将不可以愠而致战；合于利而动，不合于利而止。"意思是说，国君不可因一时的愤怒而发动战争，将帅不可因一时的怨恨而贸然作战。合于国家利益就行动，不合于国家利益就停止。简短的话语，将正确行动的原则讲得清清楚楚。重大的行动，不能受情绪的左右，怨愤时的冲动，最是大忌。决定动与不动的根本，在于前瞻性的算计，合于利益就行动，不合于利益就停止。

《火攻篇》接着道："怒可以复喜，愠可以复悦，亡国不可以复存，死者不可以复生。故明君慎之，良将警之，此安国全军之道也。"意思是说：发怒后可以重新喜悦，怨恨后可以重新高兴，国亡了就不能再存，人死了就不能再活；所以说，明君一定要对此慎重，将帅一定要对此警惕。安定国家保全军队的道理，就在这里。补充的说明，更为深入明白。喜怒哀乐的情绪，可以变化反复，国破身死的存亡，决然一去不回。两相比较之下，孰轻孰重，孰是表面，孰是根本，一目了然。

俗话说，人生如战场，兵法就是人生哲学。当韩信在淮阴街市受到恶少挑衅的时候，他眼前有两种选择，一种是忍辱负重，匍匐下地钻胯，另一种是任气使性，拔剑刺杀恶少。可以想象，韩信若是选择了后者，他可能在刺杀了恶少之后，被恶少的同党们所杀，或者是成为杀人犯而被官府通缉逮捕，判处极刑。如此一来，历史上将不会有连百万之军，决胜垓下的韩信。韩信也不可能衣锦荣归，在楚王的辉煌仪仗中接受恶少的匍匐礼拜。

抱负远大的韩信，理智地选择了胯下之辱，种种考量之外，他从小得到《孙子兵法》的指引，视《孙子兵法》为自己的人生哲学，不可不说是重大的原因。胯下之辱，磨炼了韩信的意志，使他能在忍耐的极点冷静行事。

想来，当韩信在淮阴回首往事时，他可能会认为自己的成功之始，就在应对了胯下之辱的挑战。眼前这位恶少，他当年用生命挑战生命，尽管是锱铢对千金，燕雀挠鸿鹄，毕竟是浪掷同样宝贵生命的豪赌。敢做如此豪赌的人，也是一条血性汉子。于是，韩信不但宽恕了恶少，还起用了他。他也许觉得，当年的这位恶少是自己的命运使者之一？

三　韩信保卫项羽

秦二世元年（公元前209）七月，陈胜、吴广在蕲县大泽乡（今安徽宿州市东南）起义，迅速攻占陈县（今河南淮阳），建立起张楚政权，天下大乱。两三个月内，以楚国地区为中心，秦嘉、朱鸡石等起兵于淮北，项梁、项羽等起兵于会稽（今江苏苏州），刘邦等起兵于沛县（今江苏沛县），英布、吴芮等起兵于番阳（今江西波阳东北），都以张楚为号召，复楚反秦。

当时，秦楚之间的抗争，主要集中在泗水郡以西。东海郡在泗水郡以东，是濒临东海的边郡，局势相对平静。韩信的家乡淮阴县在东海郡中部，有关该地在秦末之乱爆发之初的动向，史书上没有记载。同在东海郡内，淮阴南部的东阳县（今江苏盱眙东南）有陈婴起兵，聚集了近两万人。不过，东阳叛秦起兵，基本上是自保观望，并未卷入战争中去。以此推想，淮阴县的动向或许与东阳县类似，不会不动，也没有大动，本是楚国的土地，趁乱叛秦，起兵自保，也在观望等待。

韩信是志在将帅的人，天下大乱，兵锋突起的时代来临，可谓是施展抱负的机遇，他跃跃欲试。不过，韩信不是呼风唤雨、承头起事的领袖人物，他天才自负，高傲孤独，他无意造反、领头打江山，他只是想找到一个可以施展自己才能的平台，成就连百万之军，战必胜、攻必取的伟业。想来，在淮阴少年们不甘寂寞的动乱中，韩信始终冷眼旁观，不为所动，他或许依旧垂钓于河边，苦于衣食没有着落。他继续忍耐，在淮阴相对平静的环境中，密切关注局势的发展，等待机会的来临。

秦二世二年（前208）二月，项梁、项羽统领八千江东子弟兵渡江北上，进入东海郡。项梁渡江北上的时候，正是反秦斗争低迷的关口，陈胜被杀，张楚政权被消灭，章邯统领秦国大军乘胜进入砀郡和泗水郡一带，开始围攻魏国。被打散的各路楚军群龙无首，鼠窜各地，无力做有力的抵抗。项梁楚军的出动，宛若集结的战鼓，召唤的旗帜，一时在寻找出路、观望等待的楚国军民，闻讯奔走相告，风驱云聚般纷纷归顺。项梁军由广陵（今江苏扬州）渡过长江，马上得到陈婴的响应，两万东阳楚军的加入，使项梁军势大振。得到项梁军渡江的消息后，由陈县一带败退下来的英布军，吕臣吕青父子军，号为蒲将军的柴武所统领的军队[1]，也都纷纷投奔加入。谋士居巢（今安徽巢湖）人范增，骁将钟离（今安徽凤阳）人钟离昧，也都在这个时候加入到项梁军中来。

合并整编后的项梁军，沿大泽北走高邮（今江苏高邮），进入淮阴，淮阴军民箪食壶浆，迎接项梁的到来。一直在观望等待的韩信，终于盼到了自己出山的机会，他将《孙子兵法》小心翼翼地收藏在身上，仗剑投军，成为项梁军的一名战士。

从军以后，韩信几乎参加了项梁军的每一次战斗，攻占彭城击败秦嘉，援救东阿大败章邯，再战濮阳截断秦军，他都是亲历者。韩信乘着项梁军的顺风船，一路争战杀敌，在实战中成长起来。

濮阳战胜后，项梁滋生骄傲情绪，以为秦军大势已去，松懈怠惰中，被秘密集结的诸路秦军会师偷袭，定陶城下惨败，身死兵散。年轻的韩信，虽说侥幸逃脱一死，当时将亡军溃，战友们被秦军如同捕羊追兔般屠戮的惨状，他是铭心刻骨，欲哭无泪。

定陶之战后，楚怀王在彭城亲政，重新整编楚军。韩信与众多溃散的将士一样，辗转回到了楚军当中，成为项羽的部下。秦二世二年后九月，楚怀王任命宋义为上将军，统领楚军主力北上援救赵国。十二月，项羽杀宋义夺军，迅速挥军北上，由平原津渡过黄河，打响了决定秦帝国命运的巨鹿之战。

巨鹿之战时，韩信任郎中，是项羽的亲近侍卫，战斗的亲历者。遗憾的是，关于韩信在巨鹿之战中的活动，由于史书的失载，我们几乎一无所知。我们只能合理地推想，项羽作战，往往是身

---

[1] 蒲将军，疑为《史记·高祖功臣侯者年表》中的棘蒲侯柴武，他因巨鹿之战与英布一同先渡黄河攻占秦军粮草转运要地棘蒲有功，后被封为棘蒲侯，史称蒲将军。

先士卒，冲锋陷阵在第一线。身材高大，自幼佩剑习武的警卫战士韩信，不离左右地随同项羽行动，自始至终处在大战的风口浪尖上，无愧于巨鹿城外一日九战九捷的楚军中的一员。不过，以韩信的个性和为人来看，他是算计多而少激情的人，难有突出的夺旗斩首之功，收获的多是经验教训的总结，他的鹊起豹变，还需时间的磨炼。

历史是时间中过去了的往事。往事的痕迹，可以在现场的空间中寻到踪影。2007年8月，我北上在扬州渡过长江。遥想当年广陵渡，船头旌旗在望，江中战马嘶鸣，统领八千子弟兵誓师渡江北上者，正是项梁、项羽叔侄二人。

过广陵，走邗沟，沿高邮湖北上，西望东阳，一气进入淮安水乡[1]。淮阴故城，在淮安城西码头镇，是内外运河、张福河、二河、古黄河等多条水道的交汇处，千年漕运的水路枢纽。河道水泽之间，处处是历史遗迹，由南而北，有淮阴城故址、枚乘故里碑址，有甘罗城址、韩城故址[2]。韩信故里在淮安城中，胯下桥与韩侯钓台有迹可循，漂母墓与韩母墓隔河相望[3]，触景生情，勾起当年司马迁来访时的回响，"吾如淮阴，淮阴人为余言，韩信虽为布衣时，其志与众异。其母死，贫无以葬，乃行营高敞地，令其旁可置万家。余视其母冢，良然"。字字句句，都是太史公的轻言细语。

我读《史记》，最爱"太史公曰"，儿时家父耳提面命，身教

---

[1] 淮安考察，我与爱媛大学藤田胜久同行，得到淮阴师范学院张强先生的关照帮助，得以顺利完成，在此表示感谢。
[2] 淮阴城故址和甘罗城，皆为秦汉古城遗址，可能是淮阴县治所在。韩城遗址，据传为韩信被贬为淮阴侯后所筑之城，也为汉代遗址。枚乘为西汉著名文人，淮阴人。枚乘故里碑为唐代物，仅存碑身，1958年码头渡口出土，现立有纪念碑。
[3] 韩信故里、胯下桥、韩侯钓台、漂母祠、韩母墓、漂母墓等，皆为明清以来的遗址，几经毁佚重建。

漂母祠

> 韩信故里在淮安城中，韩侯钓台与漂母祠同在，据说当年韩信垂钓于此，受漂母一饭之恩，荣归故里时千金以报。原为明清建筑，1977年重修。

言传，他读这一段文字时那摇晃的身姿、抑扬的声调、景仰入神的亲切，影响了我的一生，成为我选择史学为终身志业的诱因。我在淮阴，踊太史公足迹寻找韩信，乡土历史学家徐业龙先生引领我行，将千百年来的英雄故事，为我娓娓讲述开来。韩信用兵，最善用水，攻魏之战，在临晋（今陕西大荔）渡口陈船为疑兵，奇兵从夏阳（今陕西韩城）用木制水瓮渡过黄河，一举灭魏。灭

韩母墓

> 我访韩母墓，触景生情，勾起当年司马迁来访时的回音，"吾如淮阴，淮阴人为余言，韩信虽为布衣时，其志与众异。其母死，贫无以葬，乃行营高敞地，令其旁可置万家。余视其母冢，良然"。字字句句，都是太史公的轻言细语。

赵有背水之战，在井陉道（今河北井陉）绵蔓水边布阵，置将士于死地而后生，大破赵军。攻齐之战，在高密（今山东高密）阻断潍水，诱使敌军涉河道追击，中途放水大败楚齐联军⋯⋯多场以水用兵的胜算，都是植根于淮阴水乡的灵气。信哉此言，当时当地的我，又感到一种身临其境的亲切，不由得再次回想起韩信在项羽军中的点滴。

史书上说，"及项梁渡淮，信仗剑从之，居戏下，无所知名"。讲的是项梁渡江以后，韩信仗剑从军，成为项梁的部下，默默无闻。这句话，是韩信从秦二世元年二月（项梁渡江）到九月（定陶之战）之间阅历的概括。接着说，"项梁败，又属项羽，羽以为郎中"。讲的是项梁定陶战死后，韩信转而跟随项羽，概括了韩信从秦二世元年九月到三年十二月（巨鹿之战）之间的事迹。又说，"数以策干项羽，羽不用"。是说韩信多次尝试用自己的谋划影响项羽，却得不到项羽赏识。这条记载非常重要，不但是韩信从军阅历的概括，也透露了韩信之所以离开项羽，转而投奔刘邦的动机。

从时间上看，韩信"数以策干项羽"的事情，应当在秦二世三年（前207）十二月以后到汉元年（前206）三月之间。二世三年十二月，项羽统领楚军取得巨鹿之战的胜利，成为反秦联军的总帅，功业和声望都达到历史的顶点。然而，从此以后的项羽，刚愎自用，一步步走入了下坡路。也许，就是在这一段时间，身在项羽身边的韩信看到了项羽的种种弱点，多次进言而不为所用。

二世三年八月，项羽任命秦降将司马欣为上将，驱使二十万新降秦军同行进攻关中，韩信以为不妥，项羽听不进去？

汉元年十一月，联军行进到新安，新降的秦军出现不稳的动向，项羽与英布和蒲将军密谋坑杀秦军，韩信劝谏，项羽不听？

汉元年一月，项羽进入咸阳以后，一心衣锦还乡东归，不愿意以关中为本支配天下，韩信进言，也不为所用？

特别值得一提的是鸿门宴。鸿门宴时的韩信，身为执戟郎中，当也是亲历者之一。刀光剑影的酒席宴上，项羽幼稚不忍，暴露出不能掌握天下霸权的无能。以项伯为首的诸项用事，目光短浅而不和。唯有范增深谋远虑，却处处受到项伯的掣肘，甚至受到项羽的怀疑。此时的韩信，大概已经对项羽感到失望，他断定项羽不是王者之才，难以托付天下，难以托付此生。此时的韩信，已经确信项羽不可能重用自己，自己的才能，不可能在项羽的麾下得到发挥。

鸿门宴后，韩信萌生了去意。

四　张良求得汉中

鸿门宴上，项羽因为刘邦完全接受了自己提出的苛刻条件，已经降伏，所以没有接受范增杀刘邦的意见，而是接受了项伯的提议，宽恕了刘邦。不过，他对刘邦的戒心，并没有消除。分封天下的时候，在范增的策划之下，项羽最初决定将秦国的巴郡和蜀郡封给刘邦，让刘邦去作蜀王。

巴郡和蜀郡在四川盆地，巴郡在盆地的东部，郡治在江州（今重庆市），蜀郡在西部，郡治在成都（今四川成都）。巴蜀地区，古来有巴国和蜀国，是拥有独特文明的异族古国。公元前316年，秦灭巴蜀，巴蜀地区成为秦国的领土。巴蜀地区，气候温和，河川纵横，物产丰富，自然条件非常优越。秦国占领了巴蜀以后，一百多年来精心经营，兴修水利，构筑城郭，整齐制度，至秦末的时候，巴蜀地区已经成为秦国的后院，富庶仅次于关中，号称"天府之国"。

不过，巴蜀地区，四面被高山环绕，西部是青藏高原，南部是云贵高原，东有巫山，北有岷山、米仓山和大巴山，交通非常不便。与中原地区的交通，东去走水路，过三峡穿越巫山抵达江汉平原，北去走山道，或者穿越岷山抵达陇东，再越陇山去关中，或者穿越米仓山和大巴山抵达汉中,再穿越秦岭抵达关中,都是路途艰险,所谓是蜀道难,难于上青天。

正是由于这种独特的地理环境,使巴蜀地区易于割据自守,难于扩张进取。优裕的自然,富庶的物产,使巴蜀人安逸于自足的生活,闭塞的环境、困难的交通,使巴蜀人不想外出,不思进取。受这种自足环境的影响,感染如此休闲的民风,纵然是有兼济天下的雄心壮志者,入蜀长久以后,也往往难以逃脱被封闭、被消磨的命运。俗话说,"少不入蜀",又说,"蜀人不出川,不成大事",背后就是这层道理。东汉末年,深明此理的诸葛孔明,入蜀以后不顾国弱兵弊,强行推动五次北伐,一个重大的原因,就是出于对蜀地锁国磨人的戒惧。《后出师表》中有"王业不得偏全于蜀都","惟坐而待亡,孰与伐之"的感慨,就是这种唯恐消沉的危机意识的体现。

范增是老谋深算的战略家,鸿门宴上,他未能说动项羽杀掉刘邦,在恨痛项羽仁而不忍,项伯倔而糊涂之外,加深了必须遏制刘邦的决心。项羽贬斥六国旧主,以军功分封天下。在军功的大原则之下,首先进入关中,降下秦都咸阳的刘邦自然也在分封之列。这个时候,将刘邦分封到何处去,对于范增来说,是个退而求其次的机会。范增深知,对于可能为害的猛兽,如果不能杀掉,就将它禁闭起来;对于潜在的敌人,如果不能马上消灭,就对他封锁堵截。

范增劝谏项羽说,蜀汉地区,易居难出,本是秦国的领土,请大王将巴郡和蜀郡分封给刘邦。这样一来,刘邦并没有失去王秦的名分,大王却得到了禁锢刘邦于巴蜀的实利,可谓是一举两得。项羽同意了。

分封刘邦为蜀王,都成都、领巴蜀二郡的方案尚未正式颁行,幕后透露出来的消息，早早地惊动了一位人物，这个人就是张良。

此时的张良，遵照项羽分割天下、诸侯国人各自归国的安排，不得不离开刘邦，回到韩王成的麾下。他得到刘邦将被分封到巴蜀的消息以后，深感忧虑，他清楚地知道，对于刘邦来说，进入巴蜀，等于被软禁，在难以外出的封闭之中，野心和意志将被锦衣玉食消磨干净。张良迅速地行动起来。

项羽分封天下，在汉元年二月前后，当时的咸阳，既是庆功盛宴之后的别离场，更是权益竞逐的名利场。随同项羽入关的诸侯各国将领，在大功告成、即将荣归故里之际，人人垂涎秦王宫室的珍宝美人，个个期望得到帝国领土的王侯之封，功高者明争，功少者暗夺，金钱贿赂，人情请托，尔虞我诈，钩心斗角，条条道路，最终都指向项羽帐下。

张良是明察时局的智者，他知道眼下的天下分封，表面看来，决定于项羽一声令下；仔细观察，制订方案、统筹事宜的背后策划人，则是范增。项羽是头脑简单的军人，对于分封天下这种复杂的政治安排和势力平衡，除了情感上的好恶以外，缺乏政治判断的能力，他对于范增提供上来的方案，往往不能决断，在这个时候，项氏家族，特别是家族之长项伯的意见，每每对他有决定性的影响。范增策划分封刘邦到巴蜀的消息，或许最初就是由项伯透露给张良的，宛若又一次鸿门宴前的通风报信。

这一次，张良得到消息后，立即来见项伯。他将刘邦赠送自己的黄金两千两，珍珠二十升，悉数送与项伯，一来作为临别前的感谢，感谢鸿门宴以来项伯对于自己和刘邦的关照，二来也是请求项伯继续关照刘邦，能否在领土的分封上有所变通。当他知道分封刘邦到巴蜀的方案已经得到项羽的认可，难以变动以后，请求项伯说，汉中与巴蜀邻近，是刘邦军首先攻占下来的地区，现在由刘邦部下郦商掌控[1]，刘邦愿意居汉中而领巴蜀，能否请项伯兄求项王将汉中也封给刘邦。

项伯豪侠重情义，他视张良为终身生死之交，自鸿门宴以来，他又自视为刘邦的保护者，一直关照刘邦。项伯眼光短浅而贪图小利，刘邦尊他为大哥，请求结儿女亲家的事情，他心中很受用，张良亲自带重金珍宝来，他也觉得受之无愧。项羽军入关以后，范增促使项羽迅速攻击刘邦军，项伯私访张良，促成了和解；鸿门宴上，范增指使项庄舞剑，务必诛杀刘邦，他坚决反对，不惜跳出来拔剑相助，从此以后，由对待刘邦的态度开始，他与范增之间难免会生嫌隙。大分封的时候，范增主事，项伯有些旁落，封锁刘邦于巴蜀，项伯虽然没有站出来说话，对于范增一手策划的苛刻计划，心中实在是不以为然。现在，既然张良代刘邦请求到自己头上来了，他正好顺水推舟卖人情，再一次庇护刘邦，也折杀范增的咄咄逼人之势，显示自己乃是项王之下，范增之上，天下第二的权位存在。他答应了张良的请求。

分封刘邦到巴蜀的消息传出来后，刘邦帐中几乎闹翻了天。刘邦一时屈辱难忍，悲愤绝望，冲动之下准备铤而走险，打算动用自己的军队偷袭项羽，来个鱼死网破。亲信部下樊哙、周勃、灌婴等人死死拉住刘邦，阻止了他的一时冲动，无论如何，要等到张良来了再做计议。

张良来到刘邦帐中时，刘邦已经安静下来。张良讲述了分封巴蜀已成定局，自己委托项伯请求汉中的事情。听了张良的话，刘邦仍然陷于绝望当中不能自拔，默默无语。

---

[1] 据《史记·高祖功臣侯者年表》，刘邦军接受秦国的投降后，郦商领兵平定汉中和巴蜀地区。

这时候，萧何站出来说道："王巴蜀汉中，虽然是可恨可恶，比起寻死自灭来，毕竟还是好的出路。"

刘邦有些触动，问萧何道："比寻死好的出路，话从哪里讲起？"

萧何说："以军队的数量实力而言，我们根本不能和项羽对抗，一旦冲突，可以说是百战百败，这不是寻死又是什么？从历史上看，商汤王和周文王，都能够一时屈服于一人之下，而最终能够使天下人信服。臣下望大王能够以他们为榜样，遵从张先生的安排，首先请得汉中，以汉中为王业根基，养育人民召用贤人，进而收用巴蜀的物力人力，反攻关中，如此这般，天下大事，并非不可以重图再计，推倒重来。"

刘邦毕竟是有天听的人，听了萧何这一番话，他当即省悟过来，起身抬头，口中迸出一个"好"字来。

省悟后的刘邦，马上像换了个人一般，他立即交代萧何制订接受汉中巴蜀的计划，命令诸将做离开关中的准备。他引张良入内协商，将手边的金银财宝悉数请张良挑选，要张良不惜一切代价，务必求得汉中之地。

经过张良的努力，项伯说动了项羽，将汉中封给了刘邦。刘邦如愿以偿，得到了汉中、巴、蜀三郡，定都南郑，号为汉王。

五　国士无双

汉元年四月，驻在灞上的刘邦军拔营起程，经由杜县（今西安长安区）南部，进入子午道赴汉中而去。

前往汉中的刘邦军，不过三万余人。这支三万人的部队，是刘邦担任楚国砀郡长时期的本部兵马，他们自起兵以来一直随同刘邦转战南北，最终从武关攻入关中。秦王子婴统领秦政府投降以后，刘邦接收了驻守关中的秦军，拥军号称十万。鸿门宴议和，刘邦接受了项羽的条件，将投降的秦军全部交与项羽处置，只留下这支三万人的老部队。这支部队的将士都出身于关东地区，以泗水郡和砀郡人最多，他们是刘邦军团的核心和中坚，史称"砀泗楚人集团"，未来汉帝国的功臣宿将，基本上都在其中。

在这支三万人的老部队之外，还有数量不少的人私下跟随刘邦前往汉中。这些人，都出身于关东各诸侯国，他们或者随同刘邦由武关，或者随同项羽由函谷关进入关中，在项羽分封天下为十九国以后，按照各归故国的命令，都应当回到自己所在的国家去。然而，这些人对于现状不满意、不满足，他们不安心、不安分，不愿意马上回到故乡，去过老婆孩子热炕头的平凡生活，他们还想趁乱拼一把，博得功名利禄，他们仰慕刘邦，觉得跟随刘邦可以得到更大的利益，哪怕是先吃些苦头也在所不惜。这批人，数量有数万人之多，史称"诸侯子"，他们加入了刘邦军，坚持下来的人，后来也成了西汉建国的中坚，革命成功以后，终身享受汉政府特殊的优待，这已经是后话了[1]。

出身于楚国东海郡的韩信，正是属于跟随刘邦前往汉中的数万诸侯子中的一员。不过，在所有的诸侯子中，韩信的野心最大，瞄准的目标最高，他是冲着指挥汉军的最高军职——大将而来的。

进入汉中以后，韩信被编入汉军，出任连敖。连敖，是楚国的官名，大概是军中的中级武官。刘邦自起兵以来，一直是楚军

---

[1] 关于刘邦集团的人事构成、地域构成以及诸侯子的详情，参见拙著《汉帝国的建立与刘邦集团——军功受益阶层研究》第一章"汉初军功受益阶层之形成"、第五章"刘邦集团之地域构成"，三联书店，2000年。

的一部分，服从楚王，采用楚国的官制，他对于主动归属于汉军的他国将士，大体采用官制对等接受的原则，特别是归属过来的别部楚军，与旧部一视同仁。韩信在项羽军中最后的军职是郎中，相当于侍从武官，他在刘邦被左迁、刘邦军经历艰难困苦的时候前来投奔，自然受到欢迎和优待，连敖的级别，应当不低于郎中。

脱楚归汉的韩信，他的心愿不是在军中积功步步升迁，逐级得到爵禄官职的封赏。韩信是自比姜太公和孙武子的人，他希望刘邦是周武王，是吴王阖闾。他认定刘邦有帝王之才，看准刘邦军中缺少一位统军的大将，他希望以自己的才干得到刘邦的赏识，成为汉军的统帅，领军击败项羽，成就如同姜太公辅佐周武王灭商、孙武子指挥吴军败楚的伟业。然而，离开项羽投靠刘邦，辞去郎中而任连敖，从级别上来说，或许算是有所升迁，从职务上看，反而离开君主更远，几乎没有直接进入汉王视野的机会。连敖任上的韩信，郁郁不得志，失望感与日俱增，他跌入了人生的低谷。

据史书记载，韩信在连敖任上，犯法被定了死罪。韩信究竟犯了什么罪，由于史书失载，我们已经无法考究。以韩信当时的处境心境而论，或许是集体逃亡？刑场上，同被判处死刑的人，前面已有十三人被斩首，轮到韩信的时候，他抬起头来，仰望刑场的监斩官大声喊道："汉王难道不是想要夺取天下吗，为什么反而要处死壮士？"

当时的监斩官是夏侯婴，韩信的话引起了他的注意。他见韩信身材高大，相貌伟岸，在即将被处死的时候毫不恐惧失态，反而是冷静豪迈，堂堂能言，当即心生好感，下令刀下留人。夏侯婴释放了韩信以后，开始询问交谈，一席话下来，他心中暗暗称奇，感到韩信是一位不可多得的人才，马上推荐给刘邦。

夏侯婴是刘邦的同乡，泗水亭长任上的铁杆哥们儿，沛县起兵以来的心腹大臣。夏侯婴的推荐，刘邦是买账的，他当即下达指令，任命韩信为治粟都尉。治粟都尉，负责军队的后勤供应。出任汉军治粟都尉的韩信，相当于刘邦军的后勤部长，官职地位，已经远远高于连敖，相当于别部将军一类了。

得到夏侯婴的赏识，被推荐出任治粟都尉，是韩信在刘邦军中出头的第一步。治粟都尉任上的韩信，因为后勤工作的关系，与当时担任丞相，负责整个汉王国行政事务的萧何有了接触。经过几次接触，萧何感到夏侯婴眼力不凡，韩信确是人才。

萧何是有识人慧眼的人。当年，刘邦还在泗水亭长任上厮混的时候，身为顶头上司的萧何早早地察觉到刘邦是内慧有肚量的人，敢担当能承头，对他另眼相看。后来的事实证明，萧何的眼光一点不错。如今的萧何，识人的慧眼再一次开启，他预感韩信是独步天下的统帅型人才。更让萧何兴奋的是，韩信在这个时候出现在汉中，可谓是上天特意赐予的瑰宝。引领刘邦军脱出当前困境的希望，应当就在韩信的身上！

刘邦军从沛县起兵以来，至今三年有余，历经数十场大小战斗，如今拥兵数万，领巴、蜀、汉中三郡独立建国，也是一段英勇奋斗的历程。三年的征战中，刘邦是指挥作战的主将，表现出卓越的军事才能。在他的亲自指挥下，刘邦军战功卓著，实现了由小到大，由弱到强的发展，进而独立开辟第二战场，一举攻入关中，不仅拔了灭秦的头筹，也使刘邦军成为仅次于项羽军的楚军最强部队。

不过，在萧何看来，刘邦的才能，政治长于军事。以政治才能而论，当今天下，无人能出刘邦之上。如果以军事才能而论的话，排名第一的，无疑是项羽，项羽之后，当数章邯。巨鹿之战，王离兵败，章邯抗衡项羽半年之久，正是在两雄相争难分高下的空隙间，刘邦才能够所向披靡，一举攻入关中。以排名而论的话，刘邦当在第三。

进入汉中以后，刘邦所要面对的敌人，是章邯加上项羽，单纯地看，第一联合第二对第三，这已经远远超出刘邦的能力了。放眼刘邦军中，如同樊哙、周勃、灌婴这样的勇将是大有人在，能够统领大军独当一面，可以与章邯和项羽对抗的人物，却一个也找不出来。独当一面的领军人才的缺乏，眼下正是困扰刘邦军的难题之一。萧何预感到，韩信正是这样一位可以填补空白的人才，如果有韩信的加入，眼前这场第一加第二对第三的不利博弈，将可能有根本的改观。

刘邦军进入汉中以来，陷入了从来没有经历过的困境。汉中北有秦岭，南有大巴山，为一狭小的山间盆地，只有几条漫长而险峻的山间小道连接巴蜀和关中。在范增的精心安排下，以章邯为首的三秦军的主要任务就是围堵刘邦，他们已经严密地封锁了汉中进入关中的所有通道。如何能够返回关中，进而东去，是刘邦军所面临的生死攸关的又一难题。雪上加霜的是，足智多谋的张良，已经在项羽的命令下随韩王成东去，失去了军师的刘邦及其部下，至今想不出脱出困境的办法，正陷于焦虑和困苦之中。

在萧何与韩信的密切接触中，击败章邯，脱出汉中的事情，自然是必须涉及的话题。让萧何震动的是，韩信对此已经胸有成竹，他对萧何详细地分析形势，明确地提出了"明出子午，暗度陈仓"的反攻关中的计划。这个计划，让萧何在黑暗中看到了一线光明，在迷途中被指明了通路。当萧何进一步听取了韩信对于项羽的看法，对于楚汉间强弱形势可以转化的分析以后，他益发坚信自己的眼光和经验，他断定，韩信，唯有韩信，是能够引领刘邦军走出困境的统帅人才。

国士无双,就是萧何在这个时候对于韩信所做的评价,他允诺韩信说,定将请准刘邦亲自召见。

六　萧何截贤追韩信

认定韩信是天下无双的国士,是唯一能够引领汉军脱离困境的统帅人选后,萧何开始作刘邦的工作。他多次向刘邦推荐韩信,希望刘邦亲自面见韩信,听取韩信的看法,大胆破格重用。刘邦有些不以为然,一位不久前才从项羽军中脱逃过来的军士,不到一个月,被提拔为将领,委以治粟都尉的重任,已经是破格又破格了,再要重用,不但自己通不过,军中的元功宿将,怕也是会哗然不服了。他敷衍萧何说,稍微再等一等,看一看,等韩信有了功绩以后再说吧。

韩信受到萧何的看重和赏识,心中充满了希望。得到萧何推荐的承诺以后,韩信一直等待刘邦召见的消息。然而,一等不来,再等也不来。韩信是聪明人,他不难猜到,萧何肯定已经将自己推荐给了刘邦,而刘邦呢,并无召见并重用自己的意愿。他清楚地知道,如果连萧何的推荐也不能起作用的话,那就不会有希望了。韩信再一次失望了,他决定离开汉中,回到自己的家乡淮阴去,另谋出路。于是,韩信封存了治粟都尉的印绶,或许还留下了给萧何的一封离别信,感激之余,也陈述了自己的失望,将归隐于江湖云云。

萧何得到韩信不辞而别的消息后,慌乱心急,跑到马厩,牵马上骑,出丞相府奔南往郑南门而去。萧何走得着急,来不及将事情告知身边的人。

当时，困居汉中的刘邦军正遭受前所未有的逃亡浪潮，关东地区出身的士兵和追随者们，在进入汉中的子午道上已经开始逃亡，到了汉中，北人不服南方水土，当他们实实在在地感受到被群山包围的闭锁后，更加思念故土亲人，不仅士兵，一些将校也开了小差。萧何走得仓皇蹊跷，有人将丞相逃亡的消息通报了刘邦，刘邦当即大怒，如同失去了左右手。

一两天以后，萧何来谒见刘邦。刘邦是又气又喜，指着萧何骂道："连你也逃亡，究竟是为了啥？"

萧何回答道："臣下岂敢逃亡，是去追逃亡的人。"

刘邦问："追谁？"

萧何答："韩信。"

刘邦一听，气不打一处来，又高声骂道："鬼才信的屁话，军中逃亡的将领，不下数十人，你不去追。你去追韩信，你这不是明明白白把老子当傻瓜！"

萧何平静而坚决地说道："那些将领，要多少有多少，至于韩信，那是国士无双。如果大王想要长久地作汉中王，不必起用韩信。但是，如果大王想要争夺天下，除了韩信，没有可以谋议这件大事的人。就看大王您如何决策了。"

刘邦怏怏说道："我当然希望向东方发展，哪里想郁郁久困在这里。"语气已经趋于平和。

萧何接着说道："请大王定夺，如果决意东向争夺天下，起用韩信，韩信就会留下。如果不能起用韩信，韩信终究要走。"

刘邦知道萧何行事持重，这番话，是他深思熟虑的结果。稍事考虑后，刘邦回答萧何说："为了你，我任命韩信为将军。"

萧何毫不妥协，说道："韩信被任命为将军，仍然不会留下！"

寒溪夜涨

> 萧何追韩信，史书有记载，当是可信的史实，萧何于何处追韩信，史书没有记载，汉中当地多有传说和遗迹。今汉中市西北留坝县马道街北，有马道河，为褒水支流，古名寒溪，据说是萧何追韩信处。据清嘉庆《汉中府志》记载："昔韩信亡汉至此，水涨不能渡，萧何故追及之。"（刘欣摄）

刘邦沉默了，低下了头。不过，他很快又抬起头来，果断地说："我任命韩信为大将。"

萧何起身施礼道："臣下为大王庆幸，庆幸！"

于是刘邦让萧何将韩信招来，准备马上任命他为大将。

萧何进言道："大王素来傲慢无礼，如今拜大将如同招呼小儿一般，这也是韩信之所以要离开的原因之一。如果大王真的决心要拜韩信为大将，请选择吉日，沐浴斋戒，设置将坛，周全礼节，方才可以。"

刘邦——同意了。

萧何追韩信，史书有记载，当是可信的史实，如此精彩动人的纪事，或许也有口述传闻的成分？萧何何处追韩信，史书上没有记载，汉中当地却多有传说和遗迹。

今汉中市西北留坝县马道街北，有马道河，为褒水支流，古名寒溪，据说是萧何追韩信处。据清嘉庆《汉中府志》记载："昔韩信亡汉至此，水涨不能渡，萧何故追及之。"河边立有两个石碑，一为清嘉庆十年（1805）马道驿丞黄绶所立。有碑文"汉郑侯（萧何）追淮阴侯（韩信），因溪夜涨水，至此，故及之"。另一为清乾隆八年（1743）褒城县知县万世谟初立，咸丰五年（1855）马道当地的士庶人士重立，有碑文"汉相国萧何追韩信至此"。至今已成为当地的观光名胜之一。

2005年8月，我去汉中访古，宁静的小城，古风尚存。先去汉台遗址，传说刘邦为汉王时所修筑的宫殿就在这里，如今是汉中博物馆所在地，收藏的众多石碑最值得一看。又去饮马池，传说是刘邦军在汉中的驻地。拜将坛遗址在汉中城南门外，存有南北两座夯土台，传说是韩信拜大将时所修筑的将坛遗址。南台下有石碑一座，正面题有"汉大将韩信拜将坛"碑文，背面刻诗一首"辜负孤忠一片丹，未央宫月剑光寒。沛公帝业今何在，不及淮阴有将坛。"皆是晚近后人的题记，惋恨"鸟尽弓藏，兔死狗烹"的无情。

在汉中购得《汉中史迹杂考》一书，为乡土历史学家陈显远先生所著，书中有"萧何追韩信处考"一文[1]，读罢大有所得。陈

---

[1] 陈显远《萧何追韩信处考》，收于氏著《汉中史迹杂考》，汉中市文化文物局编，1998年。

拜将坛

拜将坛遗址在汉中城南门外,存有南北两座夯土台,传说是韩信拜大将时所修筑的将坛遗址。南台下有石碑一座,正面题有"汉大将韩信拜将坛"碑文,背面刻"辜负孤忠一片丹,未央宫月剑光寒。沛公帝业今何在,不及淮阴有将坛。"皆是晚近后人的题记。

先生以为,韩信是江苏淮阴人,他亡归故乡,不应当北上走留坝经褒斜道入关中,落入敌对的三秦,而应当由南郑往西南,走米仓道穿越大巴山,进入今四川南江,然后东去鄂西,经过南楚回归故里。

陈先生之说,源于宋代地理书《舆地纪胜》,萧何追韩信处,在两角山和米仓山间的截贤岭,两山之间有淮阴公庙,两角山下有石刻云:"汉相国萧何邀淮阴公韩信至此山",唐代集州

(今南江)刺史杨师谋有《题记》。该刻石到南宋时尚存,被移送到县学保管。

信哉此言[1]。历史的真实,常常是零零散散,在不引人注目之处,本来不是热闹的地方。留坝地方的种种遗址,多是明清以来,借助商旅道路的繁华,人为地锦上添花。

历史啊历史,一路走来,留下多少迷人的花絮。

七 汉中对

刘邦接受了萧何的建议,决意任用韩信为大将以后,他亲自召见韩信,详细听取了韩信的意见,有礼而又慎重地对韩信做了面对面的考察。有关二人之间会面的情况,史书上留下了一段对话,史家称为"汉中对"。

"汉中对"载于《史记·淮阴侯列传》,文章从刘邦与韩信分别入座开始。

刘邦问道:"丞相多次进言将军,将军有什么谋略可以让寡人领教?"

韩信起身施礼,谢过刘邦,以反问的形式回答说:"大王如今东向争夺天下,对手难道不是项王吗?"

刘邦答道:"正是项王。"

韩信又问道:"请大王衡量一下,在用兵之勇悍、待人之礼

---

[1] 从汉中到楚国,还有一条道路,就是走汉水水路,当时应该是一条主要的交通通道,详细请参见本章第九节"汉中的地形交通"。不过,正因为汉水水路是当时东去楚国的主要交通通道,在将士大逃亡的时候,也应当是汉王国政府防范最严的。从截贤岭地名和唐代碑刻来看,南江方向应当比较合理可信。

仁、实力之强大三个方面，与项王相比如何？"

刘邦长久沉默之后，回答说："不如项王。"

韩信站起身来再一次施礼，应声赞同说："我韩信也认为大王不如项王。不过，臣下曾经在项王帐下任事，请让我谈谈项王的为人。"

韩信首先分析项羽用兵的勇悍说："项王一声怒吼，千百人不敢动弹，但是，项王不能使用贤将，任其独当一面。这种勇悍，不过是匹夫之勇。"

韩信又分析项羽待人的礼仁说："项王待人恭谨有礼，言语温和，人有疾病，他会同情流泪，将自己的饮食分给他。但是，当被任用的人有了功劳，应当封爵受赏的时候，他却把刻好的印章久久捏在手上，迟迟舍不得给人。这种礼仁，不过是妇人之仁。"

接着，韩信分析项羽的失误说："项羽虽然称霸天下、臣服诸侯，却不据有关中而定都彭城，这是他的第一个失误。项羽背弃怀王之约，以自己的好恶裂土封王，诸侯心中不服，这是他的第二个失误。项王将旧主怀王驱逐到江南，新封诸侯纷纷效仿，也都驱逐旧主，抢占肥美的土地，这是他的第三个失误。项王所到之处，没有不摧残破灭的，百姓都怨恨，人民不亲附，只不过迫于威势，勉强服从而已，这是他的第四个失误。"

分析到这里，韩信稍作总结说："从整体上来看，项王名义上是天下的霸主，实际上已经失去了天下的人心，所以，他的优势容易转化为劣势。"

话听到这里的刘邦，入神屏息，俯身前倾，不知不觉之间，膝盖已经触抵到前面的坐席了。

这时候，韩信话锋一转，由分析项羽的得失，归结到刘邦的应对，他说："而今，大王如果能够反其道而行之，任用天下的武勇贤将，有什么勇悍的敌人不能诛灭！以天下的土地城邑分封功臣，有什么人的心不能收服！尊重义帝，守怀王之约，兴义兵顺从将士东归的心愿，有什么障碍不可以摧毁！"

············

古代史书的引用，往往都是摘录。《汉中对》也并非一篇完整的文章，而是司马迁从他所使用的史料中选择截取的。从文义来看，《汉中对》至此当为一段，内容是韩信借项羽和刘邦的名义，对敌我双方的优劣条件作战略性的比较，从总体上得出了刘邦可以由弱转强的结论。在此基础上，他进一步具体分析了三秦的形势，提出了反攻三秦的设想，成为《汉中对》的后半段。

韩信说："三秦王本为秦将，统领秦军子弟数年之久，损兵折将不可胜数，又欺骗部下投降诸侯，二十万将士，在新安被项王使诈坑杀，唯有章邯、司马欣、董翳三人脱逃，秦人怨恨这三个人，痛入骨髓。如今，项王强以威势封三人为王，得不到秦人的拥护和爱戴。

"另一方面，大王攻入武关以来，秋毫无所侵犯，废除秦国苛刻的法律，与民约法三章，秦国的百姓没有不希望大王作秦王的。根据楚怀王与诸侯之间的公约，大王应当在关中称王，关中的百姓人人皆知。如今大王失掉应有的职位而去了巴蜀，关中的百姓没有不痛惜的。今天，如果大王举兵北上东进，三秦可以传檄而定。"

············

听了韩信的这番话，刘邦大喜，自以为得到韩信太晚了，他坚定了任命韩信为大将的决心，决定接受韩信的计划，按照韩信的安排，部署诸将做进攻三秦的准备。

"汉中对"，是楚汉相争历史的起点，刘邦集团由此制定了北上还定三秦，进而东进争夺天下的战略。从尔后的历史来看，"汉中对"的正确决策和成功推行,是刘邦集团由被动转为主动,由弱小走向强大的转折点,可以说,刘邦最终能够战胜项羽夺取天下,其胜利的基础,正是奠基于此。因此之故,历史学家称"汉中对"为中国历史上战略决策的成功典范,将其与诸葛亮答刘备的"隆中对"并举,应当是各有千秋。

仔细考察,"汉中对"主要还是战略层面上的分析和策划。听取"汉中对"时的刘邦,身陷困境,急于打开局面。韩信比较敌我双方的优劣,挑明了由弱转强的可能,进而分析三秦的形势,提出了反攻三秦的设想,刘邦眼前一亮,思路由此打开,方向由此明确。不过,刘邦是实干家,他多年领兵作战,深知一兵一卒、一刀一枪的战斗战役之紧要,当他真要任命韩信为大将时,眼下如何实现北上还定三秦的具体方法,怕是万万缺少不得的话题。从尔后的历史来看,有两件非常重要的事情,也是韩信在这个时候提出来的。第一,提出"明出子午,暗度陈仓"的反攻三秦的具体计划。第二,"申军法",就是按照秦军的规章制度,对汉军作大规模的整编和训练。

关于"明出子午,暗度陈仓"的计划,我们在后面将会详细地叙述。关于韩信申军法,意义非同寻常而历来语焉不详,这里不得不稍作解说。我们知道,战国以来,秦军之所以能够多年不断地战胜各国军队,除了上升的国势,强君能将的种种原因而外,还有一个更为根本的原因,就是秦国通过商鞅变法以来的一系列改革,建立起了一套完备的军事制度。这个军事制度,以二十等级军功爵赏制度为中心,包括了军队的编制训练,征发动员,奖惩激励,旗鼓通讯,退役抚恤,进而连接到军人转业入仕,个人的财产身份和社会的基层组织建设等方方面面,几乎牵涉到整个国家体制。这个制度的框架细则,统称为秦军法。由秦军法所规定的秦的军事制度,是当时最先进、最高效率的军事制度,这个制度,是秦军之所以战无不胜,成为天下最强大的军队的根本。

秦统一天下后,将秦的军事制度推行到整个帝国。秦末乱起,六国复活,各国不同的军事制度也在不同程度上复活。刘邦军自起兵以来,打着楚国的旗号,服从楚王,使用复活后的楚国的制度。进入汉中建立汉王国后,刘邦面临一个重大的制度决策,究竟是迎合关东出身的广大将士的心愿,继续保留楚国的制度,争取回到家乡?还是变更思路和政策,采用秦国的制度,以旧秦国作为新根基,一切重新开始?

这个改制的问题,关系到汉王国立国根基的确立。从以后的历史来看,汉王国建立以后,废除了楚制,采用了秦制,确立了全面继承旧秦国的国土、人民和制度的秦本位国策,这个重大的决策,是刘邦能够战胜项羽的根本原因和制度保证。而韩信呢,他是从军制改革的角度,最先提出并推行秦本位政策的人。可以说,由韩信申军法开始的军制改革,不但将刘邦军整训为一支制度最为先进、战斗力极强的新型军队,而且为秦人秦军的加入提供了制度的保证和文化的归属。刘邦军后来反攻三秦的顺利,楚汉战争中秦人死心塌地追随刘邦与项羽殊死决战的原因,都可以在这里找到依据。可以说韩信申军法,既是汉军走向胜利的开始,也是汉承秦制这个重大历史事件的开始。

我读《淮阴侯列传》,确立韩信申军法始于汉中,为影响历史进程的重大历史事件,曾经写成论文刊行,信然而无疑[1]。然而,多年以来,每当我读到萧何追回韩信后强力推荐给刘邦,刘邦先

---

[1] 关于韩信在汉中申军法改制的详细,参见拙著《汉帝国的建立与刘邦集团——军功受益阶层研究》第一章第二节之"关于韩信'申军法'"。

是犹豫，最终下决心任命韩信为大将时，总是觉得有些不可思议。这一次，我重新整理这段历史，将刘邦之所以不得不任用韩信的理由，从萧何的角度，做了尽可能的补充，写成"国士无双"，大体通顺释然。

但是，当我继续整理到刘邦接受了萧何的推荐，当即就要召韩信前来拜将，无论如何也不敢相信世界上有这样的事情。要知道，刘邦任命韩信为大将，已经不是破格提拔，而是破天荒任用。而此时的刘邦，与韩信之间没有任何交往，甚至连面都没有见过，合理地想来，即使有夏侯婴和萧何的推荐，即使有任用的强烈意向，怎么也得先见面谈话，听取意见，亲自面对面地考察之后才能拍板。这种情况，打个现代的比方说，不要说是作为一国之主任命三军总司令，即使是百人的小公司董事长任命管理二十人的部门经理，恐怕都是最起码的常识。所以说，史书上的这种不合情理的细节，断然不可当真，只能理解为历史故事的传奇色彩。我叙述历史到这里时，依据史书编撰的结构原理，大胆地将史书的叙事，参考常情常理作合理的改定，并附理由在此，供后来的读史者参考。

八　田荣反楚

正当韩信统领汉军，不声不响地在汉中积极整军备战的时候，有消息自关东传来，田荣叛乱，攻占齐国，项羽统领楚军前往镇压。

齐国与楚国的不和，由来已久，田荣与项羽的纠葛，越扯越紧。秦二世三年十一月，项羽在安阳（今山东东平）击杀了亲齐的大将宋义，夺取了楚军的指挥权，又派骑兵深入齐国境内，追杀了被田荣礼聘为国务大臣的宋义的儿子，与齐国关系交恶。所以，当项羽统领楚军北上救赵时，田荣拒绝合作。北上的项羽军，经过齐国的济北郡和博阳郡地区时，得到了当地两位齐军将领田安和田都的支持，领军随同项羽一起由平原津（今山东平原）渡河救赵，更引起了田荣的不满。从此以后，田荣拒绝与项羽的一切合作，不发一兵一卒参加联军进击秦军的行动，将齐国孤立于诸侯各国之外，也引来了项羽对于田荣更深的怨恨[1]。

项羽统领诸国联军灭秦后，论功行赏，分封天下，根据各国将领在灭秦战争中军功的大小决定地位的高低、封赏的厚薄。巨鹿之战，是灭秦的决定性战役，巨鹿之战前后的军功，是封赏的最重要因素，同时，是否随同项羽进入关中，也是考核的重要参照。

按照项羽所定的封赏原则，齐国丞相田荣既未参加巨鹿之战，又不跟随联军进入关中，自然不在裂土封王之列。对于齐国，项羽将其分割为胶东、齐、济北三国。将原来的齐王田市徙封为胶东王，以即墨（今山东平度东）为首都，领有胶东（即墨）和胶西两郡，统治齐国的东部地区。封田都为齐王，以临淄（今山东淄博）为首都，领有临淄、琅邪和城阳三郡，统治齐国的中部地区。封田安为济北王，以博阳（今山东泰安东南）为首都，领有济北和博阳两郡，统治齐国的北部地区[2]。

田都和田安，都是违反田荣的意思，领兵随同项羽渡河救赵，又随同项羽进入关中的齐国将领，得到了项羽优厚的封赏。田市

---

[1] 参见拙著《秦崩》第六章之七"齐楚纠葛"。
[2] 关于齐国分郡的详细，参见后晓荣《秦代政区地理》第五章"山东南部诸郡置县"，中国社会科学出版社，2009年。

是田儋的儿子，田儋战死后，被田荣拥立为王，一直在伯父田荣的监护下当政，未曾领兵救赵，也不从入关，自然受到贬抑，国土被分割，只得到了偏远的胶东之地。

项羽的这种做法，使田荣极为愤怒，他决定拒绝接受项羽的命令。田荣让田市继续留在临淄作齐王，当田都领军到临淄来接收齐国时，他领军攻击田都，田都兵败，逃往楚国。田市胆小，害怕项羽的报复，偷偷离开临淄前往即墨去作胶东王，又引来田荣的愤恨，进军胶东，在即墨将田市杀死，干脆自己作了齐王。

自封为齐王的田荣，公开竖起反楚的大旗，开始在不满项羽的各国实力人物中寻找帮手和同盟。他找到的第一个帮手，就是彭越。彭越属于地方军阀一类的人物。在秦末之乱中，彭越部队始终是一支独立的武装力量，不固定从属于任何王国，只是根据自己的利益进出游击。当秦军和楚军长期鏖战时，他在一旁观望，当刘邦军前来攻击昌邑的秦军时，他积极出兵协力。当攻击不利，刘邦军南下西去时，他继续留在当地，回到巨野泽中蛰伏起来，招兵买马，养精蓄锐，聚集了数万人[1]。对于彭越这种土军阀，项羽是没有放在眼里的，分封天下时，彭越既未参加巨鹿救赵之战，又不跟随联军进入关中，不在分封之列，成了体制之外的割据势力。

彭越是魏国人，他所蛰伏的根据地巨野泽，地处魏国的东郡、砀郡，楚国薛郡和齐国的济北郡之间，为一巨大的沼泽湖泊。彭越出身于下层社会，骁勇善战，他没有任何家世凭借，只想依靠自己的力量，纠结一帮人马，趋利避害，博得人生的富贵荣华。利益所在，就是行动所向，是彭越的人生准则。田荣看准了这点，

---

[1] 关于彭越的身世及其在秦末之乱中的活动，参见拙著《秦崩》第七章之十"相遇彭越"。

他以齐王的名义，正式授予彭越将军印绶，命令他起兵魏国，配合齐军行动。彭越得到田荣的正式任命以后，领军进攻济北，杀死了济北王田安。得到彭越协力的田荣，将济北国并入齐国，领有了济北、博阳、临淄、琅邪、城阳、胶西和胶东七郡，重新统一了齐国，以临淄为首都，全力与楚国对抗。

田荣攻击齐王田都，在汉元年五月。杀胶东王田市自封为齐王，在六月。指示彭越杀济北王田安，统一齐国，在七月。不到三个月时间，将项羽所建立的天下秩序，再一次打乱。各地自认为在大分封中遭到了不公正处置的各色实力人物，纷纷行动起来，摩拳擦掌，准备大干一场。

第一个起来响应田荣的实力人物是陈馀。陈馀本是赵国的大将军，是丞相张耳的挚友，巨鹿之战后，两人因为误会而关系交恶。一气之下，陈馀带领部下数百人脱离赵国，到黄河下游的湿地沼泽中隐逸游猎，当了山大王。项羽分封天下时，封张耳为常山王，将赵国的旧都信都改名为襄国（今河北邢台），作为首都统治赵国的东部地区，将原来的赵王歇迁徙到代县（今河北蔚县），改封为代王，统治赵国的北部地区。听说陈馀隐逸在南皮（今河北南皮）一带，就封陈馀为侯，领有南皮附近的三个县。陈馀是与张耳同时起兵的战友，自以为功劳与张耳相当，也应当封王，对于项羽的分封非常不满。

南皮在赵国的东部边境，紧靠齐国，当陈馀看到田荣统一了齐国后，马上派使者去见田荣，陈述自己对于项羽和张耳的不满，请求田荣提供军事援助，进攻常山国，共同反楚。田荣同意了，马上派遣军队进入常山国，协同陈馀攻击张耳。同时，他又指使彭越南下攻击楚国，将反楚的战火烧到了黄河下游的南北两岸。

韩信一直密切关注着关东的局势动向，当田荣与彭越和陈馀联手，同时在齐国、旧魏国地区和常山国与项羽展开全面对抗以后，他认为还定三秦的时机到了。汉元年八月，得到刘邦的认同以后，韩信调兵遣将，下达了"明出子午、暗度陈仓"的攻击令。

九　汉中的地形交通

汉中，地处秦岭和大巴山之间，为一山间盆地。今天的汉水，发源于盆地西部的山地（蟠冢山），自西向东横流，形成一狭长平原，东西长两百余里，南北宽10到50里，称为汉中平原。汉中地区，气候迥异于关中而同于巴蜀，属于亚热带常绿阔叶林区域，温暖湿润，雨量充沛，盛产稻麦水果，号称"陕南粮仓"。

汉中地区，古来有褒国。西周末年，周幽王宠爱褒姒，为求褒姒一笑，不惜烽火戏诸侯，失去了天下的信任，最终闹得亡了国。那位千金难买一笑的冷面美人，就出身于汉中的褒国。到了春秋时代，汉中北有秦国，南有蜀国，成了秦蜀两国反复争夺的地方。公元前387年，秦国再次从蜀国手中夺取了汉中，从此以后，汉中就一直是秦国的领土。

汉中地区，与东部的淮泗地区一样，地处中国大陆南北分界的地理线上。汉中地区，也与淮泗地区一样，在中国政局南北对立的时代，常常是反复争夺的焦点。秦亡以后，刘邦由汉中反攻关中，进而统一天下，汉中成了龙兴之地。三国时期，曹操、刘备争夺汉中，诸葛亮以汉中为基地，五次北伐失败，蜀汉之亡，也由失守汉中开始。南宋时期，汉中地区再次成为南北势力推移的地带，宋在此屯驻重兵。蒙古军队由大散关攻入汉中，东进灭金，继而南下灭蜀，南宋不久亡国。

古往今来，进出汉中最大的难题是交通。由汉中进入关中地区，必须通过山间的古道，穿越秦岭山脉。秦岭山脉，东西绵延800里，平均海拔2000米以上，山势险峻难行。秦汉时代，自东而西，穿越秦岭有四条道路，分别称为子午道、傥骆道、褒斜道和陈仓道，都是蜿蜒穿行山谷间的险峻小道，中国交通史上著名的栈道，就集中在这些道路上。除此之外，还有一条沿西汉水迂回去陇西，再翻陇山（六盘山南段）东去的道路，称作祁山道。

子午道，由咸阳南部的杜县（今西安市长安区）出发，入子午谷（今长安区子午镇附近），沿山间河谷前行穿越，进入汉中平原，经成固县（今陕西城固），抵达汉中郡治南郑县（今陕西汉中）。子午道，全长600余里，是早早开通的官道，也是由汉中出秦岭后，距离咸阳最近的通道[1]。

傥骆道，北口在骆谷（今陕西周至县），穿越入秦岭，沿傥水河谷（今洋县境内）进入汉中平原，西去抵达汉中。傥骆道，为连接咸阳和汉中的最短道路，也是最险峻的道路。不过，这条道路，在本书所叙述的秦末汉初时期，史书中没有提到，或许只是民间的小道，尚未作为官道开通？

褒斜道，北口在斜水谷口（今陕西眉县），穿越入秦岭，沿褒水河谷（今留坝县和汉中市）通到南郑。这条道路，长470余里，在秦岭栈道中最负盛名，著名的石门遗址就在这条道上。不过，褒斜道的大规模修建，是在汉武帝时期[2]，秦末汉初，这条道路，应当也是一条小道。

---

[1] 刘邦军由关中出发去汉中，就是走的子午道，当时应是一条主要通道。
[2] 据《史记·河渠书》，汉武帝时，"发数万人作褒斜道五百余里"。

陈仓道，又称故道。由陈仓出发，进入故道县，过大散关，沿嘉陵江上游河谷西南穿越，大体走今宝成铁路的路线，经过今陕西凤县、甘肃徽县、陕西略阳县，然后，东去经过今勉县抵达汉中。

祁山道，是古代连通关中地区和汉中地区的另一条通道。这条道路，也由陈仓出发，沿汧河西北行，翻越陇山抵达陇西上邽（今甘肃天水），然后经祁山沿西汉水顺流而下，过西县（今甘肃礼县）、下辨（今甘肃成县西北）地区进入今陕西略阳，沿汉水一直抵达汉中[1]。

古往今来，岁月流逝，山河变迁。汉中的地形和交通，特别是汉水上游水系所形成的空间，历史上有重大的变化。远古以来，今天的汉水与西汉水是一条河道，发源于今甘肃天水西南，南下流经陇南地区的礼县，西南经由西和县、成县进入陕西略阳，一直向西流去，与今天的汉水一体连通，经过勉县、汉中地区、安康地区进入湖北，再流经十堰、襄樊、荆门、孝感等地区，在武汉汇入长江。

当时，汉水上游略阳一带，有巨大的山间水道型湖泊，被称为天池大泽。由于天池大泽储水抬高水道的原因，汉水上游的各个河道，大多通航，水路交通便利。从汉中出发，逆流而上，舟行可以抵达陇西，顺流而下，行船可以一直抵达西楚，浩浩荡荡一条汉水，成为联系陇南、汉中、荆楚间的重要通道。公元前280年，秦国将军司马错统领秦军进攻楚国，就是由陇西郡（今天水）

---

[1] 关于祁山道的概述，参见辛德勇《论刘邦进出汉中的地理意义及其行军路线》，收于氏著《历史的空间与空间的历史》，北京师范大学出版社，2005年。结合实地考察的详细路线研究，请参见拙文《秦始皇第一次巡游到西县祭告祖庙说》，将刊于《秦汉史研究》第九辑，2015年。

出发，乘船顺汉水东南下，经汉中一直抵达楚国的黔中郡（今湖北十堰市的竹山、竹溪）一带的。

汉水全程通航的这种情况，在西汉高后二年，也就是公元前186年后发生了巨大的变化。这一年的春天，今陕西略阳、宁强地区发生了一次大地震，史称武都地震[1]。由于武都地震引起的山崩地变，汉水被截断成为西汉水和汉水两条河，古来贯通的水路交通被切断。尔后，随着地形的变化，嘉陵江和汉水的分水岭在略阳一带形成，西汉水及其附近的河道南流进入四川，成为嘉陵江上游的水源。失去了西汉水的汉水，河道缩短，水量减少，舟楫之便也大不如从前[2]。

因此之故，由于古今地形的变化，作为历史舞台的汉中地区，对于该地上演的史剧，自然有古今不同的限制，由此引发的变数，常常出乎我们的意料。如果不了解这一点，本章所叙述的韩信反攻关中的重大历史事件，必将难以得到通透的理解。

十　章邯看走了眼

汉元年七月，关中已经进入夏天，绿荫蔽野，骄阳似火，几场骤雨下来，渭河涨水，漕运通商的行船，往来愈是快捷。不过，坐镇渭水北岸废丘城（今陕西兴平）的雍王章邯，心情却一天天

---

[1]《汉书·高后纪》高后二年条："春正月乙卯，地震，羌道、武都道山崩。"《汉书·五行志》记为："高后二年正月，武都山崩，杀七百六十人，地震至八月乃止。"这件事《史记》没有记载。

[2] 关于武都大地震所引起的汉水和嘉陵江水系，以及汉中地区地形的变化，参见周宏伟《汉初武都大地震与汉水上游的水系变迁》，刊于《历史研究》2010年第1期。

紧张起来。

彭城方面传来消息，田荣反叛称王，联合彭越抗击楚国，项王正统领楚军北上讨伐，使者带来范增的告诫，务必警惕汉中的刘邦趁机返回关中。果不其然，从南面各个关口都传来消息，韩信出任汉军大将，整军备战，已经严密地封锁了由汉中进出关中的所有通道，禁止人员出入，断绝了与关中的往来。《孙子兵法》说：战争开始之前，就要封锁关口，废除通行证，停止与敌国的使者交往，在庙堂上策划算计，决定军事行动的方针。看来，汉军攻击关中的计划已经启动，章邯下令各地加强戒备。

七月底，陇西郡方面有军报传来，汉军大举沿汉水西行，水陆并进，正对下辨县展开猛攻。不久，又有军报传来，汉军曹参部队已经攻占了下辨县城，另一支汉军的樊哙部队正沿西汉水突进，军锋直指西县、上邽。汉军大有一举攻取陇西，翻越陇山进入关中之势，军情紧急，请求增援云云。

章邯是旧秦军大将，富有军事经验，为人坚韧有城府谋略。项羽离开关中以前，特意将镇守关中、防止刘邦北上的重任托付给他。章邯的雍国首都在废丘，领有咸阳以西的关中地区和陇西、北地郡，是三秦中领土最大、兵力最强的大国，由汉中出入关中的五条要道，除了子午道在塞国境内外，余下的傥骆道、褒斜道、陈仓道以及祁山道，都在雍国境内。毋庸置疑，将刘邦封锁在汉中的重任，非章邯莫属。

当章邯得到汉军大出陇西的军报时，他将信将疑。信的是汉军攻击陇西的行动，不过是攻击关中的前奏，疑的是汉军攻击陇西的意图或许是声西击东的诡计？章邯是秦国人，熟悉关中地形，进出汉中的道路，他近来更是研究得仔细。章邯清楚地知道，大军走西汉水出陇西，尽管有水运之便，道路相对平坦，但是路程

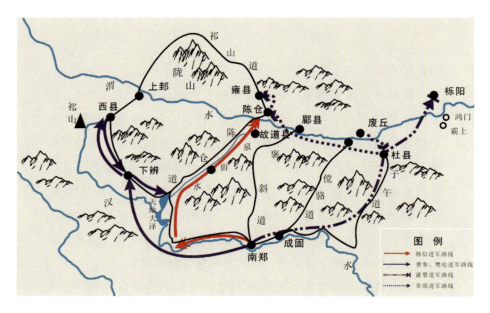

地图1　韩信反攻关中图

迂回绕远，即使攻占了陇西，也还有陇山阻断其路，三秦军可以从容调遣集结，将其堵在陇山以西。这样的战略，耗费日月而难以直接威胁关中腹地，绝非自己所能认可的良策。

对于传闻中的汉军大将韩信，章邯完全不了解。只听说曾经是项王部下的郎中，逃亡到汉中被破格提拔。无名无闻的小吏，突然蹿升为汉军总帅，这使章邯怀疑，或许又是刘邦故意放出来的烟幕？

章邯和刘邦没有直接交过手，不过，他对刘邦是多有所闻。在楚军将领中，刘邦与项羽齐名，是独当一面的大将。当自己在巨鹿与项羽鏖战之际，刘邦统领楚军偏师降南阳，下武关，奇袭蓝田，和平进入咸阳，拔了先入关中的头功。刘邦其人，用兵不仅有勇有谋，而且敢冒险深入，不可不谓是出类拔萃的将领。

鸿门宴以来，刘邦隐忍能屈，善于伪装，有心计手腕，能知人善任的种种特点，章邯也是有所眼见耳闻。刘邦作了汉王，项王将防备刘邦的重任托付自己以后，章邯对于刘邦的一举一动，更是异常地关注，他也是熟读《孙子兵法》的人，知己知彼、百战不殆的道理，是无时不记在心中的。

刘邦军由子午道进入汉中，接受张良的建议，将子午道蚀中一段栈道烧毁[1]，表示没有返回三秦的心意，章邯看在眼里，记在心头。章邯是沙场宿将，眼光老辣，他知道诡诈乃是用兵之道，能攻而装作不能攻，要打而装作不要打，要在近处行动而装作从远处行动，要在远处行动而装作要在近处行动，这些伎俩，都在于攻其不备、出其不意。诡诈的刘邦，愈是显示他没有东进的野心，愈是隐藏着他一定想要打回来的意图。刘邦入汉中以来的一系列行动，都被章邯透视得清清楚楚，他坚定不移地相信，刘邦一定会打回来，而且不会久等。章邯进而怀疑，刘邦反攻关中，极有可能就是重出子午口。

章邯之所以这样想，除了识破刘邦焚烧栈道的意图外，另外有他的道理。

前面已经说过，秦汉之际，连接汉中和关中的五条道路中，傥骆道和褒斜道尚未开辟为官道，狭窄险峻，不能作为大兵团移动的道路，所以，刘邦军反攻关中，大军只能由子午道、陈仓道和祁山道出来。三条道路中，祁山道最远，陈仓道其次，子午道

---

[1] 刘邦军经由子午道进入汉中，《史记》《汉书》等文献和汉代碑刻都有明确记载，应当是没有疑问的。唯有《史记·留侯世家》记载说："汉王之国，良送至褒中。"褒中是褒斜道上的地名，似有矛盾。不过，据辛德勇考证，此处的"褒中"是"蚀中"的讹误，参见前引辛德勇文《论刘邦进出汉中的地理意义及其行军路线》，收于氏著《历史的空间与空间的历史》。

最近。出了子午道口，眼前是一马平川的关中平原，杜县城在前，不过数十里地，北去不远是咸阳，东去近处是刘邦军的旧驻地灞上，可以轻车熟路，一举插入关中的心脏。另一方面，子午道在杜县，属于塞国。三秦之中，塞国最小，相对于章邯所统领的雍军来说，司马欣所统领的塞军也弱小得多，正是围堵刘邦军出汉中的薄弱环节。

经过慎重的考虑以后，章邯下达动员令，命令陇西郡军向西县、上邦一带集结，务必坚守堵截汉军的进攻，同时，抽调部分北地郡军增援陇西，以防万一。章邯又下令加强陈仓一带的监视和防守，警惕汉军从陈仓道出来。与此同时，章邯将军情通报塞王司马欣，要他迅速加强杜县一带的防守，务必防止汉军出子午口。做了一系列的防守安排以后，章邯将雍军主力集结在废丘一带，准备随时机动地驰援陈仓和杜县，必要时封锁陇山。

进入八月，西部战事依然紧急，西县雍军被击溃在白水一带（今甘肃天水），章邯不为所动。紧接着，从塞国方面传来军报，汉军正在秘密抢修道路，轻锐部队已经出没在子午道口一带。此时的章邯，反而心中一块石头落地，他感到自己的判断没有错，汉军主力的真正攻击方向，是在子午口，他命令雍军整装待命，做东去支援塞国的准备。不久，塞王司马欣的军使抵达废丘，报告汉军先锋部队在骁将灌婴的统领下已经攻占了子午口，大军正源源不断地行进于山道，杜县告急云云。章邯不再观望，他亲自统领雍军主力，往杜县方向开拔过去。

正当章邯统领雍军主力东去的时候，从陈仓方面又传来军报，汉军一部出陈仓道，开始攻击道口的故道县城，请求增援。章邯并不觉得意外，他坚信自己的判断，汉军真正的攻击目标，在子午道，出陈仓道的汉军与出祁山道的汉军一样，也是佯攻，他下令雍城、陈仓一带守军增援故道，各地务必坚守。章邯统领大军继续东进。

不久，从陇西方面传来军报，汉军停止了攻击，退守西县、下辨一带。紧接着，陈仓方面有紧急军报，汉军大出陈仓道，已经攻占了故道县城，北上渡过渭水，包围了陈仓，军中有大将韩信和汉王刘邦的旗号。而攻占了子午口的汉军，并未出山口攻击杜县，而是据山固守观望。这个时候，章邯方才省悟，汉军主力大出的方向，是陈仓道而不是子午道。忙乱之中，章邯命令大军掉转方向，由东向西往陈仓方向快速进军。

当章邯军匆匆抵达陈仓时，陈仓城已经陷落。乘胜的汉军，在陈仓、雍城一线严阵以待。两军会战的结果，章邯军战败，被迫退回废丘，章邯的弟弟章平统领一部分败退的雍军退守好畤（今陕西乾县东），兄弟二人分守两城，成犄角之势阻止汉军东进，等待塞国和翟国军队的增援。

顺利进军的汉军主力，在韩信的指挥之下，沿渭河东进，直逼废丘。别部汉军，在曹参与樊哙的统领之下，跟踪追及章平，在好畤再次击败章平军后，围困了好畤。

退守废丘的章邯，得到了塞国和翟国军队的增援，军势复振，举军西出废丘，由壤乡（今陕西武功东南）和高栎（今陕西武功东南）出击反攻。韩信在正面顶住章邯军攻击的同时，秘密调动围困好畤的曹参军和樊哙军南下，从侧翼突袭章邯军。在汉军的两面夹击之下，章邯军大败，不得不再次退回废丘。

废丘之战，是汉军反攻关中的一次决定性大战。经过这场大战，三秦军的主力被击溃，丧失了主动攻击汉军的能力。废丘之战以后，章邯困守孤城，从此没有再出废丘一步。章平由好畤弃城逃亡，纠集北地、陇西的雍军残部继续作零星的抵抗，算是韩信平定关中之战的余音。

取得了废丘之战的胜利后，汉军乘胜攻占了好畤和咸阳，一直在子午口虚张声势的灌婴军也大举出动，一举攻克塞国首都栎阳。夺取了关中腹地的汉军，趁势以优厚的条件招抚三秦各地守军，大势所趋之下，塞王司马欣和翟王董翳先后投降，关中大局基本敲定。

十一　明出子午，暗度陈仓

韩信领军由汉中反攻关中成功，是刘邦集团突破封锁，由困顿走向发展，由沉沦走向光明的关键一步。没有这一战的成功，刘邦集团将被困死在蜀汉地区，在富饶而封闭的天府之国中被消磨殆尽，从此以后，中国历史上怕是不会有汉帝国，也不会有《大风歌》，而是多了一位蜀王刘邦，多了一首《蜀中乐，不思归》。

在中国军事史上，韩信由汉中还定关中，是唯一的一次成功战例。四百年后，诸葛亮五次由汉中北伐，试图重演当年的历史，无一不以失败告终。这也从反面印证了韩信用兵的巧妙和这场战事的不易，不可不谓是军事史上的奇迹。韩信在汉军将士中巨大的威信，也由此建立起来。

不过，还定关中这场战争，具体是如何展开的，由于史书的简略缺漏，我们基本上是不了解的。特别是对于夺取这场战争胜利的关键，也就是韩信是如何指挥汉军跨越秦岭天险，突破章邯的封锁堵截，大举进入关中的这件事情，更是历史之谜。《史记·高祖本纪》记载平定关中的整个战事，只用了68个字，"八月，汉王用韩信之计，从故道还，袭雍王章邯。邯迎击汉陈仓，雍兵败，还走，止战好畤，又复败，走废丘。汉王遂定雍地。东至咸阳，引兵围雍王废丘，而遣诸将略定陇西、北地、上郡"。其中，由汉中越秦岭进入关中的紧要大事，竟然只有四个字，"从故道还"。惜墨如金的表象后面，尽是无可奈何的历史缺环。

当真相沉默不语的时候，流言蜚语应运而生。当历史学家畏缩不前的时候，说书人挺身而出。元代无名氏在戏曲《暗度陈仓》中让韩信唱道："着樊哙明修栈道，俺可暗度陈仓古道。这楚兵不知是智，必然排兵在栈道守把。俺往陈仓古道抄截，杀他个措手不及也。"这一曲唱词下来，历史为之改观变色。从此以后，韩信"出故道还"的历史，被唱成了"明修栈道，暗度陈仓"的历史，尔后更被总结成了三十六计的第八计，成了汉语中耳熟能详的成语典故。

谎言重复百遍，就被当成真话。明修栈道，主事者是樊哙，地点在褒斜道。如今去汉中，留坝褒斜道旁有樊河，河上有樊河铁索桥，相传为樊哙修栈道时所建，桥旁有"新建樊河铁索桥碑"，清道光十五年（1835）所立。真是人证物证俱在，不过都是明清以来，附会流言修建的观光建筑。

有关韩信"从故道还"的解释，除了《史记》的简略记载以外，最早的史料是东汉桓帝建和二年（148）的石碑《汉司隶校尉犍为杨君颂》，碑文为当时的汉中太守王升所撰，现藏汉中博物馆。碑文说："高祖受命，兴于汉中，道由子午，出散入秦。"意思是说，汉高祖刘邦接受了天命，兴起于汉中，道路经由子午，由大散关进入秦中。

大散关，是陈仓道上的关口，在今天的陕西宝鸡西南，至今遗址尚存。韩信大军由此进入关中，当是确凿无疑。子午，就是子午道。"道由"，道路经由，不过，究竟是指刘邦军入汉中还是出汉中的道路经由，没有明言。有历史学家怀疑，这句暧昧的表

汉台

2005年8月，我去汉中访古，宁静的小城，古风尚存。先去汉台遗址，传说刘邦为汉王时所修筑的宫殿就在这里，如今是汉中博物馆的所在，收藏的众多石碑值得一看，记有汉军"出散入秦"的《汉司隶校尉犍为杨君颂》石碑，就在其中。

述，有可能暗示了韩信军同时也出子午道的事情[1]。

俗话说，前事不忘，得书之鉴。讲的是翻阅过去的记载，可以鉴别当今的得失。不过，历史学使用的是一种由现在到过去的逆向时间观，查后事之详，也可以知前事之略。《三国志·蜀志》

---

[1] 王子今《秦汉交通史》："'道由子午，出散入秦'或许是刘邦分兵而出，北定三秦的路线。"中共中央党校出版社，1994年，第52页。

魏延传记载说，魏延随同诸葛亮由汉中进攻关中时，多次建议"如韩信故事"进军，也就是采用当年韩信反攻关中的战略，兵分两路，自己统领精兵万人，出子午道奇袭长安，震动关中，吸引魏军的注意。与此相呼应，诸葛亮统领大军由西方的褒斜道方面出来，两军夹击会师，可以一举攻克关中。诸葛亮用兵谨慎，出奇制胜非其所长，他拒绝了魏延的建议，用正兵堂堂正正地推进，五次北伐都没有成功，王业途中陨落五丈原，留下千古遗恨。

　　常常听到说，历史不能假设。其实，假设是历史学常常使用的有效方法。如果诸葛亮接受魏延的建议，采用当年韩信反攻关中的战略，是否就会成功？物换星移，难以评说。不过，韩信反攻关中，别遣奇兵出子午道，却可以由魏延的建议得到证明。灌婴是刘邦军著名的骁将，多次统领汉军精锐部队作奇兵突袭，在反攻关中的战争中，他没有随同大军在关中西部作战，而是径直进入关中东部攻取栎阳，迫使塞王司马欣投降。由此推想，子午道的奇兵，或许正是由他统领？

　　2010年8月，我随历史再次前往关中考察，我先去咸阳寻找始皇帝的宫城，又登长陵西望宝鸡，东眺临潼，遥想当年章邯在废丘左右环顾的不安情景[1]。我渡渭河，穿越长安，由子午口入谷，沿废弃之旧道蜿蜒深入，高山夹道，树荫蔽日，潺潺山涧流过，崎岖土路蔓延，断垣残壁光影间，尽是浓浓的历史沧桑。回程在子午口流连长久，眼前脚下，八百里秦川尽收眼底，与同行的陕西考古学者李举刚摄影谈笑，"假使我等如灌婴领军出此，三

---

[1] 我的这次关中考察，有幸结识西北大学历史文化学院陈峰教授，学业切磋之余，有相见恨晚之感。经陈峰先生介绍，考察得到咸阳市文物局庞连昌先生和陕西省考古研究所李举刚先生帮助，得以顺利实现，在此表示感谢。

秦当是无险可守，关中岂能不恐慌震动……"此地此时，我对明出子午的韩信战略深信不疑。

考察归来，读周宏伟先生的鸿篇大论《汉初武都大地震与汉水上游的水系变迁》，快哉乐哉！感铭之下，我对韩信"从故道还"反攻关中的战略和路线，竟然获得了贯通古今的理解。

韩信统领汉军反攻关中，在公元前186年的武都大地震之前，那时候，汉水不但是连通陇西和鄂西的畅通水道，汉水上游地区，舟楫便利。船运由汉中出发，逆水西行可以一直抵达陇西，由天池大泽北上，可以沿故道靠近陈仓。如此交通条件下，韩信暗出陈仓的战略，在粮草和兵员的输送上当不会有重大的障碍。如此交通条件下，韩信大军出陈仓以前，必定首先沿西汉水攻击雍军控制的下辨和西县，其军事意图，一方面是作佯攻陇西的声张，另一方面也是为了封锁汉水航道，防止陇西的雍军顺流而下，在汉军大出陈仓后袭击汉中，从背后攻击刘邦军。

有人说，《老子》是兵书。老子说，上善若水。水无常形，因地而变，几近于道，最受哲人推崇。韩信生于水乡淮阴，一生用兵，最善于依托水势。在韩信的军事生涯中，佯攻陇西，明出子午，暗度陈仓，是他所指挥的第一场大仗，也是中国历史上唯一一次由汉中反攻关中的成功战例。事后想来，种种策划计量之外，畅通的古汉水水系的利用，不可不谓是天助。二百年后，诸葛亮五次出汉中北伐，无一不以失败告终，种种不利之外，古汉水水系的交通断绝，岂非也是天不助我，命哉命哉！[1]

---

[1] 关于韩信指挥汉军出汉中攻入关中的战略、路线以及战况，我另外写有论文《韩信反攻关中的路线与武都大地震——为了历史叙述的历史研究》，收于北京大学中国古代史研究中心编《舆地、考古与史学新说——李孝聪教授荣休纪念论文集》（中华书局，2012年），从学术研究的角度做了详细考察，可与本章的历史叙述对照阅读。

第二章

彭城大战

一 韩王郑昌

郑昌出生于旧属韩国的新郑,他的祖先,可能是郑国王族的后裔。项羽分封郑昌为韩王,正是想利用他韩国的身份怀柔韩人。

二 张耳来归

张耳多年出任赵国丞相,是项羽所统领的联军中赵军的主帅,申阳是他的旧部。张耳的到来,使刘邦获得了夺取河南国的新筹码。

三 吃软饭的陈平

重实利的古希腊贤哲说,"天理人情不必细诉,婚姻在于有利可图"。古往今来的成功婚姻,多是姻缘的互补。贫困孤单的英雄,得到富裕有力的女家援引,最是近便的成功之途。

四 秦汉的乡里社祭

陈平分肉的事情,是司马迁写进《史记·陈丞相世家》中的传闻故事,由这件小小的逸事,我们不但可以感受到陈平年少时的志向风采,更可以体察到秦汉时代乡里社会的风土人情。

五 古代的克格勃

汉代的护军中尉府,是军情机构。长期担任护军中尉的陈平,他的真实面貌,就是情报长官,间谍头目,类似于斯大林身边的贝利亚,蒋介石身边的戴笠,只不过他的智慧更高深,视野更开阔,命运也更幸惠而已。

六 义帝之死

义帝之死,不仅是项羽与义帝之间个人恩怨的了结、二人之间争夺楚国政权斗争的结束，也是秦末之乱以来，短暂的七国复活、王政复兴时代的终结，从此以后，中国历史进入楚汉两雄主导下的列国纷争时代。

七 联军攻占彭城

大获全胜的联军将士，上自最高统帅，下至士伍兵卒，无不沉浸在前所未有的欢庆中。甚至连宴欲冷静的张良、多谋善变的陈平，也都被这场伟大的胜利所带来的欢悦吞没，失声无语。

八 项羽的反击

战事进行到中午，联军大败，旗帜金鼓混乱，军阵瘫痪溃灭，失去指挥的数十万大军，被乘胜追击的楚军压迫在彭城南面的谷水和泗水北岸，被斩杀及落水而死者，将近十万人。

九 刘邦的极限

古代战争，通讯靠旗帜金鼓，补给靠人畜车船，交通靠土路步行，在这种条件下，指挥六十万人的大兵团作战，可以说是非常困难，非不世出的军事天才是难以胜任的。彭城会师以后，如何协调和调动六十万大军作战布防，已经远远超出刘邦的指挥能力，结果是群龙无首，各部之间相互阻隔，大局混乱中成了乌合之众。

十 回首彭城之战

由极为有限的史料去复活无穷无尽的历史，既是古代史的宿命，也是古代史的魅力。我读《史记》，力求通过太史公留下的简略记事，去复活彭城之战的历史，可谓疑问重重。重重疑问中，最不可解的就是项羽由齐国回师楚国奇袭彭城的路线，陈腐旧说，宛如天方夜谭。

一　韩王郑昌

汉元年八月，韩信指挥汉军由汉中反攻关中，迅速攻占了关中大部分地区。塞王司马欣和翟王董翳投降，塞国被改置为渭南郡和河上郡，翟国被改置为上郡，都成了汉王国的直辖政区。不过，一路高歌猛进、节节胜利的汉军，在雍国地区却遭遇到了意料之外的顽强抵抗。

废丘之战，雍塞翟三国联军被汉军击溃，章邯退入废丘城，坚守不战。章邯的弟弟，驻守好畤（今陕西乾县）的章平，在汉军乘胜攻击的威胁下，弃城撤退，先到陇西，后到北地，呼应废丘城中的章邯，继续抵抗。刘邦曾经派遣使节，以万户侯的地位劝降章邯和章平，都被拒绝。

韩信指挥汉军主力包围废丘，他曾经作过几次攻击，都损失重大而没有成功。韩信是智将，善于运动战和野战，坚城固守，死打硬拼，并非他所看重擅长，他下令停止攻城，命令在废丘城外修筑城濠壁垒，做长期围困的准备。部署妥当后，韩信谒见刘邦，呈说合于利而动，不合于利而止，顺应形势修正战略的理由。

刘邦自有他的算计。他收回了韩信的兵权，重新遣兵部将，作了西围东进的新的战略部署。他分兵一部与韩信，命令韩信继续围困废丘，同时负责清除陇西郡和北地郡的残余抵抗。他将大部汉军置于自己的亲自指挥之下，一方面巩固新占领的关中地区，一方面开始做东进的准备。

刘邦自沛县起兵以来，除了四弟刘交跟随在身边之外，家眷们都留在老家丰邑。二哥刘仲带着妻子和儿子刘濞，服侍着父亲刘太公；妻子吕雉带着女儿鲁元和儿子刘盈，委托同乡审食其负责关照。与刘邦的情况类似，部下们的家属，也都留在了关东，主要是在属于西楚的沛县和砀郡地区。项羽回到彭城就国以后，刘邦及其部下们的家眷，都成了控制在项羽手中的人质。刘邦攻占关中，并没有公开举起反楚的大旗，宣称进军的目的只是在于恢复怀王之约，名副其实地作秦王统治关中，种种考虑之外，自己以及将士们的家眷都留在西楚境内，也是一个重要的原因。

九月，刘邦派遣部将薛欧与王吸，统领一支机动的骑兵部队秘密出武关，前往西楚境内的南阳地区，与活动在这里的王陵取得联系，准备潜入沛县，将刘邦等人的家眷接出来送到关中。部队进入到陈郡境内时，被项羽方面察觉。项羽派遣军队，将其阻止在阳夏县（现河南太康）一带。

刘邦攻取关中的时候，项羽正率领楚军主力在齐国境内作战，征讨第一个竖起反楚大旗、擅自称齐王的田荣。与此同时，陈馀接受田荣的军事援助，对张耳统治的常山国展开进攻，受田荣指使，彭越也进入到楚国的东郡和砀郡地区攻击骚扰。远在北方的旧燕国地区，燕王臧荼攻灭了辽东王韩广，将辽东国并入了燕国。这些动摇西楚霸国体制的变乱，使项羽穷于应付，分散了他对三秦地区的注意力。

也就在这个时候，项羽收到了经由张良转来的两封信件，一封是齐王田荣写给代王赵歇的密信抄本，信中痛斥项羽分封天下不公，无理地将赵王赵歇迁徙到偏僻的代北，改封为代王，他约请赵歇起兵联合作战，共同灭楚云云；一封是汉王刘邦呈送西楚霸王项羽的信，信中为自己攻占三秦地区的行动辩白，声明自己的行动只是为了信守怀王之约，取得自己应当得到的旧秦国地区，信中还信誓旦旦地宣称，自己的行动以怀王之约所规定的关中地区为限，绝不违约走出关中云云[1]。

　　破坏西楚霸国体制的动乱，由田荣引发。齐国紧邻西楚，影响到燕、赵各国，不平定齐国的叛乱，黄河以北地区的政治秩序无法安定。尽管项羽并不相信刘邦的旦旦誓言，张良转来的两封信件，还是促使他下定决心，首先剿灭田荣，然后再来对付刘邦。于是，项羽继续统领楚军主力留在齐国境内作战，对于攻占了关中的刘邦，他暂时采取守势，分别在黄河南北两岸布下两道防线，预防刘邦军可能的东进。在黄河北岸，命令领有河东地区的魏王魏豹加强防务，构筑起第一道防线，命令领有河内地区的殷王司马卬，整军备战，构筑起第二道防线。在黄河南岸，命令领有三川郡的河南王申阳，密切监视关中的刘邦，随时警惕刘邦军出函谷关的企图，构筑起第一道防线。同时，他又做出一项重要决定，恢复韩国，分封郑昌为韩王，都阳翟（现河南禹县）领颍川郡，在申阳的身后，构筑起防备

---

[1]《史记·项羽本纪》记其事说："汉使张良徇韩，乃遗项王书曰：'汉王失职，欲得关中，如约即止，不敢东。'又以齐、梁反书遗项王曰：'齐欲与赵并灭楚。'楚以此故无西意，而北击齐。"《史记·留侯世家》说："良说项王曰：'汉王烧栈道，无还心矣。'乃以齐王田荣反书告项王。项王以此无西忧汉心。"说法不同。《汉书·张良传》记其事说："时汉王还定三秦，良乃遗项羽书曰：'汉王失职，欲得关中，如约即止，不敢复东。'又以齐反书遗项王曰：'齐与赵欲并灭楚。'项羽以故北击齐。"今从《汉书》并作补充解释。

刘邦东进的第二道防线[1]。

项羽分封天下时，将旧韩国分割为韩和河南两国。韩王韩成的国号不变，仍然以旧都阳翟为首都，领有颍川郡。封赵国将领申阳为河南王，以洛阳（今河南洛阳东）为首都，领有三川郡。

韩王韩成，本是韩国公子，为项梁所立，项梁败死定陶时，逃到彭城投靠楚怀王，后受怀王之命，与司徒张良一道，前往旧韩国的颍川地区，组建军队，攻城略地，结果是败多胜少，了无功绩可言。刘邦军西进进入颍川后，帮助韩成攻占了一些城池，刘邦军继续南下西进，往南阳武关方向开拔后，张良随同刘邦而去，韩成留在颍川，继续作复兴韩国的努力，仍然是打不开局面，没有可以称道的结果。项羽分封天下，基本原则是论军功行赏，特别是北上救赵和入关灭秦，更是两大硬指标，韩成没有拿得上台面的军功，虽然因袭旧封保留了韩王的称号，却完全不被项羽所尊重，领土也为项羽所觊觎。汉元年四月，项羽与各诸侯王离开关中回到封地就国，韩成被项羽带到彭城，剥夺了王号，更封为穰侯，不久被杀害。

韩王韩成被废杀以后，颍川郡被项羽吞并，韩国失国。刘邦攻占关中，虎视眈眈，意在吞并关东，形势与战国后期秦国东进扩张的局面类似，旧属韩国的三川和颍川地区首当其冲，成了汉必攻、楚必守的战略要地。三川地区，楚国方面已经有了河南王申阳的第一道防线。对于成为第二道防线的颍川地区，楚国方面

---

[1]《史记》和《汉书》的记载，都是汉朝的史官站在汉朝的立场，依据汉朝的史料所做的编撰，对于楚国方面的军事部署和行动，几乎没有涉及。笔者在叙述这一段历史时，不时有意识地转换到楚国的立场，依据汉军进攻中遭到的抵抗来复原楚国的军事部署，尽可能恢复历史的真相。

为了争取民心，作了恢复韩国的决定，项羽任命郑昌为韩王，也是君臣间经过一番深思熟虑的。

郑昌其人，本是秦会稽郡府所在地吴县（今江苏苏州）的县令。秦朝末年，项梁因为杀人犯罪，带着侄子项羽从故乡下相（今江苏宿迁）逃往会稽，居住在吴县，与郑昌有了交往。二世元年九月，项梁与项羽杀秦会稽郡守起兵响应陈胜起义，得到郑昌的支持。从此以后，郑昌带领吴县军吏一直跟随项梁，项梁死后，郑昌又归属项羽，始终是项氏楚军的重要部将，深得项羽的信任。

封郑昌为韩王，除了项羽信任郑昌，以王位酬谢他的从起之功外，或许还有另外一个因素，郑昌可能是出生于郑的韩国人。我们知道，秦汉地方官员的任命有籍贯限制，一概不用本地人[1]。郑昌不是吴中地区的人，关于他的出身，史书上没有记载。不过，郑昌姓郑，郑是韩国的地名，故地在今河南新郑，古来是郑国的首都，公元前376年被韩国灭亡，又长期成为韩国的首都，直到秦始皇统一六国，方才改郑为新郑县。考虑到古人以地名国名为姓的习俗，再结合项羽选取他为韩王的事情来看，我们不妨做出一个大胆的推测，郑昌出生于旧属韩国的新郑，他的祖先，可能是郑国王族的后裔。项羽分封郑昌为韩王，正是想利用他韩国的身份怀柔韩人。

受封赴任韩国的郑昌，马上着手恢复故国，整军备战，作为河南王申阳的后盾，共同防止刘邦军可能的东进。

---

[1] 参见严耕望《中国地方行政制度史》甲部《秦汉地方行政制度》第十一章"籍贯限制"，中研院历史语言研究所专刊之四十五A，1990年。

二 张耳来归

汉二年十月，身在废丘的刘邦，隆重迎接两位旧友的到来，一位是常山王张耳，另一位是韩申徒张良。

张耳是项羽所封的十九王之一，自田荣起兵反楚以来，一直遭受陈馀和齐国联军的攻击，如今兵败，前来投靠旧友。

张耳与刘邦的交情，可以一直追溯到战国末年，那时候，张耳是名满天下的国侠、魏国的外黄县令、黑白两道通吃的名流。而刘邦呢，他是浪荡丰邑故里的乡侠，视张耳为偶像，曾经多次前往外黄张府请谒追随，奉张耳为大哥。

刘邦和张耳间的游侠交谊，因为秦始皇统一天下而中断。张耳被秦政府通缉，逃亡到陈县潜伏，刘邦浪子回头，归顺体制作了秦王朝的泗水亭长[1]。秦末乱起，张耳投身陈胜义军，活跃于赵国地区，先后出任赵王武臣和赵王赵歇的丞相。巨鹿之战后，统领赵军主力随同项羽征战入关，与先前进入关中的刘邦久别重逢。

秦统一天下，在秦始皇二十六年（前221），项羽军进入关中，在汉元年（前206），十五年后再相见时，刘邦已经年过半百，五十有一，张耳比刘邦年长，怕是已经年近六十了。关于二人在关中的这次久别重逢，史书没有只言片语提及，我们只能根据二人终生关系亲密，进而结成儿女亲家的事情合理推想，当是何等一种感动的场面。

张耳兵败，不得不弃国逃亡时，面临两种选择，一是东去投

---

[1] 刘邦与张耳早年的交往，参见拙著《秦崩》第一章"战国时代的刘邦"、第二章"秦帝国的民间暗流"。

奔项羽，因为自己是项羽所封，求助于西楚霸王是理所当然；另一条路是西去投奔刘邦，看重的是个人之间的生死交情。张耳曾经犹豫不决，部下甘公善观天象预测未来，他劝谏说："汉王进入关中时，五星聚集于东井。东井是秦的分野，应了先入关中王秦的约定。眼下西楚虽然强大，未来的天下必定归属于汉。"张耳听从了甘公的意见，决定带领残部西入关中投靠刘邦。

张耳来到刘邦身边时，正是韩信围攻废丘不下，刘邦正在考虑新的战略部署的时候。张耳的到来，使刘邦大为高兴，喜上加喜的是，就在这个时候，张良也从楚国脱逃，抄小道来到了废丘。此时此刻的刘邦，久久地沉浸在喜悦当中，这种喜悦，不仅有旧友再次重逢的欢情，也有人望所归的满足，更有因为二人的加入而推动局势大步发展的期待。

攻占关中后，刘邦急于东进与项羽争夺天下。汉军出关中，首当其冲的是河南王申阳，东进的大道——山川道几乎都在河南国境内。申阳本是赵国的将领，巨鹿之战后，项羽统领诸国联军与章邯所统领的秦军在安阳一带拉锯对峙，申阳统领赵军别部由孟津强行渡过黄河，攻占了洛阳和新安之间的河南县（现洛阳西），切断了章邯军走山川道与关中地区联系的唯一通道，完成了对于章邯军的战略包围，迫使章邯投降。项羽论功行赏分封天下，用河南所在的三川郡酬劳申阳，封他为河南王[1]。

张耳多年出任赵国丞相，是项羽所统领的联军中赵军的主帅，申阳是他的旧部。张耳的到来，使刘邦获得了夺取河南国的新筹码。刘邦隆重迎接张耳，以王者之礼相待，承诺一定帮助张耳回归故国，重振山河。与此相应，刘邦得到张耳的协力，统领汉军

---

[1] 申阳受封河南王的缘由，参见拙著《秦崩》第八章之一"章邯投降"。

大出函谷关抵达陕县（现河南三门峡市），军事压力和外交劝降双管齐下，迫使申阳归服，顺利地打破了项羽在黄河南岸的第一道防线。

打通河南以后，汉军逼近项羽在黄河南岸的第二道防线，攻击目标指向了领有颍川地区的韩国，项羽新封的韩王郑昌正坐镇阳城（现河南登封东南），举国阻止汉军东进。

张良出身韩国贵族，多年出任韩王韩成的申徒，他的到来，不仅使刘邦重新得到了须臾缺少不得的军师，而且为解决郑昌韩国提供了极为有利的条件。经过张良的策划，刘邦任命韩襄王的庶孙韩信为前部，对郑昌韩国展开军事进攻。这位韩信，后来被刘邦封为韩王，因为名字与汉军大将韩信相同，史书上为区别起见，往往称他为韩王信。

韩王信是张良辅佐韩王韩成攻略韩国时找到的，身材高大，武勇有力，被任命为韩军将领，后来同张良一道统领韩军随同刘邦攻入关中。刘邦被封为汉王去汉中就国时，韩王信没有随同韩王韩成东去，而是继续跟随刘邦去了汉中，成了汉军的一员将领。为了有利于击败郑昌，张良建议刘邦任命韩王信为将，重新组织韩军，用恢复故国的大义名分展开军事行动。果然，韩王信进军顺利，迅速攻下十几座城池。申阳归顺后，刘邦亲自统领汉军主力抵达河南，支援韩王信对阳城展开猛攻，郑昌被迫投降。

汉二年十一月，刘邦废除了河南国，改为河南郡，直属于汉。他又封韩信为韩王，领有颍川地区，继续统领韩军随同作战。完满地解决了河南国和韩国的问题，突破了项羽在黄河南岸所设置的两道防线后，刘邦回到了关中，开始致力于关中根据地的巩固和建设。

刘邦被项羽封为汉王，首都定在南郑（今陕西汉中），如今扩张领有关中和河南以后，他下令将首都迁到栎阳（今西安临潼北）。栎阳曾经作过秦国的首都，司马欣受封塞王，他的首都也在这里。迁都栎阳以后，汉政权下令开放旧秦王朝专属于皇家的园林池苑，允许百姓耕种采伐，扩大生产，增加收入，又下令大赦，赦免罪人，怀柔民心。

到了二月，局势和新都安定以后，汉政权开始着手社会民生重建。首先，下令撤销秦国的社稷，建立汉的社稷。我们知道，社是土地神，稷是谷神，在古代农业社会，对于社神和稷神的崇拜，是上自王侯国家，下至庶民乡里的普遍信仰。古代国家有祭祀土地神和谷神的专用建筑，也称社稷，由君主定期主持祭祀，代表国家向上天祈求五谷丰登。因此之故，社稷往往成了国家的象征和代称。汉政权将秦社稷改为汉社稷，是宣布新的国家信仰，从此以后，旧秦国吏民的归属，由灭亡了的秦转移到新兴的汉，秦汉一体，汉继承秦平稳过渡，由政治军事深入到宗教信仰，由国家庙堂渗透到民间乡里，意义非同寻常。

蜀汉地区，是刘邦最早的封地，汉王国的龙兴之地，迁都以后，汉政权下令免除该地区两年的租税徭役，以恩惠酬谢蜀汉人民。对于关中地区的从军家庭，也免除一年的租税徭役。我们知道，汉政权的核心和上层，都是跟随刘邦从关东进入关中的楚国人，而汉王国的建立，完全以旧秦国的土地和人民为根基，为了融合新旧，沟通上下，加强对于基层社会的控制，汉政权还在县和乡两级政权中设立三老，选取地方上德高望重的老者出任，免除他们的租税徭役，让他们辅佐官员，引导民风，作连接官民的中介，一步一步建立起认同新政权的民间社会。

汉政权巩固关中国本的工作，是在丞相萧何的主持下稳步推行的。与此相辅相成，韩信主持着关中地区的军事局势。他一方面继续围困章邯于废丘，同时派遣郦商跟踪攻击先后逃窜到陇西和北地继续顽抗的章平，将两地一一平定，章平也被擒获俘虏。清除了北地的残敌以后，汉王国的北部边境抵达河套地区的黄河南岸，汉军沿河重新修缮秦帝国时期的边关要塞，防止趁秦末之乱再次南下进入河套地区的匈奴骑兵。

蜀汉关中地区，是新兴的汉王国的国本和根据地，由萧何主政，韩信主军，珠联璧合，可谓是文武合作的楷模。得到萧、韩之助，无后顾之忧的刘邦，决定再次亲征，打通由黄河北岸进军楚国的道路。

三　吃软饭的陈平

汉二年三月，刘邦统领汉军在临晋关（今陕西大荔）集结，兵锋指向黄河西岸的魏国。乘胜东进的刘邦，利用魏豹在领土分割上对项羽的不满[1]，使用军事威胁和外交劝诱双管齐下的方法，迫使魏豹倒戈，加入刘邦阵营反楚，顺利地突破了项羽设在黄河北岸的第一道防线。

得到了魏豹的协助后，刘邦军渡过黄河，借道河东郡东进，逼近领有河内郡的殷王司马卬，开始着手打破项羽设在黄河北岸的第二道防线。

殷王司马卬，本是赵国将领，巨鹿之战后，统领赵军一部参加联军，随同项羽作战。在围困章邯军的战事中，司马卬统领本部赵军由上党郡南下进入河内郡西部，切断了固守河内的章邯军

---

[1] 魏豹对于项羽在领土分割上的不满，参见本书第三章之五"魏豹反汉被擒"。

与河东郡秦军的联系，在迫使章邯投降的战斗中立了大功。项羽分封天下时，以河内郡封司马卬为殷王，酬谢他的功劳[1]。

前面已经说过，张耳本是赵王武臣和赵歇的丞相，是统领赵军主力跟随项羽作战的主将，河南王申阳和殷王司马卬都是他的旧部。不久前，他协助刘邦劝降申阳背楚归汉成功。这一次，张耳故技重演，大军压境之下，劝诱司马卬归附刘邦，加入拥汉反楚阵营，项羽设在黄河北岸的第二道防线崩溃。

简单概括说来，汉军于汉元年八月从汉中出发反攻，一个月内攻占了关中，消灭了塞、翟两国，雍国只剩下了废丘一座孤城。汉二年十月，降下河南王申阳，攻灭郑昌韩国，三月，西魏王魏豹归服，策反殷王司马卬成功。短短八个月时间，项羽为围堵刘邦而设置的关中防线、黄河南北防线逐一被打破，乘胜东进的汉军，兵锋已经直接威胁到楚国的本土，楚汉相争的局势，呈现出巨大的变局。深陷齐国战事泥沼中的项羽，在坚持先齐后汉战略方针的同时，接受范增的建议，做出了另一项重要的军事决定，集结楚军阵营中旧魏国出身的将士，渡河攻击倒戈的殷王司马卬，牵制刘邦。楚汉相争中又一位大名鼎鼎的英雄人物，阴谋家陈平由此高调登上了历史舞台。

陈平其人，出生于战国末年的魏国，他的出生地在阳武县的户牖乡，也就是今天河南省兰考县东北。秦统一天下后，这个地方属于秦帝国的砀郡地区。

陈平的父母，大概是早亡，他从小跟随哥哥生活，由哥哥抚养长大。少年时代的陈平，家境贫困，靠哥哥耕种三十亩土地维持一家人的生活。陈平从小爱读书，好交游，不喜欢干活劳动。

---

[1] 关于司马卬受封殷王缘由的详细，参见拙著《秦崩》第八章之一"章邯投降"。

哥哥是厚道孝悌的人，总想到父亲不在，长兄为父，母亲走得早，弟弟的一切，当由自己担当。他宁愿自己多吃苦，也不愿弟弟受累，他放纵陈平，任其天性，顺其自然。

陈平虽然生长在贫穷人家，却长得高大而英俊，曾经有人打趣陈平说："你陈平说是家贫，却长得肥美滋润，究竟是吃了些啥好东西？"陈平的嫂子从来看不惯游手好闲的小叔子。这一次，嫂子接过了话头，恨恨说道："啥好东西，还不是吃的米糠。有这样的小叔子，不如没有。"嫂子公开怨恨陈平的事情，被陈平的哥哥知道了，他于是将妻子赶出了家门。

待到陈平长大，到了应当娶妻的年纪，有钱人家看不上，嫌他穷而游手好闲。陈平自己呢，又看不上穷人家，自负有才想依附高攀，所以久久定不下来。户牖乡有位富人，姓张名负，他的孙女先后嫁过五位男人，五位男人都一一死去，被认为是克夫星，再也没有人敢娶她。陈平不信邪，看中女方的家境和相貌，很想娶张负的孙女作自己的老婆，因为拿不出聘礼，无法开口。

乡里中有丧事，陈平去帮忙，因为穷，早去晚归，尽心尽力，希望多得些报酬。张负也去丧家致哀，被陈平的魁梧美貌所吸引，经久注视而逗留不去。陈平是机灵人，当天格外上劲卖力，一直用心伺候陪同。末了，张负唤陈平出来，说是有事顺道，要过陈平家，让陈平引路向导。陈平心中明白，也不推辞，引领张负沿外城墙边的土路，趸入小巷，抵达家门口。陈平家简陋破旧，土墙茅屋，烂草席一张当做门户。有心的张负似乎视而不见，只是仔细留心地面，格外在意陈平家门外的车辙痕迹。

张负回到家中，当即唤二儿子张仲说："我想将孙女许给陈平，如何？"张仲不解地说："陈平穷困而游手好闲，尽被一县人嘲笑，为什么要把女儿许给这种人？"

张负说:"我看人自有眼力。陈平家门前,多有豪侠长者的车辙。相貌美好如同陈平这样的人,岂有长久贫困的道理?"张仲也为女儿的婚事烦恼,尽管不大情愿,最终还是顺从了父亲的意见。

婚事由张负一手策划。张负首先借钱给陈平,让他用作聘礼到张家下聘,他又资助陈平酒水鱼肉费用,让陈平能够风风光光地举办婚宴。出嫁临行之前,张负告诫孙女说:"不要因为夫家贫穷而怠慢疏忽,侍奉夫家的兄长要像在家侍奉父亲一样,侍奉夫家的嫂子要像在家侍奉母亲一样。"

陈平娶了张负的孙女以后,得到张家的财政支援,资用不乏,手面阔绰,不但交游之道日渐宽广,他在户牖乡里的地位,也日渐看涨。

秦末刘邦阵营的英雄人物,多出身于下层社会,堪称草根的平民豪杰。史书中记载这些草根豪杰的崛起时,常常提及他们的婚姻带来的幸运。张耳发家,缘于在外黄娶了离婚的美人,得助于富裕妻家的资助[1]。刘邦得到吕公的赏识,娶吕雉为妻,得到吕氏家族的鼎力相助,是他出头的因缘之一[2]。如今到了陈平,也是得到妻家的资助而脱贫,奠定了出头的基础。

重实利的古希腊贤哲说,"天理人情不必细诉,婚姻在于有利可图"[3]。古往今来的成功婚姻,多是姻缘的互补。贫困孤单的英雄,得到富裕有力的女家援引,最是近便的成功之途。俗话说得好,成功的男人身后,往往有襄助成功的女人。我接着俗话继续

---

[1] 张耳的婚姻,参见拙著《秦崩》第一章之十"刘邦的追星历程"。
[2] 刘邦的婚姻,参见拙著《秦崩》第二章之三"酒色婚配新生活"。
[3] 普鲁塔克《希腊罗马英豪列传》,席代岳译,台北:联经出版公司,2009年,第1601页。

说,在襄助成功的女人的身后,常常有慧眼识人的老丈人。

人性不分古今中外,女人是男人的肋骨,只有彼此找到良配,才能同舟共济。人生多难,成功不易,近在身边,能得女人之助,最合于"1+1>2"的基本道理,何乐而不为?乐而为之,是有福之人。

四　秦汉的乡里社祭

幸运的陈平,得到妻家的帮助脱贫后,开始在乡里社会中崭露头角。

前面已经说过,陈平是阳武户牖人。阳武是县名,户牖是乡名,陈平带张负去外城墙边的家门口,一直深入到了街巷中。当时的街巷,称作里,陈平所居住的里,叫做库上里,大概是因为靠近仓库而得名。

秦汉时代,郡县乡是国家的基本行政区划,里是乡之下的居住区,也是居民组织。郡县乡三级政区中,郡由军区演化而来,组合变化较大,县本是君王的直辖地,作为政区相对稳定,至于乡里,都是基于自然聚落所做的行政编制,保留了远古以来基层社会的生活原型。

秦汉时代的乡,上承县,下治里,从户籍、税收、徭役、治安、教化、选举等各个方面直接管理乡内民户,是政权的末端组织,相当于现代中国农村的乡镇和城市的街道办事处。每乡的户数,由数百到数千户不等,全国平均下来,一乡大概不到两千户人家。乡一级政府机构,设有乡啬夫,相当于乡长,负责一乡的行政事务;乡啬夫下有游徼,负责治安;有乡佐,负责徭役、税收等，都是从国家领取俸禄的基层干部。秦汉的乡，还设有三老，选取地方上德高望重的长老类人物出任，免除他们的租税徭役，让他们引导民风，掌管教化，作连接官民的中介。

里是政府指导下的居民自治组织，户数从十余户到百户以上不等，根据自然聚落的实际情况设置。一般说来，秦汉时代的里，特别是在平原地区，往往自成一个封闭的小区。里有门，白天打开，夜晚关闭，里中有街巷，居民的住宅沿街巷修建，各家自有门户，大致相当于现代中国旧城区中加了门的胡同巷子，农村地区圈上土墙的村庄[1]。

里有里正，为一里之长，下有什长伍长，主管十户五户人家，还有里监门，负责里门的开闭看管。不过，这些里中的管事人都不是政府官吏，而是居民中推举出来的协管，相当于城镇的街道居委会主任和农村的村长，以及下面的小组长一类角色。至于里监门，最是寒碜，不过是小区守大门的保安，由居民共同出钱，往往雇用穷愁无业、生活没有着落的人来担当，身份极为低下[2]。活跃于秦末的多位英雄人物，如张耳、陈馀、郦食其等，他们落难潦倒时，都曾作过里监门。

在古代社会，里既是社会的基层组织，也是居民的共同生活场所。在里民的共同生活中，社和社祭具有非同寻常的意义。社是土地神，来源于原始的土地崇拜。对于安土重居的古人来说，社神是民间信仰的主神，社祭是乡里社会年中的大事，春三月有

---

[1] 秦汉时代，乡里是社会的基层组织，复杂而因时因地不同，我在这里只是尽可能作一个简要的通识性概括，挂一漏万是不可避免的。史学界在这个领域的研究有大量的成果，邢义田《从出土资料看秦汉聚落形态和乡村社会》，收于氏著《治国安邦》，中华书局，2011 年，是结合出土文献的新型综合研究，可参见。
[2] 参见吴荣曾《监门考》，收于氏著《先秦两汉史研究》，中华书局，1995 年。

春祭，祈求丰年，秋九月有秋祭，报告收成。祭祀社神，有固定的场所，也称为社，往往选取有枝叶茂盛的大树或者丛林处，有的还建有土墙或者祠堂，筑有祭坛，称之为社坛。

里中祭祀社神，一里之人，共同参加，共同出资，预备酒肉食物作为祭品献供，祭祀完毕以后众人分享，于是一里之人，宴会饮酒，神人同乐。远古以来，神人同乐的社祭，不但是乡里社会庄严的祭日，也是盛大的节庆宴乐，质朴的先民们，或者是杀鸡屠狗，扣瓮敲瓶相和而歌，或者是宰羊椎牛，击鼓撞钟投足而舞，至于富商大贾们襄助的大社，鼓瑟吹笙，倡优百戏，更是盛况空前。有诗说得好，"田翁逼社日，邀我尝春酒"，"桑柘影斜春社散，家家扶得醉人归"，古风犹存的唐代诗文，依然传递出秦汉社祭宴乐的欢乐陶醉[1]。

因为社祭是里中的大事，主持社祭的人，往往是里正，或者是里中德高望重的长老。社祭是共同出资的公众活动，祭祀后祭品的分发分享，既婆婆妈妈，又零细琐碎，如何能够公平合理，乐一里人之心，最是操心费神，需要精明的人来周到处理。史书上说，库上里中举行社祭，祭祀后分发祭肉时，陈平被推举出来主刀。陈平分肉，公平得体，切合上上下下利益，得到众人的欢喜，里中的父老，对陈平评价甚高，称赞他"善为一里之宰"。有心的陈平听到后感叹地说："呵呵，如果让我来宰执天下，也将如同分肉一样。"

陈平分肉的事情，是司马迁写进《史记·陈丞相世家》中的传闻故事，由这件小小的逸事，我们不但可以感受到陈平年少时的志向风采，更可以体察到秦汉时代乡里社会的风土人情。户牖

---

[1] 参见马新《两汉乡村社会》第四章第二节"两汉乡村的里社"，齐鲁书社，1997年。

乡距离陈留县（今河南开封东南）不远，东汉以来，编入东昏县划归陈留郡。东汉末年著名的文人、女诗人蔡文姬的父亲蔡邕，曾经为陈平主持分肉的库上里神社竖碑，留下有《陈留东昏库上里社铭》[1]。其文曰：

> 惟斯库里，古阳武之户牖乡也。春秋时有子华为秦相。汉兴，陈平由此社宰，遂佐高祖，克定天下，为右丞相，封曲逆侯。永平之世，虞延为太尉、司徒、封公。至延熹，延弟曾孙放，字子仲，为尚书。……诏封都亭侯，太常、太仆、司空。……金以为宰相继踵，咸出斯里。秦一汉三，而虞氏世焉。虽有积德余庆终身之致，亦斯社之所相也。乃兴树碑作颂，以示后昆。

---

[1] 蔡邕《陈留东昏库上里社铭》，有各种版本，一般多用《太平御览》本（卷五三二），我最初也用了此本，后经查对，此本是删改本，错误百出，不可用。后读严可均《全上古三代秦汉三国六朝文》本（卷七十五），再读杨以增校刊《蔡中郎集》本（卷五，台湾中华书局，1971年刊《四部备要》本）。杨本叙版本来源清晰，有校勘记，较优，遂置换用杨本，并将全文标点附录如下：
　　曰社祀之建尚矣。昔在圣帝有五行之官，而共工子句龙为后土，及其殁也，遂为社祀。故曰：社者，土地之主也。周礼建为社位，左宗庙，右社稷，戎丑攸行。于是受脤，土膏恒动，于是祈农，又班之于兆民，春秋之中，命之供祠。故自有国至于黎庶，莫不祀焉。
　　惟斯库里，古阳武之户牖乡也。春秋时，有子华为秦相。汉兴，陈平由此社宰，遂佐高帝克定天下，为右丞相，封曲逆侯。永平之世，虞延为太尉、司徒、封公。至延熹，延弟曾孙放，字子仲，为尚书。外戚梁冀，趁宠作乱，首策诛之。王室以绩，诏封都亭侯，太仆、太常、司空。毗天子而维四方，克错其功，有烈有常。于是司监爰暨邦人，金以为宰相继踵，咸出斯里，秦一汉三，而虞氏世焉，虽有积德余庆终身之致，亦斯社之所相也。乃兴树碑作颂，以示后昆：
　　惟王建祀，明事百神。乃顾斯社，于我兆民。明德惟馨，其庆聿彰。自嬴及汉，四辅代昌。爰我虞宗，乃世重光。元勋既立，锡兹土疆。乃公乃侯，帝载用康。神人协祚，且巨且长。凡我里人，尽受嘉祥。刊铭金石，永世不忘。

碑文是说，如今的库上里，就是从前的阳武户牖乡。春秋的时候，子华做过秦国的丞相。汉王朝兴起，陈平在该神社主宰分肉，后来辅佐高祖刘邦克定天下，出任右丞相，封为曲逆侯。东汉明帝永平年间，虞延出任太尉、司徒，位列三公。桓帝延熹年间，虞延的曾孙虞放出任尚书，（以诛梁冀之功）封都亭侯，先后为太常、太仆、司空。……这些先后继任的宰相们，都出身于库上里。秦相一位汉相三位，两位虞氏世代相继。他们的涌现，虽说是积德的余庆获益终身的结果，也离不开库上里神社的福佑之助。于是竖碑颂记，以示后辈。

秦国丞相子华，不见于史书记载，陈平、虞延、虞放，都出于库上里。这种情况，用今天的话来说，县城一条街上，两王朝数百年间，涌现了四位总理，当是何等荣光和神奇。俗话说，一方水土养一方人，陈留一带，古来是经济发达、人文荟萃、人才辈出的地方。2008年8月，我为寻访郦商兄弟的踪迹走访陈留，在田间的玉米丛中寻得蔡邕的坟墓。蔡邕是陈留人，算是陈平的同乡，他为库上里社碑撰写铭文时，陈留人杰地灵有风俗，库上里林深社福有传承的古风旧貌，依然历历若在眼前[1]。

五　古代的克格勃

两千年来，陈平是一个若明若暗、不清不白的人物，宛若泛滥浑水中的一条泥鳅，抓不住，琢磨不透。

司马迁在记叙了陈平一生的事迹以后评说道，陈平年少的时

---

[1] 我的陈留之行，见拙著《秦崩》第七章之十三"开封不尽有陈留"。

候，喜好黄老之学，当他在砧板上分祭肉的时候，志向就已经相当远大了。天下大乱，他先是彷徨徘徊于魏国和楚国之间，最终是归属了刘邦，常出奇计，解救危机，消除国难。善始善终，可谓是智慧超群。

清代著名历史学家王鸣盛先生则认为陈平是邪鄙小人，指责他借助流言蜚语，怂恿刘邦伪游云梦捕捉韩信，使韩信无辜被黜，最终被吕后杀害。又指责他在刘邦病重时，承旨到前线去捕杀樊哙，因为樊哙是吕后的妹夫，他逮捕樊哙后留了一手，将樊哙槛车送回。途中听到刘邦撒手人寰的消息，他马不停蹄，急驰到吕后面前痛哭效忠，从此成为吕后的心腹，可谓是揣时附势之甚[1]。如果再加上吕后生前陈平阿谀逢迎，公开赞成大封诸吕为王，吕后死后尸骨未寒，他又高唱非刘氏不王，主谋诛灭吕氏一族的事情来看，陈平的种种行迹，常常是先放火后救火，先投毒后治病，两面三刀，不知是功还是罪，不知是人还是鬼。

我治秦汉史多年，对司马迁以来历代对于陈平的评论解读，始终有隔靴搔痒、不甚了然之感。如今我重新整理陈平的历史，感到陈平的智慧，多用在不便公开的地方，用他自己的话来说，他的智谋多是阴谋，损阴德的事情做得多，连自己都担心会得阴祸。陈平是阴谋家，这是对他准确的人格定位，不过，正因为他是阴谋家，他的事迹有些没有公开，即使是已经公开了的一些，后人至今仍然看不明白。之所以看不明白，除了阴谋策划的诡秘外，还有一个重要的原因，就是对于陈平所从事的工作和所担当的职务不了解。

陈平归属刘邦以后，先任护军都尉，后任护军中尉，长期负

---

[1]《十七史商榷》卷四，中国书店，1987年。

责汉军的护军工作。当时，护军都尉是军情机构的副职，而护军中尉呢，则是军情机构的最高负责人，对内的职务是代表君王监督臣下将领，对外的职务是开展间谍活动，因为掌握着内外情报，自然也参与最高层的重大决策，成为君王的参谋[1]。用现在的话来说，护军中尉的机构职能，身兼美国联邦调查局和中央情报局的双重职务，又因为护军中尉直接受君王的领导，只对君王个人负责，所以说，更像是古代的克格勃（KGB）。多年在这个职位上活动的陈平，他的真实面貌，就是情报长官、间谍头目，类似于斯大林身边的贝利亚，蒋介石身边的戴笠，只不过他的智慧更高深，视野更开阔，命运也更幸惠而已。

有了上述的认识以后，我们再来审视陈平的一生，种种若明若暗、不清不楚的地方，就大体可以获得一种通透的理解了。

秦末陈胜、吴广起兵，六国纷纷复国，后战国时代来临。陈平本是魏国人，自然是应当归属于魏国。陈胜部将周市领兵攻略魏国旧地，拥立魏公子魏咎为魏王，定都临济（今河南封丘东）。陈平告别了兄长妻子，与乡里的少年一道前往投奔。魏咎任命陈平为太仆，负责管理车马出行。以谋略见长的陈平多次献策进言，不为魏咎所用，反而召来了谗言攻击，陈平选择了离开。

不久，项羽统领楚军攻城略地，抵达黄河，陈平前去投奔，从此跟随项羽，经历彭城整编，北上救赵，巨鹿大战，受降章邯，得到项羽的信任，一直在项羽身边供职，地位远在郎中韩信之上。鸿门宴上，樊哙突然闯入军帐，化解危机，刘邦借口小解，离席

---

[1] 关于汉代护军职务性质的讨论，参见廖伯源《汉代监军制度试释》，刊于《大陆杂志》七十卷；邢义田《略论汉代护军的性质》，收于氏著《治国安邦》，中华书局，2011年。

外出，脱逃不归。陈平受项羽之命，去寻唤刘邦，与张良相遇。二人惺惺惜惺惺，心有默契，磨磨蹭蹭耗费时间，回来敷衍了项羽，化解了一场反秦军内部火并的危机。鸿门宴上的这点花絮，不仅可以窥探到陈平作为军情人员的痕迹，也为陈平后来投奔刘邦埋下了伏线。

项羽分封天下，陈平受爵称卿，继续在项羽身边供职，参谋军情，筹划献策。

汉二年三月，魏王魏豹加入刘邦阵营反楚，刘邦在张耳的协助之下，策反殷王司马卬成功，楚国为防止刘邦东进在黄河北岸所设的两道防线逐一瓦解。北征齐国的项羽得到消息后，封陈平为信武君，统领楚军中的旧魏军部队，全权处理殷国离反的问题。

殷国所在的河内地区，本来是魏国的领土，殷王司马卬是赵国的将军，因功被项羽封为殷王，立国的根基并不牢固。陈平是魏国人，他所统领的楚军中的旧魏军部队，是从东郡和砀郡征召的军队。东郡和砀郡，本来是魏国的领土，大分封时被项羽划归了西楚，由这两个地区征集的军队，不但与旧魏国有千丝万缕的联系，更有文化上的认同感。项羽任命陈平，出于范增的建议。范增一直看好陈平的智谋才干[1]，他建议项羽说，用陈平统领东郡和砀郡的部队攻击殷国，乃是以魏将统领魏军攻击赵人所占领的魏土，最合适不过，项羽同意了。

陈平不辜负范增的期待，他以其人之道还治其人之身，也以军事威胁和外交劝诱双管齐下的方式，诱使司马卬再一次倒戈，回到了西楚阵营。平定了殷国的叛乱以后，陈平回到了楚国，项羽大为高兴，派遣项悍为使臣颁赐封赏，委任陈平为都尉，赐予

---

[1] 范增看好陈平，我采用了王世贞的意见，参见附录《短长说》下。

黄金四百两。

然而，形势风云突变。陈平刚刚离开殷国，司马卬又一次易帜倒戈，宣布助汉反楚。刚刚封赏了陈平的项羽大为愤怒，下令严厉追究负责处理殷国问题的部将，陈平非常恐慌，担心被诛杀，于是将受封的印信和黄金封存，派人送还项羽，决意从此离开，单身一人，西去投奔刘邦。

史书上说，陈平前去投奔刘邦时，走小道仗剑急行。到了黄河边找到一条渡船坐上，渡船行驶到河中，船夫见陈平长得高大美貌，又是一个人，怀疑他是逃亡的将领，身上藏有珠宝金玉，眼中透露出杀气。陈平是机敏的人，察觉到了，于是解开自己的衣服，赤裸着上身帮助船夫划船，船夫由此知道陈平身上没有任何夹带，方才打消了杀人劫财的念头。

陈平渡过黄河，来到河内郡的修武县（今河南获嘉），当时，刘邦领军东进，大本营就设在这里，正广告天下，招收各国各路人才共同反楚。刘邦的谋士魏无知是信陵君的孙子，深得刘邦的信任，陈平与魏无知都是魏国人，往来相知，他通过魏无知求见刘邦，得到了召见。当时，一同接受召见的有十余人，由中涓石奋接受诸人的名谒，引领入内与刘邦见面，赐食共餐。共餐完毕，刘邦对被召见者们说："诸位辛苦了，今天到此为止，请各归馆舍休息。"这个时候，陈平站起身来，施礼说道："臣下有事而来，所要呈述的事情不可以过了今天。"

刘邦有些惊奇，于是延请陈平单独留下来谈。一席话下来，很中刘邦的意。刘邦高兴，问陈平说："你在楚国，担任什么官职？"

陈平回答道："担任都尉。"

于是，刘邦当天就正式任命陈平为都尉，同乘马车巡视军营，将掌管护军机构、负责监督各部将领的要务委托与他。一时间，汉军诸将哗然，不满的议论纷纷传到刘邦耳中："大王刚刚得到一名楚国的降卒，还不到一天时间，也不知道有无本事，就同坐一辆马车，让他来监督我等老兵宿将！"

据说，刘邦听了这些话以后，愈发宠信陈平，东进攻楚的大事，也让陈平出谋参与。

六　义帝之死

汉元年四月，刘邦离开修武，由平阴津（今河南孟津）渡过黄河，来到洛阳，在张良和陈平等人的协助之下，开始策划东进攻楚的大事。

就在这个时候，洛阳地区的一位智慧的长者，新城县（今河南伊川）的乡官、三老董公求见刘邦，向刘邦诉说了项羽秘密杀害义帝的情况，进而建议说："臣下听说'顺德者昌，逆德者亡'，出师无名，举事无成。所以说，只有明确敌人是逆贼，才能扶义征服。如今项羽悖逆无道，弑君害主，乃是天下共诛共讨的逆贼。我有仁，天下归心，可以不用勇武而使天下自服；我有义，天下跟随，可以不用强力而使天下自定。请汉王为义帝发丧，统领三军为义帝素服致哀，遍告各地诸侯，申明东伐项羽的大义。如此一来，海内莫不仰慕大王的德行，大王的行动，也可由此与三代的圣王相比况了。"

刘邦接受了董公的意见，称善道好，感慨地说："如果没有先生的到来，我是听不到这样好的进言啊！"于是刘邦正式为义帝发丧，着丧服裸露半肩大哭，聚集军民，举哀三天。又派遣使者，携带汉王号召讨伐项羽的檄文送到诸侯各国，檄文中称道："天下共同拥立义帝，北面称臣奉事。如今项羽弑杀义帝于江南，大逆无道。寡人亲自为义帝发丧，全军将士素服举哀，声讨逆贼。将悉数征发关中兵吏，收纳三河将士东进，调动船只，顺长江汉水南下迂回，寡人愿意随同各位诸侯王，共同讨伐杀害义帝的元凶。"

项羽杀义帝，在汉元年十月，项羽与义帝之间的纠葛嫌隙，却一直可以追溯到巨鹿救赵。巨鹿救赵前，怀王主持制定天下公约，首先攻入关中者为秦王。项羽主动请缨，愿领本部兵马进攻关中，被怀王拒绝，委派刘邦担当西进攻秦的重任，由此种下了嫌隙。

巨鹿救赵途中，项羽斩杀怀王所信任的大将宋义，夺军自任楚军统帅，迫使怀王追认既成事实，将自己置于抗拒君王命令、窃取君王权力以解救国家危难的拂臣境地，从此失去了与怀王在同一体制下共生的天地[1]。

项羽救赵成功，歼灭秦军主力，统领诸侯国联军进入关中以后，自封西楚霸王，分割天下论功行赏，建十九国封十九王，在中国历史上首次实行了霸王主持下的封王建国。项羽封王建国，不但无视怀王之约，而且从根本上否定了战国七国复活、各国王政复兴的既存天下秩序。在项羽所实行的这种变革旧体制旧秩序的重大行动面前，首当其冲、遭受最大打击的就是楚怀王。

楚怀王本是六国联合灭秦的盟主，楚将项羽的主君。如今项羽自己做了天下的盟主、西楚的霸王，如何处置楚怀王，自然就成了重新建立天下新秩序的首要问题。经过激烈的争论和精心的

---

[1] 拂臣，语出《荀子·臣道》，指违抗君王的命令，窃取君王的权力，安定国家于危难之际的拂弼之臣。关于拂臣之论述及其拂臣项羽之处境，参见拙著《秦崩》第一章之十一"进退两难的拂臣"、第六章之八"项羽杀宋义"。

策划，项羽对楚怀王采取了架空、迁徙、暗杀的三步骤。

架空楚怀王是第一步。架空的方法是将楚怀王的称号拔高一步，尊称为义帝。义，名分，名义；帝，德行比王高出一等的君主。义帝义帝，就是名义上君临天下的主君，用徒有虚名的称号，将楚怀王高高供起来，名义上成为诸侯各国王之上的共主，实际上剥夺了他对楚国的统治权。

项羽自封为西楚霸王，将原来属于魏国和楚国的九个郡划归自己领有，他将未来西楚的首都，定在彭城。项羽决定以彭城为西楚的首都，身在彭城的楚怀王及其宫廷自然就成了多余的障碍。分封天下结束，项羽尚在由关中返回楚国的途中，使者偕书信已经抵达彭城送到怀王手中，信中写道：古来的帝者，不但统治千里的土地，而且一定居住在江河的上游。今长沙郡郴县地处长江水源的上游，正适合于帝者，请迁往为便。

自从项羽杀宋义夺取了楚军的指挥权以后，楚怀王再次成了光杆司令，是谁也指挥不动的门面朝廷，此时更是连楚王的名义都被剥夺，如何能够抗拒项羽的指令？胳膊拧不过大腿，义帝不得不收拾行李，被迫离开彭城，往南迁徙。树倒猢狲散，义帝宫廷的臣下们，纷纷离开，自谋出路。

项羽所指定的义帝的居所郴县，在今天的湖南省郴州市。以自然地理而论，郴县地处五岭山脉之骑田岭的北麓，在湘江的支流耒水的上游，可谓是水尽山穷的荒僻之地。不过，因为湘江在古云梦泽（今洞庭湖）汇入长江，所以项羽强词夺理，称郴县为适合于帝者居住的江河上游。以政区地理而论，郴县在秦长沙郡的东南，翻越骑田岭就进入秦的南海郡。不过，我们知道，此时的岭南地区，包括秦的南海郡、桂林郡、象郡，已经在秦帝国南部军统帅赵陀的统领下独立称王，建立了南越国，岭南地区与华中地区的交通完全断绝。此时的郴县，不但是项羽所封的长沙国与南越国之间的边县，而且成了中国文明所及的南端，夷夏混处的天涯。义帝被迁徙到这里，相当于数千里流刑。

义帝由彭城南下郴县，必须要经过项羽所封的九江国，或者是衡山国和临江国地区。项羽密令九江王英布、衡山王吴芮、临江王共敖，当义帝经过时，务必击杀，且严加保密。汉元年十月，义帝一行经由九江国前往郴县，英布派遣部将尾随跟踪，在郴县将义帝秘密杀害。

义帝之死，不仅是项羽与义帝之间个人恩怨的了结、二人之间争夺楚国政权斗争的结束，也是秦末之乱以来，短暂的七国复活、王政复兴时代的终结，从此以后，中国历史进入楚汉两雄主导下的列国纷争时代，起伏兴灭的诸侯各国，或者依附于楚，或者依附于汉，身不由己地卷入到东西两大阵营争夺天下霸权的战乱中，宛若战国末年合纵连横的再现。

在新的楚汉相争的历史中，项羽承继楚国，成了合纵的霸王，刘邦承继秦国，成了连横的盟主，不过，项羽和刘邦都出于楚，他们本来都是楚怀王的部将，故国旧君楚怀王的正统，对于他们争夺天下霸权的行动来说，都是一道必须跨越的门槛，一桩必须处理的棘手难题。从事后的结果来看，项羽弑君，从此成为道德把柄，一直被刘邦用来作为声讨项羽、号召天下的大义名分，处处陷项羽于被动境地。

七 联军攻占彭城

从汉元年八月以来，项羽统领楚军主力，一直深陷于齐国的战事中。

田荣反楚，在汉元年五月，不到三个月时间，颠覆了项羽所封的齐、胶东、济北三国，点燃了天下反楚的乱局。田荣吞并了齐国自称齐王后，支援陈馀驱逐常山王张耳，支持代王赵歇重新作赵王，承认陈馀接受代王的封号，将项羽精心建立起来的霸王分封体制打乱搅黄，更令项羽不能容忍的是，田荣还指使彭越攻入楚国境内，一直深入东郡南部，攻占了济阴县（今山东定陶东南），进而大败楚将萧公角。萧公角是萧县的长官，萧县距离彭城仅百余里，是拱卫首都的重要军事基地。萧公角军大败，战火蔓延到萧县一带，楚国震动，项羽大怒。

在项羽看来，齐国是动乱的根源，田荣是害群之马。田荣不灭，天下不得安宁。项羽决定征调各国兵马，亲征齐国。

八月，楚军及其盟国军队集结完毕，在项羽的指挥下，首先对深入楚国东郡、攻占了济阴一带的彭越展开攻击。彭越败退，到成阳（今山东菏泽东北），与前来支援的田荣军会合。汉二年春，项羽军与田荣、彭越军在成阳展开决战，项羽军大胜。彭越溃退到老根据地巨野泽躲藏起来，田荣溃退到平原县（今山东平原），准备渡过黄河撤退到赵国境内。平原县军民杀死了田荣，开城投降了楚军[1]。

田荣死后，项羽攻占了齐国首都临淄，再一次立田假为齐王，统治齐国。田假是战国末年最后一任齐王田建的弟弟，是田荣多年来的对头。秦二世二年四月，田荣的哥哥齐王田儋战死，田荣被章邯围困在东阿。就在这个时候，齐国国内发生了政变，留在国内的部分大臣们拥立田假为齐王，建立了新的齐国政权。这件事情，使田荣极为愤怒。东阿之围解除后，田荣领军返回齐国，

---

[1] 参见拙文《项羽伐齐和奇袭彭城的路线》，将刊于《秦汉史研究》第九辑，2015年。

击败田假，拥立田儋的儿子田市为齐王，自己出任丞相，弟弟田横出任大将，再次建立起新的齐国政权。兵败的田假，南下逃到楚国，先是跟随楚怀王，后来又跟随了项羽。

田荣死后，弟弟大将田横还在，他统领齐国军民，在齐国东部地区继续抗击项羽。齐国军民的抵抗，引来了项羽的愤怒和报复，他深入齐国东部讨伐，夷平抵抗的城郭，坑杀被掳的战俘，捕捉老弱妇女作人质，结果是引起了齐国军民更大的反抗，楚军深陷于遍布齐国各地的抗击泥沼中。与此相对，田横的势力越来越大，他在城阳地区（今山东莒县、临沂一带）再次聚集起了数万军队。

齐国的反叛，引动了天下大乱，一时间，除了旧楚国境内的九江、临江、衡山诸国而外，各地都陷入不安定中。力图冲出汉中的刘邦的动向，也成了楚国的重大忧患。面对头绪纷繁的动乱局面，楚国君臣经过协商，确定了先齐后汉、北攻西守的战略方针。根据这个方针，楚国的主要敌人是北方的齐国和西方的汉国。对于齐国，楚军作大规模的战略进攻，首先将以齐国为首的叛乱平定，安定北方。与此同时，对西方的刘邦作战略防御，待到齐国平定后再作主动的进攻。对于刘邦的出击，楚国方面设置了四道防线：第一道是三秦的雍王章邯、塞王司马欣和翟王董翳；第二道是河南王申阳、魏王魏豹；第三道是韩王郑昌和殷王司马卬；第四道在楚国境内，以定陶（今山东定陶）、曲遇（今河南中牟东）和阳夏（今河南太康）为据点的防线。可以说，这四道防线相当的严密和完善，楚国先齐后汉、北守西攻的战略也是稳妥的正确决策。

然而，形势的发展，出乎预计之外。刘邦军一举突破秦岭天险，迅速攻占关中，仅仅一个月时间，楚国的第一道防线崩溃。紧接着，刘邦军事攻击和外交劝诱双管齐下，逼降魏王魏豹、河南王申阳、殷王司马卬，攻灭韩王郑昌，打破楚国的第二和第三道防线，短短八个月时间内，西方的形势恶化到这种程度，远远超出了楚国方面的预想。另一方面，齐国战事之艰难持久，田氏兄弟所领导的抵抗之英勇顽强，也完全出乎楚国君臣的意料。双重失算的交错之下，项羽只能眼睁睁地看着刘邦联合诸侯各国，一步一步地逼近过来，楚汉的决战，将在楚国境内进行的前景，也随之一步一步地清晰起来。项羽不动声色，在继续攻击田横的同时，密切关注着局势的发展。

汉二年四月，刘邦完成了攻楚的内政、外交和军事准备。他命令韩信统领汉军一部留在废丘，继续围困章邯，萧何坐镇首都栎阳，主持留守政务。刘邦亲自披挂上马，出任统帅，以汉军为核心，联合常山王张耳、魏王魏豹、韩王韩信，裹胁故河南王申阳、故殷王司马卬、故塞王司马欣、故翟王董翳，结成多国联军，大举进攻楚国。刘邦的这次军事行动，也得到了代王陈馀、赵王赵歇、齐王田荣和游击将军彭越的响应和配合，声势浩大，将近六十万大军，分南、北、中三路席卷而来，目的在于夺取楚国的首都彭城，一举灭楚[1]。

北路军以曹参、樊哙、灌婴和郦商等将领所统领的汉军部队为主力，联合魏王豹、故殷王司马卬的军队，并且得到陈馀统一调遣的代军和赵军的配合，由黄河北岸走河东—河内一线，在围津（今河南滑县东北）渡过黄河，目的在首先夺取东郡和薛郡等楚国北部地区，截断正在齐国作战的项羽的归路，再南下配合中路军攻取彭城。

中路军由刘邦亲自指挥，以张良为军师，陈平为监军，统领周勃、靳歙、卢绾等将领所部的汉军主力，联合常山王张耳、韩

---

[1] 刘邦军三路东进的路线，参见辛德勇《楚汉彭城之战地理考述》，收于氏著《历史的空间与空间的历史》，北京师范大学出版社，2005年。

王韩信、故河南王申阳的军队，由洛阳誓师出发，过成皋，经荥阳，走三川东海大道一路东下，直接攻取彭城。

南路军由汉军将领王陵、王吸和薛欧统领，由南阳郡北上，目标锁定在攻取阳夏，然后再与中路军会合，进攻彭城。

北路军顺利地渡过黄河以后，击败楚将龙且和项它，攻克了楚国的军事重镇东郡定陶，乘胜追击，进入薛郡，在胡陵（今山东鱼台东南）再次击败龙且和项它，攻占了胡陵，然后继续北上推进，攻占了邹县（今山东邹县东南）、鲁县（今山东曲阜）、瑕丘（今山东兖州北），几乎一直打到齐国。顺利地实现了将楚军主力堵截在齐国境内的目标后，北路军主力南下向彭城方面靠近。

此时的中路军，在曲遇突破了楚军的固守堵截，一路东进，在外黄（今河南兰考东南）会合了彭越的军队，顺利地推进到彭城东面。南路军也在阳夏突破了楚军的堵截，向彭城方面靠拢过来。

四月底，三路联军在彭城东面的砀县（今安徽砀山县南）和萧县（今江苏萧县东南）一带顺利会师，在汉王刘邦的号令之下，一举攻占了楚国首都彭城[1]。

攻占彭城，对于刘邦来说，是沛县起兵以来的第二次伟大胜利。第一次是以楚国砀郡长的身份，领军数万，攻占关中，降下咸阳，奠定了刘邦作关中王的基础。这一次是以汉王的名义号令天下，领军数十万，深入楚国，攻占彭城，毫无疑问这将成为刘邦作天下霸主的本钱。

胜利接着胜利，一路好运顺风的刘邦，凯旋进入彭城以后，

---

[1] 关于彭城之战楚汉两军攻防的概况，参见陈梧桐、李德龙、刘曙光：《西汉军事史》第一章第三节"汉军的战略和楚军的反击"，《中国军事史》第五卷，军事科学出版社，1998年。

陶醉在胜利的喜悦当中,几乎是得意忘形。史书上写到"汉王遂入彭城,收羽美人货赂,置酒高会"。说刘邦进入彭城以后,忙于没收项羽宫中的美人和财宝,大开庆功赏赐的酒宴。简短的文字,透视出大获全胜的联军将士,上自最高统帅,下至士伍兵卒,无不沉浸在前所未有的欢庆中。甚至连寡欲冷静的张良、多谋善变的陈平,也都被这场伟大的胜利所带来的欢悦吞没,失声无语。

八　项羽的反击

　　正当刘邦君臣和联军将士沉浸在胜利的喜悦中欢歌痛饮时,项羽静悄悄地开始了行动。

　　彭城陷落的消息传到了齐国。震怒的项羽马上行动起来,如同猛虎出山。项羽下令封锁一切消息,传达两项决定。公开的决定是,部署诸将,继续攻击田横,平定齐国,一切如同原定计划一样。秘密的决定是,悉数集结军中的骑兵车兵,组成一支三万人的机动部队,由自己亲自统领,隐秘火速开拔。

　　齐国的城阳郡大致在今天的山东日照地区和临沂地区一带,郡治在莒县(今山东莒县),沂水自南而北流经城阳,在彭城东面的下邳西边汇入泗水。项羽军由城阳奔袭彭城,最近便的道路就是沿沂水河谷南下,走阳都(今山东沂南县南部)—启阳(今山东临沂北)—兰陵(今山东苍山县西南)—傅阳(今山东枣庄市东南)一线直扑彭城。然而,项羽军进入阳都南部的启阳城后,突然改变方向,西去进入今浚河河谷,走费城(今山东费县北)、鄪城(今山东泗水县南),由泗水河谷抵达楚国的薛郡鲁县(今山

莒国

2012年9月，我到城阳地区访古，先到莒县。莒县是西周以来莒国的国都，战国时为楚国所灭，后来归了齐国。古来的大国宏都，内外两重的古城，城墙城壕至今残存。

临沂银雀山

由莒县沿沂水、沭水间河谷南下，进入临沂，古来为东西南北的交通枢纽。临沂汉代称启阳，银雀山汉墓在城中，以《孙膑兵法》出土而闻名天下。

东曲阜）[1]。

快速隐秘地进入薛郡的三万楚军车骑，在项羽的亲自指挥下，昼伏夜出，避开城池战斗，利用本土作战地形熟悉的优势，穿行于联军各部的接合部，闪电般由鲁县—胡陵（今山东鱼台县东南）一线插入彭城地区。项羽插入彭城地区后，并没有直接扑向彭城，而是迂回到彭城的西部，乘夜攻占了萧县，切断了联军由彭城西去回国的退路。

联军自西而东攻占彭城以后，军锋分别向北（楚薛郡）东（楚东海郡）南（楚泗水郡）三个方向展开，扩大战果，而大军主力，则集中部署在彭城东北方向，准备迎头痛击将从启阳—兰陵—傅阳一线回师彭城的楚军。对于楚军绕道插入背后，突然从彭城西部出现的情况，刘邦完全没有预料到。因此，当项羽亲自统领楚军精锐部队攻占了萧县，大军的退路和补给线被截断的消息传来以后，刘邦猝不及防，仓促指挥联军掉头回军迎战。

次日清晨，红日从云层缝间透出，幸运之光，再一次映照在楚军的铁甲之上。誓师出击的楚军将士，对仓促迎战于彭城西部的联军展开进攻。楚军铁骑从两翼展开，迂回联军纵深，车兵从正面冲击联军军阵，迫使联军向彭城方面后退。楚军步步跟进，在彭城外紧逼联军，展开决战。三万楚军车骑，遥望祖国都城，上下同仇敌忾，人人欲决一死战。项羽重甲强弓，身先士卒，统领楚军突入联军军阵，将联军分割开来，使其陷入各部人自为战的苦境。

战事进行到中午，联军大败，旗帜金鼓混乱，军阵瘫痪溃灭，

---

[1] 我对项羽奇袭彭城的进军路线，与历代史家看法不同，参见拙文《项羽奇袭彭城的路线》，对于这个问题的一般表述和实地考察，请参见本章之十"回首彭城之战"。

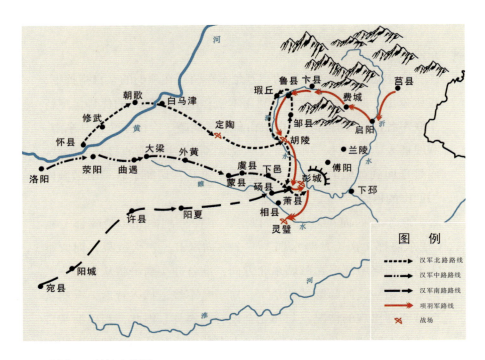

地图 2　彭城之战图

失去指挥的数十万大军,被乘胜追击的楚军压迫在彭城南面的谷水和泗水北岸,被斩杀及落水而死者,将近十万人。有幸渡过谷水和泗水的联军,往彭城西南方向的山区溃退,在灵璧(今安徽濉溪西)东面的睢水北岸,再一次被楚军追击,走投无路的大混乱中,又有将近十万联军将士阵亡,不计其数的死者,都是落入睢水溺水而死的。史书记载当时的惨况说,睢水中满是落水的联军将士,睢水几乎因此不能流动。

彭城大败中,仓皇脱逃的刘邦被楚军铁骑包围。赖天之灵,当时彭城郊外突然刮起猛烈的沙尘暴,风从西北来,飞沙走石,折断树干,掀起房顶,一时天昏地暗,楚军战马惊悸,队形大乱。在混沌的大乱中，刘邦在数十名警卫骑士的掩护下，得以突围脱逃，直奔沛县方向而去。沛县丰邑是刘邦的故乡，自起兵以来，他的父亲兄弟、妻子儿女都留在老家，逃亡中的刘邦，想将家人救出带走。

待到刘邦赶到丰邑时，楚军的骑兵分队已经先一步抵达这里，搜捕刘邦的家属。父亲刘太公和妻子吕雉、哥哥刘仲一家不知去向。女儿鲁元带着年幼的弟弟刘盈趁乱逃出丰邑，在路上碰到刘邦一行，得救被带上马车。逃亡途中，刘邦又多次被楚军的骑兵追击。在最紧急的时候，马力疲乏，追兵在后，刘邦几次急得用脚踹蹬鲁元和刘盈，要将他们从马车上推下去，都被驾车的夏侯婴阻拦解救。为了保护两个孩子，夏侯婴将鲁元和刘盈抱在怀中，负重驱赶马车，气得刘邦多次恨不得拔剑斩了夏侯婴。种种险情故事，都可见当时形势之紧迫和败相之狼狈。

彭城大败时，吕后的哥哥吕泽统领一支汉军部队驻守在下邑（今安徽砀山），坚守待命，没有被混乱的战事席卷。狼狈不堪的刘邦一行，逃亡到下邑，方才镇定下来，开始着手还击，收集残兵败将，有组织地向西方撤退，终于在荥阳地区稳住阵脚。

彭城之战后，以汉为核心的反楚联盟瓦解，与盟诸侯中，塞王司马欣和翟王董翳临阵反水，投降项羽，殷王司马卬战死，河南王申阳下落不明，魏王魏豹败退回到西魏，叛汉归楚。代王陈馀和赵王赵歇，倒戈加入项羽阵营。齐国的田横，也选择了与项羽和解的方针。彭越军败，失去了所有的地盘，流窜到河上（今河南滑县北）一带，重又游击割据。与盟诸侯中，只有常山王张耳和韩王韩信，随同汉军一道败退到荥阳，继续留在刘邦阵营中。

据《史记·高祖功臣侯者年表》记载，汉军连敖缯贺，出身山西，是刚刚加入刘邦军的新人，他在混乱中保持队形不乱，统领部下拦截追击刘邦的楚军骑兵，使刘邦得以摆脱追兵。继续逃亡前，刘邦回过头来命令缯贺道："你留在彭城，坚守壁垒，狙击项羽。"缯贺临危受命，始终坚守不退，成为彭城之战中汉军唯一可圈可点的亮点。楚汉战争结束后，刘邦没有忘记这件事，分封功臣时，缯贺以彭城之战的卓越表现，被封为祁侯，封地在今山西祁县东南，封地一千四百户，在一百四十多位开国功臣侯中排名第五十一，光彩荣耀，也是一段值得提起的逸事[1]。

九　刘邦的极限

彭城战败，是刘邦一生中最惨痛的败仗。关于这次败战的原因，历代的史家是仁者见仁，智者见智，纷纷议论中，最为一致的当数刘邦进入彭城之后，被胜利冲昏了头脑，忙于收取项羽宫中的美人珍宝，日日饮酒高会，导致松懈防备，被项羽奇袭击溃。骄兵必败，自不待言。不过，仔细想来，六十万连战连胜的强劲之师，一日间被三万长途奔袭的楚军击溃，阵亡近二十万人，总是过于神奇而不可思议。

我整理彭城之战的历史，一直关注一个重大的史实：彭城之战时，韩信不在军中，他被留在废丘围困章邯。由此我生发联想，彭城之战，如果韩信在军中指挥，将会是什么结果？

历史是不能假设的，这是耳边常常听到的话。这句话是谁的名言，我不能确定，但是，我可以肯定，假设是历史学最常用的方法之一，合理的假设，常常会引出有意义的结果。由韩信指

---

[1]　古书记载重大战事，概况多在本纪中，但过于简略。近来的研究，注重从列传和表中发掘材料，促成了研究的深入。《高祖功臣侯者年表》中这一段记事，较少被注意，我整理《史记》《汉书》功臣表，拾遗补阙，作为历史的细节附载于此。

挥彭城之战这样一个假设，让我想起一次历史上有名的对话。据《史记·淮阴侯列传》记载，刘邦打败项羽取得天下后，剥夺了韩信的兵权，又用陈平提供的诈谋，将韩信逮捕软禁在首都长安，褫夺王位降为列侯，锦衣玉食而无所事事。这个时候的刘邦，不时从容地召见韩信，与他一起回忆往事，议论诸位将领的统兵能力。刘邦曾经问道："比如像我，能够统领多少兵马？"

韩信答道："陛下不过能够统领十万人而已。"

刘邦又问道："那你如何呢？"

韩信回答道："对于臣下来说是多多益善。"

刘邦笑了，问道："多多益善，为什么被我擒获了呢？"

韩信答道："陛下不善于将兵，而善于将将，这就是韩信之所以被陛下擒获的原因。况且，陛下的资质是上天所授，而非人力所能及也。"

这一段对话，千百年来脍炙人口，广为流传，不但有种种解说，而且成了成语"韩信将兵，多多益善"的语源。我整理彭城之战的历史，思考刘邦六十万大军之所以惨败于三万楚军的原因，从这段对话中获得了一种合理的启示。

秦末之乱中，刘邦和韩信都是身经百战的将领，他们一起亲历的历史，几乎就是一部战争史。在这段对话中，刘邦与韩信总结历史，议论秦末以来各位将领的指挥能力，特别是指挥大兵团作战的能力。我们知道，中国古代战争的规模，有一个由小到大的发展过程，参战国家所能动员的军队数量，因为国力和制度的原因，是有限度的。周灭商的牧野之战，是殷商时代最大规模的战争，周武王所统领的联军，不到五万人。春秋时代的大战，最著名的有晋楚城濮之战，以楚国为首的联军，数量不到十万人。秦始皇灭楚之战，是战国时代规模最大的一场战争，王翦所统领的秦军，达到六十万人。从以后的历史来看，六十万人，大体就是中国古代战争中参战一方所能动员的军队数量的极限。

古代战争，通讯靠旗帜金鼓，补给靠人畜车船，交通靠土路步行，在这种条件下，指挥六十万人的大兵团作战，可以说是非常困难，非不世出的军事天才是难以胜任的。据我们所知，秦汉时代，能够指挥六十万人大兵团作战的将领，只有两位，一位是王翦，另一位就是韩信。公元前224年，王翦统领六十万秦军大败楚王熊启（昌平君）和项燕，灭楚成功。公元前206年的垓下之战，韩信指挥六十万联军击败项羽，灭楚兴汉。这种能够自若地指挥六十万人大兵团作战的能力，就是韩信甚为自负的"多多益善"。

而刘邦呢，他从起兵以来到攻入关中兵临咸阳城下，指挥作战的军队，在三到四万人，接受了投降的秦军以后，他的军队号称有十万人。由汉中反攻关中，大兵团作战，是由韩信指挥的。攻占关中以后，刘邦将韩信留在关中对付章邯，自己亲自指挥六十万大军进攻楚国，因为项羽远在齐国，所以分数路出击的联军顺利进军，在彭城会师。彭城会师以后，如何协调和调动六十万大军作战布防，已经远远超出刘邦的指挥能力，结果是群龙无首，各部之间相互阻隔，大局混乱中成了乌合之众。

因此之故，当项羽统领三万精锐骑兵经由鲁县—胡陵一线，穿越联军各部的接合处插入到彭城西部时，联军竟然没有察觉也没有阻击。项羽攻占萧县，切断了进入彭城的联军的退路和补给时，联军已经出现了混乱和动摇。彭城会战，项羽指挥三万车骑兵突入攻击数量占优势的联军，正是他历来以少胜多，以精锐突击取胜的得意战法，可谓是得心应手。相反，刘邦直接指挥数十万联军仓促应战，可以说是手足无措抓了瞎，除了混乱还是混乱。联军指挥完全混乱的情况，由二十倍于敌的联军无法抗击楚军,大溃退中二十万将士落水自灭,联军统帅刘邦弃军逃亡,几乎成了俘虏的悲惨战况,就可以看得出来。

历史是胜利者的记录。关于彭城之战,史书的记载非常简略,寥寥数语而已,特别是对于身为最高统帅的刘邦在这次败战中的指挥失误,更是完全没有提及。因为记载彭城之战的史书,都是汉朝史官的著作,对于高祖的过失,不得不有所隐讳,特别是对于刘邦军事指挥能力的有限,更是不便多言,因为汉朝的天下是骑在马上打下来的,打天下的最高统帅就是刘邦,怎么会有如此丢人现眼的过去?

纵观刘邦的一生,他对于自己的军事能力颇为自负,动辄粗口豪言"竖子固不足遣,乃公自行耳"。意思是说,换了人就不行,打仗还得靠老子自己去。刘邦喜欢御驾亲征,也好谈兵论将,从不将人放在眼里,唯独在韩信面前,底气不足,最想从韩信口中获得对自己军事才能的肯定和赞美。仔细体察他问韩信的话,"你看我能够指挥多少兵马?"自负但不自信。再回味韩信的回答:"陛下不过能够统领十万人而已",自负而又委婉。这句话后面话中有话,"过十万则非陛下所能及也"。意思是说,超过十万人,你刘邦就玩不转了。想来,韩信之所以对刘邦的军事指挥能力做出这种评价,依据就是刘邦在彭城之战中的不佳表现。

从方方面面看来,指挥六十万人的大兵团作战,确是远远超出了刘邦的指挥能力,也是彭城之战最重要的败因。

十 回首彭城之战

彭城之战,是项羽军事生涯的顶峰,他以三万楚军,击溃六十万汉与诸侯各国联军，再一次创造了军事史上以少胜多的奇迹。战争是艺术，也是竞技，项羽在战场上所表现的军事天才，永远使人眼花缭乱。

我曾经多次感叹过，古代史的记事，往往是挂一漏万，历史宛若汪洋大海，留下的记载只是点滴浪花，由极为有限的史料去复活无穷无尽的历史，既是古代史的宿命，也是古代史的魅力。我读《史记》，力求通过太史公留下的简略记事，去复活古代史中这一场前无古人后无来者的伟大战事，可谓疑问重重。重重疑问中，最不可解的就是项羽由齐国回师楚国奇袭彭城的路线。

史书上说，正在城阳攻击田横的项羽得到彭城陷落的消息后，当即部署部下继续攻击田横，自己带领三万精兵经过鲁县—胡陵—萧县，对彭城展开攻击，一举获胜。秦的鲁县在今山东曲阜，胡陵县在今山东鱼台县东南，萧县在今江苏萧县东南，这一条路线是当时的交通线路，秦末之乱中项梁和刘邦军都多次经由过，断无疑问。问题是项羽军的出发点城阳在哪里？千百年来都是疑问。这个疑问的解决，不但是复原彭城之战原貌的关键，也是项羽通过奇袭以最少的兵力获得最大战果的精髓所在。

自唐以来，历代史家多以为，项羽回师出发的城阳，是秦的东郡城阳县，故址在今天的山东省菏泽市东北。不过，楚汉相争时，东郡属于楚国，项羽深入齐国讨伐田氏兄弟，怎么可能滞留在楚国国内攻击田横？这是第一个疑问。第二个疑问是：项羽由东郡城阳县奔袭彭城，怎么也不可能先东去鲁县，然后再返回来经过胡陵，攻取萧县，由如此绕来绕去的路线攻击彭城，可以说不但违背基本的军事常识，而且毫无突然性可言，断然不可信。

司马迁著《史记》，没有撰写《地理志》，地名地理的混乱，是《史记》的一大缺陷，久远的地理不说，秦王朝的地理政区，司马迁就已经是相当不清楚了。元代历史学家胡三省在为《资治通鉴》作注时指出，项羽伐齐路线中有两个城阳，分别为不同地方。项羽与田荣会战的城阳县，地方在汉代的济阴郡城阳县，就是今天山东菏泽东北。而项羽攻击田横的城阳，地方在汉代的城阳国，也就是今天山东莒县一带。这是相当有见识的看法，只是将"成阳县"误写为"城阳县"了，城阳国的说法也笼统含糊[1]。

王国维先生指出，秦代已经设有城阳郡，项羽讨伐田横的城阳不是县名而是郡名[2]。后晓荣先生以为，秦始皇统一天下后，重新划分政区，分割齐国的琅邪郡西部设置了城阳郡，郡治在莒县（今山东莒县）。城阳郡的辖境，大致东到今山东莒县，西到蒙阴，北到沂源，南到临沂，沂蒙山区和沂水、沭水流域都在其境内[3]。——清理下来，情况大致清楚了。

这个城阳地区，历来是齐国遭受外敌入侵时的退守之地，堪称齐国的后院。公元前284年，以燕国为首的五国联军合纵攻齐，齐国首都临淄失守，齐湣王退入城阳山中避难，田单收复齐国失地后，由城阳山中迎接齐湣王的儿子齐襄王回到临淄。城阳山中，应当就是沂蒙山区，古往今来都是易守难攻的避难地。

项羽攻齐，也是由西而东，由平原至临淄，进而深入到北海地区（今山东高密一带），占领了大半个齐国。田横抗击楚军，仍然以城阳地区为根据地，依托沂蒙山区，集结坚守，顽强抵抗。三年以后，韩信进军齐国，攻陷临淄，齐王田广先是退走高密（今山东高密），潍水大败后再退走城阳，也是将城阳作为避难之

---

[1]《汉书·地理志》，济阴郡有成阳县。关于东郡城阳县的正确写法当为"成阳"的意见，参见辛德勇《楚汉彭城之战地理考述》。
[2] 王国维《秦郡考》，收于《观堂集林》，中华书局，1959年。
[3] 后晓荣《秦代政区地理》第五章之十六"城阳郡"，中国社会科学出版社，2009年。

南武城

又去平邑县南,有南武城故址,一面依苍山为屏障,三面夯筑环形城墙,珍奇而壮观。南武城始建于东周,先后属于鲁国和齐国,战国末年,成为楚国的领土。入秦以来,划归城阳郡,历史一直延续至北齐,是孔子高足曾子和澹台灭明的故里。

处以及东山再起的复兴基地。

由此看来,史书上说项羽回师奇袭彭城前,正在城阳攻击田横,这个城阳,应当指的就是秦的城阳郡地区,项羽正是从这里出发奔袭彭城的。

2012年9月,我到城阳地区访古,先到莒县。莒县是西周以来莒国的国都,战国时为楚国所灭,后来归了齐国。古来的大国宏都,内外两重的古城,城墙城壕至今残存。由莒县沿沂水、沭水间河谷南下,进入临沂,驻车遥望苍山、兰陵,然后西去进入浚河河谷,重走项羽当年行军路。

浚河下游一段,今称祊河,在临沂汇入沂水。沿祊河去费县,寻得秦汉费县古城，在河的北岸上冶镇西毕城村，有残存城基。又去平邑县，南有南武城故址，一面依苍山为屏障，三面夯筑环形城墙，珍奇而壮观，历史从春秋到秦汉延续至北齐。浚河发源于平邑北部山里，往东南流向费县，南武阳故城在河西的仲村镇北昌乐村，遗址在田野间。西去不远，即是秦汉卞县故址，在泗水县泉林镇，泗水的源头所在。

项羽为奇袭彭城穿越鲁中山地的路线，以古地名而言，启阳—费县—卞县—鲁县，以今地名而言，临沂—费县—平邑—泗水—曲阜，以自然地理而言，蒙山、沂山之间的浚河、泗水河谷。这一带地方，古代不仅是交通要道，也是人文荟萃之地，孔子、曾子、郑玄、王羲之、刘勰……宛若群星灿烂[1]。

抵曲阜望徐州，一望无际的淮河平原，往来已经了无悬念。

彭城故地在徐州，我曾经多次往来停留。徐州环城多山，九里、龟山在北，云龙、凤凰在南，西有卧牛、马山，东有骆驼、狮子，都是孤立的浅山，突起在一望无垠的原野上。交通四通八达，浅山间断环绕的徐州，易攻难守，古往今来，都是反复争夺、频繁易手的军事据点。

遥想当年，刘邦统领六十万联军伐楚，一举攻入彭城，同时项羽正统领楚军主力在千里之外以莒县为中心的城阳郡一带与田横作战，艰难如深陷泥潭。

---

[1] 2012年9月的这次考察，得到山东省文物局王守功校友的关照得以顺利成行，在此表示感谢。这次考察，我与中国社会科学院历史研究所林鹄君结伴同行，经历种种艰辛，同享几多收获，共感历史研究中实地考察不但重要，也是丰富生活、改变观念的经验。穿越鲁中山地的这一条交通路线，不仅古代，至今也是交通要道，从曲阜到临沂，公路通畅，济宁到日照的铁路也通过这里，盖不变的古今地势使然。书本上诸多不可解的疑难，亲临实地常常是一目了然，豁然开朗。

浚河

> 浚河发源于平邑北部山中,往东南流向费县,下游一段,今称祊河,在临沂汇入沂水。由平邑西去到泗水县,是泗水的源头所在。蒙山、沂山之间的浚河、泗水河谷,古来不仅是交通要道,也是人文荟萃之地,孔子、曾子、郑玄、王羲之、刘勰等人,宛若群星。当年项羽奇袭彭城,正是走的这条道路。

这个时候,联军已经攻入楚国的东郡和薛郡,由西而东威胁着项羽军的侧翼。远在城阳郡的项羽,如果想要迅速回师彭城,沿沂水南下,经由临沂—苍山—兰陵一线,是快捷的必由之路。正是基于这个考虑,刘邦将联军重兵布置在徐州东北,准备迎头痛击回师彭城的楚军。以后事推测前史,两千年后的抗日战争时期,占领胶东的日军南下攻取徐州,正是沿着这条线路而来,而李宗仁所指挥的国民党军主力，也正是部署在徐州东北的台儿庄地区阻击日军，展开了一场惊天动地的血战。

身在徐州的刘邦，虽说是沉浸在胜利的喜悦中，但他毕竟是久经沙场的老将，深知项羽的天才武勇，不敢掉以轻心，他是有所准备的，准备好了在徐州东北与项羽军决战。正是因为有成算在胸，他才敢饮酒高会。奇怪的是，项羽军一直没有在徐州东北出现，一等不来，二等不来，不祥的寂静当中，突然传出项羽军已经走浚河河谷穿越鲁中山地，经鲁县—胡陵南下攻占了萧县，切断了联军的退路和粮道。

这个时候的刘邦，大概只有一种感觉，仿佛在黑暗中持刀向前搜寻败退的敌手，突然间，敌手窜到自己身后，一刀刺杀过来……刘邦指挥联军仓促迎战，结果是前所未有的惨败……他的感觉，大概是刚刚转过身，刀锋已经直逼胸前，招架躲闪中，刀被击落，身负重伤，幸亏撒腿跑得快，保住了性命一条。

彭城之战和垓下之战，是楚汉相争中最大规模的两次决战。垓下之战，六十万联军在韩信的指挥下，击败项羽所指挥的十万楚军，楚国由此灭亡。彭城之战，项羽指挥三万楚军，击败刘邦所指挥的六十万联军，汉国并未因此而亡，反而是经历了败退、相持的阶段，越战越强，终于全面反攻，获得了最后的胜利。两次类似的大战，为什么会出现截然不同的结果呢？

德国军事史家克劳塞维茨说得好，战争是政治的继续。国家间全面对决的最终胜负，取决于双方政治、军事、经济、外交等力量总和的较量。全面地观察刘邦自反攻汉中成功以来直到彭城惨败的历史，仔细地分析双方的得失，可以综合地说：刘邦之得大于失，项羽之失大于得。

正如军事史家们所指出的那样，"刘邦虽然在彭城之战惨败，

徐州楚宫

彭城故地在徐州,我曾经多次往来停留。徐州环城多山,浅峰间断环绕,道路四通八达,古往今来,都是反复争夺、频繁易手的军事据点。戏马台在城中,传说为项羽检阅士兵的地方。

损失严重，功败垂成，但他夺得了关中及关东部分极为重要的战略地区，人力、物力和领土都成倍地扩张，处于进可攻、退可守的有利地位，完全摆脱了鸿门宴前后有可能随时被项羽消灭的危险境地"[1]。

而项羽呢，他虽然取得了巨大的军事胜利，收服了楚国的失地，重新夺回了楚汉战争的主导权，但他的损失却是更为惨重的。首先，他失去了雍、塞、翟、河南、河内、韩等大量重要与国，不得不从此面对稳固地占有蜀汉关中地区的强大敌国——汉王国。其次，彭城之战后，项羽失去了一国主宰天下的绝对霸权，不得不容忍齐赵地区和南楚地区的诸侯各国自主独立，以争取他们共同对抗以汉为首的敌国。进而，彭城之战后，楚军始终无法越过荥阳西进，在汉军的坚守之下，被动地陷入围城攻坚的长期消耗战中。从此以后，项羽无法再用他所擅长的奇兵速决的方式攻击汉军，逐渐失去了战略优势。

彭城之战后，楚汉相争进入相持阶段。

---

[1] 前引陈梧桐、李德龙、刘曙光：《西汉军事史》，第40页。

第三章

南北两翼战场

一 刘邦坚强

　　类似的历史人物，类似的人生经历，我想到赤壁之战惨败的曹孟德，当年被迫万里长征的毛泽东。这些历史伟人，都是在苦难的磨炼中，表现出百折不挠的坚韧，他们对于权力的执著和对于最终胜利的自信，都可谓是超凡出众。

二 冷面杀手英布

　　英布这厮，天生一副桀骜不驯的硬板身子骨，自从脸上被刺了字以后，干脆改称自己为"黥布"。格老子豁出去了，既然已经被黥了脸，干脆将黥化作名字，这张黥了的脸天天放在嘴上喊，看你老天如何办？

三 外交家随何

　　策反英布叛楚归汉，可以说是楚汉相争中最大的成功外交。随何在这次外交活动中机警果断，展现了高超的外交技巧，成就了中国外交史上一桩典型范例。两百年后，东汉班超出使西域，在鄯善国使用几乎同样的方式，又一次获得了外交的成功，成就了另外一桩千古流传的美谈。

四 骑将灌婴

　　刘邦集团在关中建国，是外来的楚人统治本土的秦人。汉国国土以旧秦国为本，国民也以旧秦人为主，但政权的核心和上层，始终是旧部楚人，新进的秦人是进不来的，也难以得到信任。

五 魏豹反汉被擒

　　魏豹本是项羽所封，多年以来与楚国关系亲密，在项羽军事胜利的强烈震慑下，内心开始动摇。不过，魏豹之所以选择脱离刘邦归服项羽，除了天下形势的大局变化外，还有个人的因素，他实在是忍受不了刘邦对待自己的轻慢态度。

六　韩信开辟北方战场

开辟北方战场，可以说是韩信继"汉中对"以后提出的另一个重要的战略计划，堪称断项羽右臂的计划。彭城大败以后，楚汉战争的形势能否得到根本逆转，刘邦与项羽之间长期对峙的最终胜负，都将取决于韩信开辟北方战场的结果。

七　背水之战

陈馀带领部下将领一直在营垒壁上严密监视汉军的动向，当他们看到汉军前军竟然犯下兵家大忌，摆下背水之阵而自断退路时，都忍不住哈哈大笑起来。陈馀益发轻视韩信，坚定了务必待一举全歼韩信军的信念。

八　井陉访古寻战场

威州古城遗址在冶河（即绵蔓水）东岸，不但控制着出井陉道北上通往中山国（今平山县）的要道，也是扼守出井陉道东去通往赵国（今鹿泉）的要塞，可谓是古井陉道东边最重要的关口，背水之战的古战场，应当就在这一带。

一 刘邦坚强

一位当代的名人曾经说过,生命中最伟大的光辉不在于永不坠落,而是坠落后总能再度升起[1]。考察刘邦的一生,可谓是累败累起。彭城之战,无疑是他一生中最惨重的失败,然而,彭城之战后,也是他一生中最坚韧的崛起。

史书上说,"至彭城,汉兵败而还。至下邑,汉王下马踞鞍而问:'吾欲捐关以东等弃之,谁可与共功者?'"[2]意思是说,汉军兵败彭城,到了下邑这个地方,刘邦下马靠着马鞍发问道:"我愿意拿出关东地区作为灭楚的酬劳,天下英雄中,谁人可以一同成此大业?"

秦的下邑县在今天的安徽省砀山县,地处彭城西、丰邑南,距离彭城不到二百里。当时,吕后的哥哥吕泽统领一支汉军部队驻守在下邑,坚守待命,没有被混乱的战事席卷,刘邦一行逃到这里,方才缓下一口气来。不能不使人惊异称奇的是,刚刚丧失了数十万大军,借助于沙尘暴死里逃生到这里的刘邦,毫无沮丧失望、悲伤悔恨之情,他的心思,竟然都在如何重整旗鼓、改变

---

[1] 南非前总统曼德拉语。
[2] 《史记·黥布列传》。

战略打败项羽之上，不愧为心理素质坚强的天才领袖。类似的历史人物，类似的人生经历，我想到赤壁之战中惨败的曹孟德，当年被迫万里长征的毛泽东。这些历史伟人，都是在苦难的磨炼中，表现出百折不挠的坚韧，他们对于权力的执著和对于最终胜利的自信，都可谓是超凡出众。

刘邦在下邑踞鞍而问时，张良就在身旁。经过彭城之战，他看出刘邦军事能力的极限，认识到依靠刘邦一己之力是无法战胜项羽的苦涩事实，他对刘邦冷藏韩信的用心和后果更是心知肚明，只是不便明言而已。如今刘邦能够自我反省，有意共分天下，重新用人，他自然是感铭称幸，当即进言道："九江王英布，本是楚国的枭将，现在与项王之间有嫌猜；魏将彭越，与田荣一起反楚，骁勇善战，这两个人可以迅速联络起用。大王的部下，唯有韩信可以单独委以大事，独当一面。如果大王有意，能够捐让关东地区获得三人的助力，项羽就可以被击破。"

刘邦接受了张良的建议，开始认真考虑如何联合英布和彭越，如何放手使用韩信的事情。

韩信、英布和彭越，史称"灭楚三杰"，五年楚汉战争，刘邦之所以能够战胜项羽，正是由于得到了这三位英雄的助力。彭城之战时，韩信是刘邦的部下，被刘邦留在关中对付固守孤城废丘的章邯。彭越是刘邦的友军，兵败后渡过黄河，撤退到河上地区蛰伏休整，对于如何起用他们，当不在话下。唯有英布，他是项羽多年器重的爱将，说动他背楚归汉，恐怕不是一桩简单的事情。

在下邑稍作休整后，刘邦一行继续向西撤退，抵达虞县（今河南虞城县北）时，心事重重的刘邦失态爆发，突然指斥左右近臣说道："就你们这帮人，怎么可以谋划天下大事？"左右们丈二和尚摸不着头脑，不知道刘邦在想什么。谒者随何不解地问道：

"不知道大王话中的意思何在？"刘邦依然在沉思中，像是自言自语，也像是回答随何的问话说："谁能为我出使九江，让英布出兵叛楚，拖住项羽滞留数月，我取天下的安排就可以万全了。"

随何当即回答说："臣下愿意前往。"

刘邦将信将疑，打量了半天，最终接受了随何的自荐，让他组建了一支二十余人的使团前往九江国。

送走了随何使团以后，刘邦继续收集被打散了的残部，且战且退，一路西去撤退到荥阳，得到由关中领军前来支援的韩信的帮助，停止了败退，稳住了阵脚。

前面已经说过，刘邦统领诸国联军东进攻楚的时候，萧何与韩信留守关中，萧何负责兵员粮草征发等一切后勤事务，韩信负责围困固守废丘的章邯。得到东征军大败的消息后，萧何下达紧急动员令，征调关中所有能够从军的青壮年编入军队，调集关中的粮食物资，一同送往荥阳。韩信将围困废丘的事情作了妥善的安排后，统领关中军出关，前往荥阳增援刘邦。

得到萧何的后勤支持和韩信的军事增援后，刘邦军势大振，在豫东的敖仓（今河南荥阳东北）—荥阳（今河南荥阳）—索亭（今河南荥阳）—京县（今河南荥阳南）一线构筑起坚固的防线，终于将追击而来的项羽军阻截在防线之外。在韩信的指挥之下，稳住阵脚的汉军主动出击，在索亭和京县一带击败楚军，重挫了楚军西进的锋芒。楚汉两军，拉锯交战于荥阳一带。楚汉战争，从此进入相持阶段。

楚汉战争的相持阶段，从时间上看，从汉二年六月刘邦退守荥阳开始，直到汉四年九月楚汉和议为止，持续了两年零三个月。从空间上看，分为南、北、中三个战场。南部战场在江淮地区，以九江王英布归汉攻楚为中心，大致持续了半年（汉三年五月到十一月），战事虽然以英布兵败告终，却牵制了楚军的西进。北部战场在黄河以北，以韩信进攻魏国、赵国、燕国和齐国为中心，全线告捷，最终扭转了楚汉战争胜败的走向。中部战场在荥阳地区，刘邦和项羽长期在此拉锯对峙，楚军一直占有战略进攻的优势。为了更清楚地再现这一段纷纭复杂的历史，我先叙述南部和北部的战事，从冷面杀手英布开始。

二　冷面杀手英布

英布是项羽的爱将，狠勇善战，冷酷无情，是冷血的杀手。英布不仅冷血，而且冷面，因为他受过黥刑，脸上被刺了字，留下一张无表情的脸。

英布是六县人，在今天的安徽省六安县西，秦时属于九江郡。六县故地，是夏商周以来的古国，传说是古代圣人皋陶后人的封国，由夏代始祖大禹所封。六国的历史，至少可以追溯到商代，甲骨文中有记载，延续到公元前622年，六国被楚国灭亡，至少存在了一千五百多年。

英布的姓氏英，也是古来的国名。英国的历史，与六国同源同地，同是大禹所封皋陶后人的国家，地方也与六国相邻，在今天的安徽省金寨县。古代中国，国名、地名、族名和姓氏常常混同使用，所以司马迁推断说，英布的姓氏来源于英国的国名，英布是皋陶的后裔，祖先是英国的王族，很有道理。

英国也是被楚国吞并了的，时间与楚国灭亡六国相同。到了秦始皇统一天下时，几经沉浮的英氏一族，完全沦落为布衣平民，对于光荣祖上的记忆早已淡薄。英布年少的时候，有人为他看相说："命当先受刑后称王。"成年以后，果然犯法被处以黥刑，脸上刺了字。于是英布欣然笑道："有相师曾经说我'命当先受刑后称王'，岂非正是如此？"周围的人听了，都讥笑他做戏自我解嘲。

英布这厮，天生一副桀骜不驯的硬板身子骨，自从脸上被刺了字以后，干脆改称自己为"黥布"，他信一物降一物的厌胜之法，他有意要与命运作正面的拼斗，要以眼前的灾难扼制将来的厄运。格老子豁出去了，既然已经被黥了脸，干脆将黥化作名字，这张黥了的脸天天放在嘴上喊，看你老天如何办？

定罪刺字以后，英布被押解到关中，到骊山作刑徒，在秦始皇陵园的工地上强制劳动。当时，从全国各地被征发到骊山做工的服役者和刑徒，总共有数十万之多，各色人等混杂。不安分的英布，乐得将骊山工地当做江湖，忙于与各路不轨之徒交往，结成兄弟团伙，待到时机成熟，英布带领一帮人集体逃亡，潜伏到彭蠡泽（现鄱阳湖地区）一带的江湖沼泽地区，作了江洋大盗。

二世元年七月，陈胜、吴广起兵于大泽乡，天下大乱。九江郡是楚国故地，迅速闻风响应。当时，秦的番阳县令（今江西波阳东）是吴芮。这位吴芮，也是秦末汉初一位了不得的英雄人物，他以秦王朝现任地方长吏的身份起兵，加入到反秦阵营中奋勇作战，功绩不少，项羽分封天下时被封为衡山王。到了刘邦取得天下分封王侯时，又被封为长沙王，国运延续了五十余年，一直到汉文帝末年方才因为无后嗣而断绝，是各路英雄封王中时间最长，命运最好的主儿。有关吴芮的种种事迹因缘，我们将来还要谈到。

吴芮在番阳县令任上时，就甚为关注民间社会的动向，深得江湖民心，特别在当时广泛居处于今天中国东南地区的越人当中，有相当高的威望。

英布听说吴芮起兵反秦，当即率领自己的弟兄们前来投靠，吴芮十分看重英布，将自己的女儿嫁给了他。吴芮与英布在番阳聚集了一支数千人的部队，竖起张楚反秦的旗号，四处出击，积极参与到反秦战争中来。

二世二年十二月，陈胜兵败身死，章邯军攻占张楚都城陈县（今河南淮阳），反秦战争陷入低谷，陈县成为秦楚两军反复争夺的要地。一月[1]，陈胜部将吕臣领军夺回陈县，不久在秦军的攻击下被迫撤出，与英布军相遇。英布最初随同吴芮在长江以南活动，随着反秦战事的推移，北上进入淮北地区。吕臣军与英布军会合后，再次攻克陈县，不久又被章邯亲自统领的秦军赶了出来，被迫东去往泗水郡方向撤退。就在这个时候，项梁、项羽统领江东楚军渡过长江，合并陈婴军后渡过淮河，正浩浩荡荡往泗水郡彭城方向开拔过来，被打散的各路楚军，纷纷前往投靠。英布与吕臣商量后，也东去加入了项梁军，从此成为项氏楚军的一员部将。

加入项氏楚军以后，狠勇善战的英布日渐崭露头角，成为楚军最著名的先锋猛将，被封为当阳君。史书上说，在项梁指挥的历次战斗中，英布"常冠军"，意思是说他作战骁勇被列于诸军之首，也就是被评定为第一名。我们今天在各类竞技中常常使用的"冠军"称号，就是由此而来的。项梁战死后，英布成为项羽的部下。巨鹿之战，英布被任命为先锋，首先领军强渡黄河，插入围

---

[1] 秦及西汉初年，历法以十月为岁首，也就是每年的第一个月是十月，最后一个月是九月。此处的"一月"，为秦二世二年的第四个月。

困巨鹿的王离军和部署在棘原一带负责后勤供应的章邯军的接合部，以少胜多，切断王离军的粮道，将王离军与章邯军分割开来，拔了救赵的头功，再一次勇冠诸军，名闻天下。

巨鹿之战后，项羽格外赏识英布，在诸将中对他另眼相看，惜才重用。章邯投降，项羽在新安坑杀二十万秦军降卒，事前听取英布的意见，事情由英布负责执行。项羽统领联军进军关中，从打开函谷关到进军咸阳，英布都是先锋，可谓是项羽部下最得意的爱将，大凡最棘手的战事任务，都放心交由英布。

汉元年二月，项羽分封天下，英布被封为九江王，定都六县，领有秦时的九江郡，统治今安徽省的淮河以南、江西省赣江流域以东的广大地区。六县是英布的家乡，封了九江王的英布，不但应了"先受刑后称王"的运数，而且是衣锦荣归，光宗耀祖，那种心满意足的喜悦，使英布只想日日醇酒，夜夜美人，痛痛快快地享受人生。

英布从关中回到六县就国，大概已经是汉元年五月了。七月，田荣攻占了齐、胶东、济北三国，统一齐国正式竖起反楚大旗，项羽向所封各国下达征军令，要求各诸侯王领军前往齐国，随楚军一起征讨田荣。正沉浸在难得的享乐中的英布，对于又起的沙场征战滋生了厌倦，他不想离开刚刚睡热了的炕头前去风餐露宿，推开怀中的美人身着霜冷铁甲，他借口伤病不能远行，只派遣部下将领率四千士兵北上随同项羽出征。

对英布期待甚高的项羽，得到英布托病不出的消息后，大为愤怒。以他那火爆脾性，恨不得一刀砍了英布。不过，眼下大敌当前，岂可轻率又竖新敌，在范增等人的劝阻之下，项羽强忍了怒气，他实在是看重英布勇冠三军的才气，希望将来有机会再次起用他。

俗话说，期待高，失望大；失望大，怨恨深。强君能将之间，一旦步调不合，往往留下深深的嫌猜。嫌猜是情绪不安的郁结，酒宴间一句话可以化解，嫌猜也是编织的误解，如果没有坦诚对面的释怀，将会越织越深，越猜越疑，越疑而越不可解。

刘邦派遣随何出使九江时，项羽和英布之间的嫌猜，正在可解与不可解之间。

三　外交家随何

随何率领使团来到六县，请求面见九江王英布。请谒递上去，已经过了三天，依然没有回音。

英布有他的打算，他打发掌管宫廷饮食的太宰去作接待，每日好酒好菜款待，就是不提见面的事。随何是机灵的人，看穿了英布的心事，他拖不起，等不得，决定打开天窗说亮话，直接对太宰挑明说道：

"大王之所以不见我随何，一定是因为大王以为楚国强大，汉国弱小，对局势的走向，尚未了解得清楚。为大王呈说对于这些问题的看法，正是我到九江来的缘由。如果我被大王召见，呈说得当，应当就是大王想要听取的意见；如果呈说不当，请大王将我与二十名随员处死于王都街市，以此明确大王与汉为敌、与楚为友。"

太宰将随何的这番话转达给了英布，英布于是下令召见随何。

随何进宫，面见英布说道："汉王派遣臣下敬呈书信与大王。臣下此次来，私下有些奇怪，大王为什么如此亲近楚国？"

英布回答说："寡人以臣下的身份服侍项王。"

随何说:"大王与项王同在诸侯之列,之所以对项王称臣,一定是以为楚国强大,可以作为自己的靠山。如今项王讨伐齐国,亲自背负筑城的木板,身先士卒作战。这个时候,大王理应尽举九江之兵,亲自统领,充当楚军的前锋,而如今仅仅派遣了四千人的军队协助项王。以臣下的身份服侍主君,难道可以这样做吗?"

英布只是听着,没有做声。

随何接着说道:"汉王攻占彭城,项王尚在齐国,这个时候,大王理当倾国出动,渡过淮河,昼夜兼程奔赴彭城会战。而实际上呢,大王拥有万人之众,没有再发一兵一卒,袖手在旁,观望胜败的结果。将国家托付于他人的人,难道应当这样做吗?"

英布仍然没有做声。

随何稍微提高了语调,继续说道:"大王表面上打着依附楚国的旗号,私下里却盘算着保存自己的实力,臣下不认为这是可取的良策。想来,大王之所以不愿背弃楚国,是因为大王以为汉国弱小,不足以作为依靠。不过,眼下楚军虽然强大,却在普天之下背负着不义的罪名,因为项王不但违背怀王之约,而且杀害了义帝。放眼当下,尽管项王凭借战胜而一时强大,汉王也自有应对的良策。汉王将联合诸侯,退守荥阳—成皋一线,调运巴蜀汉中的粮食,深挖战壕,高筑壁垒,分兵坚守要塞。如果楚军继续西进,穿越魏国故地,深入敌国八九百里,必将遭遇战不能胜、攻不能取的困境。难上加难的是,楚军将不得不依靠老弱之力从千里之外转运粮食,后勤不能得到保证。

"退一步看,即使楚军轻装深入,进入到荥阳—成皋一带,汉军坚守不出,楚军也是进不能攻取,退不能脱身。所以说,一时得势的楚军,不足以作为长久的依靠。再退一步说,假设楚军战胜了汉军，诸侯各国将会忧虑祸害及于自己而发兵相救，楚国的胜利，必然诱发诸侯各国的联合对抗。以此判断，楚国不如汉国，这种局势是显而易见的。如此形势之下，大王不去亲近万全的汉国，而去依托危亡的楚国，臣下我不得不为大王感到困惑。"

沉默寡言的英布听到这里，僵硬的颜面似乎有了些表情，一直挺直的身体也放松下来，微微向前倾斜。随何一直观察着英布，他一点一滴地觉察着英布表情和心理的微妙变化。他觉得是时候了，于是放缓语气，一字一句，清楚地将这次出使的目的挑明："臣下并不以为举九江国之兵足以灭亡楚国，不过，只要大王起兵反楚，项王必定被拖住不能西进，只要滞留项王几个月，汉王取天下的部署就可以万全了。那时候，请允许臣下与大王一道，戎装佩剑前往汉国，汉王必定裂地分封大王。那时候，大王的封地岂止九江，九江不过是在更大的封地之中而已。正是出于这种意愿，汉王特地派遣臣下出使大王，进献愚计，希望大王留意。"

话到这里，英布听进去了。自从称病不出以来，英布知道项羽对自己不满，他了解项羽猜忌又火爆的脾气，很是恐慌不安。他之所以接待随何，就是想为自己留一条退路。此时，英布点点头，嘴里蹦出三个字来：

"请奉命。"

英布接受了随何带来的刘邦的提案，秘密答应背楚归汉，由于事关重大，局势尚在观望之间，他不敢稍许走漏了消息，也再三告诫随何保密。

就在这个时候，项羽的使者也来到了六县，敦促英布迅速发兵，与楚国一道进攻汉国。随何得到了这个消息，担心事情有变，他当机立断，来到英布会见楚国使者的王庭，径直上座说道："九江王已经归服了汉王,楚国凭什么要九江王发兵?"

事情突如其来,英布愕然未能反应。楚国使者当即起身退席。随何趁势对英布说:"事情已经这样了,请大王杀掉使者,迅速举兵与汉王协力攻楚。"

本已受到项羽怀疑的英布没有了退路,只得一不做二不休,不得不回应随何道:"那就按照你的话办,起兵攻楚。"

于是英布下令杀掉项羽的使者,征调军队,攻击楚国。

随何说动英布叛楚归汉,意义非同寻常。短期内呈现的结果,正如刘邦方面所预计的,由于英布叛楚归汉,项羽不得不分兵应对九江方面的叛乱,他派遣大将龙且和项声统领楚军别部南下迎击英布军,大大地削弱了乘胜追击汉军的攻击力,延迟了一举西进深入的步伐,使刘邦赢得了宝贵的喘息时间,得以在荥阳—成皋一带稳住阵脚,形成相持的局面。

放长远来看,项羽不但失去了一名最得力的勇将,而且增添了一个可怕的敌手。从此以后,楚国失去了安定的后方,经常性地面对腹背受敌、两面甚至多面作战的不利局面。垓下决战的胜利,英布参战和九江国的反楚归汉是重要原因,败逃中的项羽,在阴陵(今安徽定远)被农夫欺骗迷路,在东城(今安徽定远)苦战绝望,在乌江(今安徽和县)拔剑自刎,他一步一步走向死亡经过的地点,都在英布所领的九江国境内,似乎也显示了随何说动英布叛楚归汉的意义。

策反英布叛楚归汉,可以说是楚汉相争中最大的成功外交,这次外交的发起者,是张良,而促成这次外交的最大功劳,当然归属随何了。随何在这次外交活动中机警果断,展现了高超的外交技巧,成就了中国外交史上一桩经典范例。两百年后,东汉班超出使西域,在鄯善国使用几乎同样的方式,又一次获得了外交的成功，成就了另外一桩千古流传的美谈[1]。

随何其人，史书并没有为他立传，有关他的事迹，除了出使九江国的事情之外，我们几乎就不大知道了[2]。不过，史书上还有一点零星的记载说，刘邦击败项羽统一天下后，在洛阳宫中大摆酒宴，款待功臣，评功摆好。汉王朝是刘邦集团马上打下来的天下，又沿袭了秦王朝按军功行赏的制度，非军人的文吏们，是不大摆得上桌面的，特别是读过点诗书的儒生，最被刘邦看不上眼，常常被羞辱奚落。随何大概是多读过几本书，又不曾带兵打过仗，酒席上也被刘邦拿来开涮。喝得高兴的刘邦，指着随何的鼻子调侃道，"至于你小子，不过一腐儒而已，打理天下，难道能够使用腐儒吗？"

机警的随何一听，当即跪下，不紧不慢地反问道："当初大王进攻彭城，项王远在齐国，那时候，陛下发步兵五万，骑兵五千，能够攻取九江国吗？"

刘邦一时语塞，失了嘻嘻哈哈的劲头，勉强答道："不能。"

随何继续说道："那时候，陛下让臣下带领二十人出使九江。臣下一到九江，就使九江举国归服，遂了陛下的心意。如此计算下来，臣下的功劳当超过步兵五万，骑兵五千。然而如今，陛下称随何为腐儒，说打理天下安用腐儒，不知道这话又是从哪里说起呢？"

刘邦也是机灵人，哈哈一笑说道："我之所以这样说，正是要为你评功摆好。"当即下令，任命随何为护军中尉，接替陈平出任汉王朝的军情首脑。

---

[1]《后汉书·班超传》。
[2] 随何的事迹，主要见于《史记·黥布传》。

四　骑将灌婴

刘邦自起兵以来，基本上依靠步兵、车兵作战，军中没有专门的骑兵部队。彭城大战，六十万联军被三万项羽车骑兵奇袭击溃，继而被尾随追击，几乎做了俘虏。吃尽了苦头的刘邦，痛感骑兵的重要，于是下令集中军中的骑兵和战马，组建骑兵军团。

组建骑兵军团，首先需要任命一位将军来做统领，有两个人选被推荐上来，一位叫作李必，一位叫作骆甲。李必和骆甲都是旧秦国的骑兵将校，同出身于关中内史地区的重泉县（今陕西大荔），如今都在军中担任校尉，是通晓骑兵的合适人选。刘邦表示同意。

刘邦当即召见李必和骆甲，准备下达正式的任命。不料，李必和骆甲都坚决推辞，不肯就任。他们说："我们都是旧秦国的人，恐怕得不到军中的信任，希望大王在左右亲信中选择善于骑术的人为骑将，我们愿意尽力辅助。"

李必和骆甲的担心，自有地域的缘故，也有人事的深刻道理。

刘邦军兴起于淮北，早期刘邦军团的成员，大多出身于旧楚国的泗水郡和旧魏国的砀郡地区。砀郡紧邻泗水郡，项羽分封天下时，将砀郡划归了楚国，因此之故，史家笼统地称早期的刘邦军团为砀泗楚人集团。砀郡和泗水郡所在的淮北地区，古来是农耕区，在这个地区组建的军队，主要由农民组成，他们接受的多是步战和车战的训练，并无骑射的传统。远古以来，养马和骑射的习俗，集中在中原地区的西部和北部的边境一带，因为靠近草原，习染了游牧民族的骑射风气。以战国时代的地域而论，拥有大规模骑兵部队的国家，一是赵国，一是秦国，规模小一点的还有燕国。

正是因为这种地域的关系,刘邦军进入关中以前,没有专门的骑兵部队。但是,两次攻取关中,特别是由汉中反攻关中成功,正式将旧秦国作为汉王国的根据地以后,秦人和旧秦军大量地加入到汉军中来,在数量上逐渐成为汉军的主体,他们怀着国仇家恨,死心塌地地跟随刘邦与项羽作战,成为汉王国稳固的兵员和民意民力的基础,与此相随,大量的旧秦军骑兵也进入到刘邦军中来,不过,他们都分散在汉军的各支部队当中。

所以,刘邦集中军内善于骑射的将士组建骑兵部队,被征调出来、合于条件的,几乎都是旧秦军的骑兵,李必和骆甲,就是他们当中出类拔萃的。从能力和经验来看,由李必和骆甲出任新组建的汉军骑兵部队的将领,毫无疑问是合适的,但是,从政治上信任的角度来看,却存在大问题。

正因为早期刘邦军团的成员大多出身于淮北的砀泗地区,他们随同刘邦起兵后转战各地,攻入关中,自然地形成了刘邦军团的核心和中坚。项羽分封天下,刘邦被迫到汉中就国,跟随他前往南郑渡过难关、又跟随他反攻打回关中的基本力量,也是这支老部队。从以后的历史来看,这支老部队,不但是刘邦赖以打天下的看家本钱,汉王朝建立以后,也顺理成章地转化为汉王朝统治阶层的核心力量[1]。

刘邦集团在关中建国,是外来的楚人统治本土的秦人。汉国国土以旧秦国为本,国民也以旧秦人为主,但政权的核心和上层,始终是旧部楚人,新进的秦人是进不来的,也难以得到信任。在

---

[1] 参见拙著《汉帝国的建立与刘邦集团——军功受益阶层研究》,三联书店,2000年,第五章"刘邦集团之地域构成"。

这种历史遗留下来的政治构造和地域差异中,身为秦人的李必和骆甲当然明白,如果由自己来统领新建的骑兵,等于是由旧秦军将领统率一支完全由旧秦军骑兵组成的部队,岂不成了汉军中的异类?哪怕刘邦一时同意了,也得不到刘邦旧部、汉王国核心上层的认可,早晚要出问题。所以,李必和骆甲坚决推辞,务必请求刘邦任命一位可以绝对信任的将领来做主将,自己愿意作为副将竭力辅佐。

刘邦善于审势用人,听了李必、骆甲的申述,觉得有道理,于是任命灌婴为骑将,全权负责骑兵军团的组建和指挥,李必和骆甲为左右校尉,作为副将辅助灌婴。从此以后,灌婴的大名,就与这支传奇的骑兵部队紧密地联系在一起,在尔后的战争中屡建奇功。

灌婴是秦砀郡睢阳县(今河南商丘)人,少年时候在家乡贩卖丝绸,算是一名小商贩。二世二年九月,刘邦被楚怀王封为砀郡长,领军屯驻砀县(今河南夏邑),灌婴弃商从军,加入了刘邦军团,从此成为刘邦军团中的一员骁勇战将,未来汉帝国的开国功臣。

在刘邦军团的元老诸将中,灌婴年纪小,被戏称为"灌小儿",他的名字婴,就是小儿的意思。灌婴短小精悍,虽然年少,却是机警灵活,作战勇猛镇定,历经多次力战,表现不凡,迅速在刘邦军中蹿红,成为刘邦的亲信爱将之一。

从二世二年九月到汉元年十月,短短一年时间中,灌婴跟随刘邦转战各地,战功卓著,先后被赐予七大夫、执帛、执圭的爵位,授予宣陵君和昌文君的封号。刘邦作了汉王以后,将灌婴调到自己身边出任郎中令,负责侍从警卫。进入汉中定都南郑后,又任命灌婴为中谒者令[1]，负责群臣的请谒晋见，甚为亲信看重。

在反攻关中的战争中，灌婴回到军中，被韩信委以重任，统领一支精锐的奇兵假扮汉军先锋进入子午道，佯作攻打杜县，大举进入关中的态势，吸引章邯军东去。当韩信大军顺利由陈仓道进入关中，击败章邯军大举东进时，灌婴又迅速领军出子午口，一举攻克塞国首都栎阳，完满地实现了韩信所制定的明出子午，暗度陈仓，东西两路夹击关中的计划。从此以后，灌婴更得到韩信的器重，视他为汉军的奇兵之冠。

李必和骆甲出身于重泉县，在秦王朝时属于首都内史地区，项羽分封天下，分割秦国为雍、塞、翟三国，重泉县划归了塞国。灌婴出子午道攻取塞国，李必和骆甲随同塞王司马欣一道投降，从此成为汉军的一员，在灌婴麾下。由此看来，任命灌婴为新组建的骑兵军团统帅，无论从调和旧部新将，还是从融合楚人秦人的角度来看，都是恰当的人选。

五　魏豹反汉被擒

彭城大败，魏王魏豹随同刘邦撤退到荥阳。

魏豹以母亲生病为由，请求回国探望，刘邦同意了。魏豹渡过黄河回到魏国，马上下令封锁黄河的渡口和进出魏国的交通，宣布脱离汉国归服楚国。

---

[1] 据《史记·灌婴列传》，汉中时灌婴的官职为郎中和中谒者。以灌婴当时的地位而论，当为郎中令和中谒者令，略去或者脱去了"令"字。《张家山汉墓竹简》（文物出版社，2006年）秩律，"汉郎中令"写作"汉郎中"，或为习惯写法。

魏豹是战国时代魏国王室的后裔，秦灭魏国以后，沦落为民间的编户齐民。秦末乱起，七国复国，他的堂兄魏咎做了第一任魏王[1]，秦二世二年三月，在首都临济（今河南长垣县东南）被秦军大将章邯围困，为了保护国民不被屠杀，签订降约后烧身自杀。

魏豹逃亡到楚国，楚怀王调拨数千兵马给魏豹，让他去重新收复魏国。巨鹿之战后，项羽与章邯在漳水一带长期拉锯作战。此时的魏豹，已经攻克了魏国境内的二十多座城池，他协助项羽军完成了对于章邯军的包围，迫使章邯投降。随后，项羽统领联军西进关中，魏豹也统领魏军随同入关。

项羽自立为西楚霸王，分封天下。魏豹被封为魏王，不过，魏豹所统治的领土，却发生了重大的变化。战国末年，魏国的首都在黄河南部的大梁（今河南开封），领土包括了黄河北部的河东地区（今山西西南）和河内地区（今河南东北）。如果以统一后的秦郡来区分的话，魏国大致领有河东郡、河内郡、东郡、砀郡等广大地区。

项羽分封天下时，将东郡和砀郡划归西楚，成了自己的领土，又在河内郡设置殷国，分封给赵国将领申阳。这样一来，旧魏国的四郡领土，只剩下了河东一郡，项羽将魏豹分封到河东，以平阳（今山西临汾）为首都，国号西魏。为了补偿在分封中魏国失去的领土，项羽将原本属于赵国的太原郡和上党郡划归西魏[2]。项羽这种损人利己的做法，自然引起了魏豹的不满。

---

[1]《史记·魏豹传》说，魏豹"其兄魏咎"。《史记·彭越列传》说："今西魏王豹亦魏王咎从弟也。"古书中从弟从兄也称弟兄，魏咎当为魏豹从兄，也就是堂兄。
[2] 战国时期，各国间领土变化大。战国后期，魏国和韩国的领土更是犬牙交错。上党郡本是韩国的领土，公元前262年，上党郡官民拒绝划归秦国，自主归服了赵国，成为赵国领土而引发秦赵长平之战。详情参见杨宽《战国史》第八章之六"秦赵间剧战"，上海人民出版社，1998年。

龙门

> 龙门在陕西韩城市东北 30 公里，隔河与山西河津市相望，是黄河山陕峡谷的出口，流传有"大禹凿龙门"的故事，"鲤鱼跳龙门"的神话。战国时魏武侯浮西河而下，顾谓吴起曰："美哉乎，山河之固，此魏国之宝也！"当在这一带。

汉二年三月，刘邦在韩魏交界的临晋关集结大军，军事威慑和外交劝诱双管齐下，迫使魏豹加盟刘邦阵营共同反楚。彭城大战，魏豹统领魏军与殷王申阳一道，配合汉军曹参、樊哙、灌婴等部队组成北路军，走河东—河内一线，在围津渡过黄河，穿越旧魏国的领土东郡和砀郡东南下，会合刘邦所统领的中路军主力，进入彭城。

彭城大败，反楚同盟瓦解，与盟诸国纷纷反汉归楚。魏豹本是项羽所封，多年以来与楚国关系亲密，在项羽军事胜利的强烈震慑下，内心开始动摇。不过，魏豹之所以选择脱离刘邦归服项羽，除了天下形势的大局变化外，还有个人的因素，他实在是忍受不了刘邦对待自己的轻慢态度。

魏豹反汉归楚后，刘邦因为忙于集中力量应对项羽的进攻，不想另外树敌，他派遣郦食其出使魏国，劝说魏豹回心转意。魏豹拒绝了，拒绝的理由非常情绪化。魏豹说："人生在世苦短，宛若白驹过隙。如今汉王傲慢辱人，谩骂诸侯群臣如同对待家奴一般，完全没有上下尊卑之礼，我是不愿意再见到他了。"

郦食其出使魏国失败以后，刘邦决定武力解决，他任命韩信为左丞相，全权指挥出征魏国的军队，曹参和灌婴为副将，分别统领步兵和骑兵，听命于韩信。用兵以前，刘邦详细地向郦食其询问了魏军将领的人选。他问道：

"魏军的大将是谁？"

郦食其答道："柏直。"

刘邦鼻子里哼了一声，轻蔑地说道："乳臭未干的小子，怎么能够对抗韩信！"

又问道："魏军的骑将是谁？"

郦食其答道："冯敬。"

刘邦说："是秦将冯无择的儿子，虽然贤能，也不能抵挡灌婴。"

又问："魏国的步将是谁？"

郦食其答道："项它。"

刘邦放心地说道："不是曹参的对手。我不用担心了。"

韩信举兵攻击魏国以前，对于魏军将领的事情也格外关心，

夏阳黄河

  2012 年 10 月,我去韩城参加司马迁传记文学研究会,瞻仰司马迁祠之余,再访夏阳黄河古渡。黄河出龙门,河道渐广,到今芝川镇濩水、芝水入河口一带,水缓河宽,是古来的黄河渡口。公元前 205 年,韩信领军用罂瓴在此搭设浮桥,一举渡河攻入魏国。1937 年,朱德领八路军东进,也由此渡黄河。

他的关心,比刘邦更深入一个层次,他曾经担心地问郦食其说:

  "魏国会不会起用周叔为大将?"

  当他听到郦食其的回答说"大将是柏直"后,方才松了一口气,同刘邦的反应类似,冒出一句"竖子也"的轻蔑话,放下心来,开始部署攻击魏国的事情。柏直是什么人,周叔又是什么人,

由于史书的失载，我们已经不能知道。不过，通过上述的对话，我们可以了解到，韩信出征魏国以前，楚国将领项它已经率领楚军进入魏国，协同魏军作战[1]。韩信用兵，长于"用间"（使用间谍）和"庙算"（制订作战计划）[2]，用兵魏国以前，韩信已经详细地打探了魏军内部的情况，他不仅对于可能出任魏军将领的人选

---

[1] 项它，是项羽的侄子，楚军将领，楚亡后赐姓刘封平皋侯。二世元年五月，曾经统领楚军救援被章邯围困的魏王魏咎，此时再度统领楚军增援魏国。项它的事迹，参见《史记·项羽本纪》与《汉书·高惠高后文功臣表》。

[2]《孙子兵法》语。韩信熟读和活用《孙子兵法》，参见本书第一章之二"胯下之辱有兵法"。

有所估计，对于这些可能人选的不同战略战术也都有所预测。用心深刻、神机妙算的韩信，破魏之策已经成算在胸。

汉二年八月，韩信命令汉军主力往黄河西岸的临晋（今陕西大荔）渡口一带大规模集结，征集船只，大张旗鼓做渡河的准备。得到消息的魏豹，调集重兵前往临晋渡口对岸的蒲阪（今山西永济）设防，封锁黄河渡口，断绝与汉国之间的一切交通，决心阻止汉军由蒲阪渡河登陆的企图。

得到魏军主力集结蒲阪的消息后，韩信命令灌婴所部骑兵留在临晋渡口，虚设金鼓旗帜，演练舟船停靠，摆出即将渡河攻击蒲阪的架势，吸引魏军的注意。与此同时，命令曹参统领汉军主力，秘密开赴临晋北部的夏阳（今陕西韩城）。原来，韩信早就探查了地形，黄河出龙门到夏阳以后，河道变宽，水流相对平缓，因为魏军主力集结在蒲阪一带设防，对这一带地区疏于戒备。在韩信的秘密指令之下，汉军高邑部队已经早早做了准备，制作了大量的木桶，预备了大量的绳索木板，秘密运抵夏阳，待曹参军抵达后，迅速在黄河上搭设浮桥，使汉军顺利渡河[1]。

渡过黄河的曹参军，遵照韩信的指示，迅速插向魏国的军事重镇安邑（今山西夏县西北），在东张（今山西永济东北）大破魏将孙遫，进而攻克安邑，俘虏了魏军守将王襄，切断了蒲阪与首都平阳间的通路。曹参军突然出现在身后，使集结在蒲阪的魏军

---

[1]《史记·淮阴侯列传》说：韩信军从夏阳"以木罂缶渡军"。罂缶，为大肚小口瓶。木罂缶，以木材绑捆罂缶制作浮桥。《汉书》同传，王先谦《补注》引周寿昌曰："《功臣表》祝阿侯高邑下注云：'属淮阴，罂度军。'则此役高邑有功，或即其所画策也。"韩兆琦《史记笺证》引郭嵩焘曰："河流湍急，岂木罂缶所能渡者？当是造为浮桥，施木板于罂缶之上，以其轻而能浮，又易于牵引以通两岸也。"秦汉时代，浮桥已经出现，而且见于这一带地区，郭嵩焘的解释合理可信。关于秦汉时代的浮桥，参见王子今《秦汉交通史》第二章之二"桥梁工程"。

大为惊慌失措，魏豹不得不自蒲阪回师迎击。得到曹参军攻克安邑、魏豹回师的消息后，韩信命令灌婴趁机从蒲阪渡过黄河，攻击魏军。在汉军的前后夹击之下，魏军大败。魏豹退到曲阳（今山西夏县与桓曲之间），被曹参击破，逃到桓县（今山西桓曲东南），被曹参军跟踪击溃，魏豹也被俘虏。

九月，韩信指挥汉军攻克西魏首都平阳，逐一平定魏国，共得52县，遵照刘邦的指示，设置了河东、上党、太原三个郡，直属汉国。

六　韩信开辟北方战场

彭城大战之前，刘邦派遣使者到赵国见赵王赵歇和丞相陈馀，希望结盟联合进攻西楚。赵国开出的条件是，刘邦必须处死逃亡到汉国的张耳，见到张耳的头就发兵。

张耳是刘邦游侠时代的大哥，多年以来的挚友，如今有难前来投靠，岂能一时为了陈馀的怨恨而背信卖友，断了天下英雄的归服之途。况且，刘邦为了解决河南国、殷国等与赵国有关的问题，借重于张耳之处还很多。在谋士们的策划下，刘邦耍了一个两全其美的花招。他找到一个相貌与张耳相似的人，割下头送到赵国，以此换得了赵国加盟出兵攻楚。

俗话说，骗得了一时，骗不了一世。彭城大败，张耳没有被刘邦处死的消息也让陈馀知道了。陈馀大怒，马上断绝了与刘邦的关系，顺应新的形势，同齐国等诸侯国一样，与项羽和解，加入了以西楚为首的反汉同盟。

韩信攻占了魏国以后，汉国与赵国间的关系陡然间紧张起来。

魏国的太原郡和上党郡本来是赵国的领土，项羽大分封时，作为补偿划给了西魏。汉军进攻西魏，赵国积极支援魏豹，在陈馀的指示之下，代国相国、夏说更是领军进入魏国境内，协助魏军抗击汉军[1]。魏国被汉军占领以后，汉国和赵国之间失去了缓冲而全面接壤，一时间剑拔弩张，战争一触即发。

就在这个时候，韩信上书刘邦，提出了开辟北方战场的计划。在这份计划书中，韩信指出，彭城败战以后，反楚联盟瓦解，新的反汉联盟形成，除了败退的韩王韩信和正在苦战的九江王英布以外，魏国、赵国、代国、燕国、齐国等其他诸侯各国都倒向了项羽，形成了从南到北全面包围汉国的形势。如今，汉军虽然在荥阳—成皋一带阻止了楚军的西进，形成了对峙的局面，但是，由于项羽亲自统领楚军主力在荥阳一带进攻，在短时间内，难以看到汉军获得突破的前景。

韩信进而指出，奉大王之命，臣下有幸擒获魏豹，攻占了魏国，将反汉包围圈撕开了一道缺口。臣下以为，眼下正是在黄河北岸开辟新的北方战场的大好时机。臣下请求大王增兵三万，乘胜进攻代国和赵国，然后北举攻击燕国，东进攻击齐国，进而南下断绝楚军粮道，西进与大王会师荥阳。如此一来，项羽所统领的楚军将时时受到黄河北岸我军的威胁，其攻击力量和后勤供应都会受到极大的牵制而削弱，将大大有利于大王在正面战场上的突破。如此一来，反汉包围圈不仅可以彻底打破，反楚包围圈也可以逆转形成。

韩信开辟北方战场的计划，是在汉二年九月提出来的。当时，

---

[1] 据《史记·淮阴侯列传》，夏说是在魏国的阏与县（今山西和顺）兵败被俘的。与韩信军交战的对方，当是魏楚赵代联军，正是反汉包围圈的一部。

韩信在刚刚攻占的魏国军中，这份计划书，是与被俘的魏王魏豹一道由专使送到荥阳刘邦军大营的。关于这份计划的内容，史书的记载非常简单，《史记》没有记载，《汉书》不过寥寥数语[1]。但是，从以后的历史来看，这份计划书可以说是韩信继"汉中对"以后提出的另一个重要的战略计划，堪称断项羽右臂的计划。这个重要的计划，可以说是彭城大败以后，楚汉战场的形势能够得到根本逆转的关键，刘邦与项羽之间长期势均力敌的对峙，其最后的胜负，将取决于韩信开辟北方战场的结果[2]。

刘邦与张良等谋臣协商以后，同意了韩信开辟北方战场的请求，同时，刘邦指派了一位重要的人物与韩信同行，共同执行这项计划。这位重要的人物，就是张耳。

当时，赵国的首都在信都（今河北邢台）。汉二年十月，陈馀得到田荣的援助，击败张耳，从代县（今河北蔚县）迎回了被项羽徙封为代王的赵歇，重新拥立为赵王。赵王赵歇为了感谢陈馀，封陈馀为代王，定都代县，领有雁门郡和代郡。陈馀以为赵歇势单力薄，难以单独支撑国事，于是任命部下夏说为代国相国，全权代理政务，自己留在赵歇身边出任赵国丞相，辅佐赵歇重建赵国。

汉三年后九月，韩信与张耳统领数万汉军进攻代国，战事非常顺利。夏说战败被俘，汉军占领了雁门，控制了代郡。消灭代

---

[1]《汉书·韩信传》记载说：韩信俘虏魏豹后，"使人请汉王，'愿益兵三万人，臣请以北举燕、赵，东击齐，南绝楚之粮道，西与大王会于荥阳'。"《汉书·高帝纪》记载此事说："信使人请兵三万人，愿以北举燕赵，东击齐，南绝楚粮道。"

[2] 从楚汉战争以后的进程来看，基本上按照韩信的这个计划进行。只是，因为刘邦不断地抽调韩信军南下支援荥阳，而深入楚国后方、破楚粮道的任务，交由刘贾和卢绾配合彭越进行，详见本书第四章之七"刘贾、卢绾开辟敌后战场"。由于该计划事关重大，我根据当时的形势作了阐述。

军主力以后，韩信和张耳引军回到太原郡，将大军屯驻在井陉道西口一带（今山西平定西），准备大出井陉道攻击赵国。

赵歇的赵国，主要领土有恒山、邯郸、巨鹿三郡，都在华北平原上，与韩信军刚刚攻占的太原郡和上党郡之间，隔了太行山。古往今来，华北平原和山西盆地之间，依靠穿越太行山的山道连接，著名的有所谓"太行八陉"，也就是八条重要的通道，井陉道就是其中最为有名的一条[1]。在秦汉时代，井陉道是由山西穿越太行山进入华北平原的主要通道，公元前229年秦将王翦灭赵，北路大军就是出井陉道直趋邯郸的[2]，二十五年后的韩信，似乎要再一次重演历史。

消息传到赵国，赵歇与陈馀统领赵军主力屯驻井陉道东口一带（今河北鹿泉东），号称二十万众，以逸待劳，准备在韩信军出井陉口时一举将其歼灭。不过，历史究竟将如何演变，尚在未知当中。

陈馀的部下，广武君李左车足智多谋，他向陈馀建议说："听说汉将韩信东渡黄河，先俘虏魏王魏豹，后活捉代相夏说，又刚刚血洗了阏与（今山西和顺县），如今更得到张耳的协助，准备攻取赵国。这是乘胜离开本土远征，难以阻挡的军锋势头。

"臣下听说，千里运送粮食，士兵难免有饥饿之色，临时打柴烧饭，不能保证军队有饱饭之食。如今的井陉道，战车不能两辆并行，骑兵不能排列前进，大军行进，前后绵延数十百里，粮草辎重，必定在最后。请求足下调拨三万军队与我作为奇兵，由侧

---

[1] 太行八陉为南四陉之轵关陉、太行陉、白陉、滏口陉，北四陉之井陉、飞狐陉、蒲阴陉、军都陉，参见李孝聪著《中国区域历史地理》第三章第二节之二 "秦晋交通与太行八陉"，北京大学出版社，2004年。
[2] 《史记·秦始皇本纪》："十八年，大兴兵攻赵，王翦将上地，下井陉。"

面的岔道袭击韩信军的辎重,足下则深沟高垒,坚守营寨不与韩信军正面交锋。如此一来,韩信军进不得斗,退不得还,后路被我所统领的奇兵截断,野外掠夺也抢不到给养,不出十天,韩信和张耳的头就将被送到足下的帐下。恳愿足下考虑我的意见,否则,反将被韩、张二人所擒获。"

陈馀是儒者,经常宣称仁义之师不用诈谋奇计。他回答李左车说:"我听兵法说,拥有十倍于敌的兵力就可以实施包围,拥有一倍于敌的兵力就可以交战。如今韩信军号称数万,其实不过数千人而已。胆敢千里跋涉偷袭我国,已经是精疲力竭。在这种形势下,如果回避作战而不加以痛击,今后若有更大的敌军来犯,我们将如何应对?完全可以想见,诸侯各国听说后,必定认为我赵国胆怯畏战,从此以后,轻起战端进犯我国的事情,怕是会频繁多发。"

陈馀听不进李左车的话,不用他的计策。

七　背水之战

孙子说:"知己知彼,百战不殆。"何以知敌?最重要的方法,就是使用各种间谍。韩信屯兵井陉道西口[1],各类间谍,早早地已经深入赵国,打探消息。陈馀迂腐轻敌,不用李左车计策的消息,也传到了韩信军中,韩信大喜,放心部署军队进入井陉道。

到了距离井陉道东口还有三十里的地方[2],韩信下令停止进军,

---

[1] 井陉道西口,在今山西平定县旧关一带。
[2] 今天的井陉道东口,在河北鹿泉市土门关一带。当时的东口,应在今井陉县威州镇一带,说见本章之八"井陉访古寻战场"。

井陉古道（之一）

青石岭一带，井陉北道尚有遗存，方形石块铺砌修成的山岭坡道，地势险峻，路狭窄处宽不过3米，堪称"车不得方轨，骑不得成列"。

井陉古道（之二）

井陉北道穿越青石岭村而去，村东尚有阁楼，已经残破，古道断壁旧屋，处处弥漫着历史的沧桑。

筑营就食，让将士们早早休息。半夜，下令起营整军，偃旗息鼓，秘密开拔，迅速向前推进。同时，选拔两千骑士，组成一支轻锐的奇兵，每人发给汉军的红旗一面，命令他们抢先通过井陉道，逼近东道口前，折入间道进入到道口近处的山冈上，用草木枝叶作掩护埋伏起来。韩信命令骑兵队的领军将领说："明日交战，我军将会退走。赵军以为我军败退，一定会倾巢出动，追击我军。这时候，你等统领部下迅速攻入赵军的营垒，将赵军的旗帜拔掉，换上汉军的红旗。待赵军动摇败退时，再从背后施以攻击。"

部署完毕，韩信命令副将传令军中开饭，附带下达通知，今日击破赵军以后，韩将军将大摆酒肉盛宴庆功，款待全军将士。韩信的部署奇异而诡秘，庆功大宴的话更是不着边际。诸位将士都觉得难以置信，虽然表面应付"遵令"，实则心中都在打鼓。

韩信看破了部下的心思，又对部下们说："赵军已经抢先占领了有利地形，修筑了营垒，以逸待劳，志在全歼我军。所以，赵军如果见不到我的大将旗帜和鼓车，是不会率先攻击我军前队的，因为他们不愿看到我军遭遇险阻而撤退。"于是下令前军万人乘夜先行出井陉口。

绵蔓水自南而北流经井陉口外[1]，赵军大营在水东。汉军出井陉口的动向，赵军已经察觉。不过，正如韩信所意料的，赵军并未在汉军前军出井陉口时开营攻击，而是静观放行，等待韩信大将旗鼓出井陉口后一举全歼。汉军前军抵达绵蔓水后，并未在水西筑营布阵，而是匆匆渡过绵蔓水，在绵蔓水东岸背水向赵军营垒摆开了会战的阵势。陈馀带领部下将领一直在营垒壁上严密监

---

[1] 绵蔓水，就是今天的绵河。源出山西平定县，娘子关以上称桃河，过了娘子关称绵河，流入井陉县与甘陶河汇合后称冶河，北流进入今平山县，汇入滹沱河。

视汉军的动向,当他们看到汉军前军竟然犯下兵家大忌,摆下背水之阵而自断退路时,都忍不住哈哈大笑起来[1]。陈馀益发轻视韩信,坚定了务必等待一举全歼韩信军的信念。

黎明时分,韩信大张大将的旗帜,车行击鼓,大摇大摆地统领中军出了井陉口,渡过绵蔓水,越过前军军阵,直接向赵军营垒开拔过来,列阵求战。韩信军的动向,正中陈馀的下怀。严阵以待的赵军,早已经做好了出击的准备。陈馀一声令下,蓄势待发的赵军出营向汉军发起了猛烈的攻击。

两军大战良久,在赵军优势兵力的攻击下,汉军开始后退,旗帜和鼓车都被放弃。汉军且战且退,一直退到绵蔓水边,布阵于此的汉军前军开阵将撤退的中军迎入,前行迎击追赶过来的赵军,又是一番苦战。相持对战中,留守大营的赵军看到汉军溃退,大量旗帜鼓车被遗弃,以为胜负已定,于是开营出动,一方面夺取旗鼓等战利品,一方面支援赵军主力追击汉军。

埋伏在井陉口外山冈后的两千汉军骑兵,一直密切注视着战场和赵军大营的动向。待到赵军留守部队开营出动以后,迅速扑出,一举偷袭赵军空营成功,马上按照韩信的指令,将赵军旗帜悉数拔掉,换上汉军旗帜。

背水列阵的汉军,在韩信和张耳的统领下迎击赵军,因为断了退路,人人拼死作战。占数量优势的赵军,在死战不退的汉军面前,军心开始浮动。陈馀见汉军的数量和战斗力都远远超出预想[2],一举全歼汉军的意图难以实现,下令停止攻击,整军列阵,

---

[1] 《汉书·韩信传》王先谦《补注》引沈钦韩曰:"《尉缭子·天官篇》'背水阵为绝地,向坂阵为废军。'陈馀知兵法,故赵军笑其阵也。"
[2] 井陉关之战,韩信军的数量在五六万人。想来,其增兵三万人的计划,当为隐秘进行不为赵国所知,造成了陈馀低估汉军的错误。

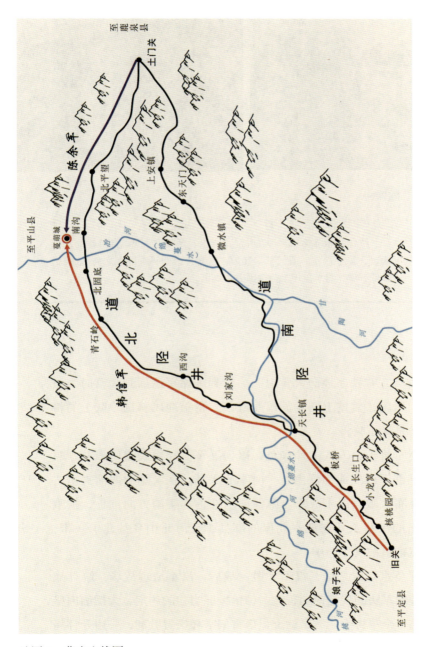

地图 3 背水之战图

陈馀墓、陈馀祠

陈馀墓和陈馀祠，都在井陉南道上，是难得一见的与陈馀有关的遗址，堪称珍贵。清代墓碑文为"赵守将白面将军陈馀之墓"，惋惜陈馀好儒，将军盔甲难掩白面书生本色。

鸣金收兵，有秩序地向大营退去。待到陈馀军退回到大营时，只见营门紧闭，营壁上两千面汉军红旗，猎猎迎风飘扬，壁上的将军，乃是汉军骑将。

赵军将士，人人大惊失色，以为汉军已经偷袭赵国成功，赵王及其部下已经成为俘虏，一时军心大乱。在汉军的两面夹击之下，赵军大败，溃不成军。陈馀向南往首都襄国方向逃亡，被乘胜追击的汉军杀死在泜水北岸的鄗县（今河北柏乡县北）一带，赵王赵歇也被汉军俘虏。

绵蔓水背水之战，汉军大胜。战后，汉军清理战场，统计战果，按照军法的规定论功行赏。韩信按照当初的约定，大摆酒肉盛宴，犒劳全军将士。酒席筵上，部将们举杯庆贺胜利，一边开怀痛饮，一边叙说战况，开战之初心中打鼓不安的几位将领，不约而同地起身礼拜韩信说："赖将军神机妙算，致使我军大获全胜。不过，有一事臣等至今弄不明白，还望将军教示。兵法上说，安营布阵，右边和背后靠山，前面和左边临水。这次作战，将军反而命令臣等背水列阵，还说：'击破赵军后大宴聚餐。'当时，臣等心里实在是不敢信服。然而，结果竟然是因此获胜，这究竟是什么战术？"

韩信难得一笑，回答说："这是兵法上有的战术，只是诸君没有注意罢了。兵法上不是说：'陷之死地而后生，置之亡地而后存'吗？这次我所统领的军队，并非由我一手训练和调教出来的军队，指挥这样的军队作战，类似于所谓驱赶市街平民作战，在这种情况下，非得将士兵们置之于死地，让他们人人为自己的生存而死战不可。如果按照兵法常规，将他们安置在有安全退路的地方，战况一旦不利，势必动摇逃走，怎么还可以用来取得作战的胜利呢？"

一番话下来，诸位将领人人心悦诚服，齐声回应道："服了。将军的谋略，不是臣等能够企及的。"

汉军出动之前，韩信曾经传令军中，不得斩杀广武君李左车，有能够生擒李左车者赏赐千金。战斗结束，有将士擒获了李左车，五花大绑押送到韩信帐前来。韩信当即下令松绑，让出自己的坐席，请李左车坐西向东就上座，自己坐东向西陪下座，待以师长之礼，虚心求教说："我有意乘胜北上攻打燕国，东去讨伐齐国，以先生之明察睿智，怎样才能取得成功？"

李左车推辞道："臣下听说过，败军之将，不可以言勇，亡国之人，不可以图存。如今的臣下，不过是一军败国亡的俘虏，哪里有资格商议大事？"

韩信说："我听说过，百里奚在虞国而虞国灭亡，百里奚在秦国而秦国称霸，并不是百里奚在虞国愚蠢而在秦国贤明，在于虞国不用而秦国重用他的缘故。如果陈馀听从了您的计策，我韩信怕是已经成了俘虏。正因为陈馀不用您，我今天才能侍奉求教于您。"

韩信坚决而固执地求教说："我诚心诚意地想要听取您的意见，请您务必不要推辞。"

李左车为韩信的诚意所动，回答道："臣下听说，智者千虑，必有一失，愚者千虑，必有一得。所以说，即使是狂人之言，圣人也有选择的余地。臣下的意见未必可用，只是输诚奉献愚忠而已。"

表明了自己的心迹以后，李左车接着说道："成安君有百战百胜的计策，因一时的失算，军败鄗城，身死泜水。如今将军渡过黄河，俘虏魏王魏豹，兵及阏与，擒获代相夏说，又一举而出井陉口，不到上午结束就击败二十万赵军，诛杀成安君。真是名闻海内，威震天下，就连细民农夫都人人震恐，放下农具，停止耕作，暖衣饱食，得过且过，一心要等到将军的命令落定以后才敢有所行动。这些，都是将军的有利之处。

"然而，连续大战之后，百姓劳苦，士卒疲惫，实在是难以为继。如今将军倘若统领疲惫之师，屯军于坚守的燕国城池之下，欲速战不得，恐怕旷日持久也不能攻克，一旦不利的形势出现，军威气势必然削弱，一旦时间拖长，粮食必然短缺，难免陷入进退维谷的窘境。如此一来，弱小的燕国不能降服，齐国必定据境坚守。如果燕国和齐国都不肯降服，刘邦和项羽之间的争战就难以分辨胜负。这些，都是将军的不利之处。"

李左车分析了韩信的长处和短处之后，进一步提出了自己的意见。他说："臣下以为，将军北攻燕、东攻齐的强攻之策是一种失策，因为善于用兵的人，不会用自己的短处去攻击对方的长处，而是用自己的长处去攻击对方的短处。"

韩信一直用心倾听李左车的话，这时候，他插话问道："那该怎么做呢？"

李左车回答道："如今为将军谋划，不如暂时按兵不动，休整士卒，安定赵国，抚恤遗孤，从方圆百里之内，征集牛羊酒食，日日犒劳将士。在养精蓄锐的同时，摆出大军北上攻燕的架势。然后呢，派遣说客奉书信前往燕国，显示汉军的强势，张扬我方的长处，如此行事下来，燕国必定不敢不听从。燕国降服以后，再派遣辩士前往齐国劝降，齐国也一定会随流顺风而降服。"

韩信赞赏地说道："好。"当即接受了李左车的计策。

于是，韩信派遣使者前往燕国劝降，燕国接受了，完全如李左车所料。

韩信又派遣使者前往荥阳去见刘邦，汇报顺利攻克赵国的结果，请求立张耳为赵王以镇抚赵国，刘邦同意，正式下令册立张耳为赵王。

八 井陉访古寻战场

我读古今中外名将的传记事迹，深感他们对于地理地图的沉迷关注，几乎到了入神的境地。《孙子兵法》说："地形者，兵之助也。……知此而用战者必胜，不知此而用战者必败。"精辟阐述了地理对于战争胜负的重要。同样的道理，复活古代战事的关键，也在深入实地。

去井陉关前，我已经写完背水之战。复活这一场名垂青史的战事，唯一的依据是《史记·淮阴侯列传》。不过，《淮阴侯列传》的相关记事，是历史故事而不是战事记录，多是后战国时代游士们的传闻美谈，不可不信，也不可全信[1]。

最令人困惑的是，这些历史故事有太多的文学色彩，描写人物栩栩如生，音容笑貌如在眼前，叙述战事则简略含混，多半复原不了。太史公太浪漫，著《史记》没有《地理志》，千百年流传下来，《史记》中交通路线、地名地理的错乱比比皆是。特别是重大战争中的行军路线和作战地点，不少成了千古之谜，笔墨官司一直打到今天。

据《史记》的记载，韩信和张耳攻占太原以后，准备统领数万汉军"东下井陉"攻击赵国，赵王赵歇与丞相陈馀得知这一消息后，"聚兵井陉口，号称二十万"，这是战前的形势。据此复原汉军，韩信领军由太原东去，集结在今山西平定县，由此继续往东进入井陉道。关于此事，古往今来，没有异议，因为井陉道的西口，在平定县旧关一带，正是韩信军东下井陉的入口。

但据此复原赵军，问题就来了。井陉关的东口，在今河北省鹿泉县土门关一带，陈馀军的主力，不可能驻扎在这里，因为土门关距离背水之战的战场绵蔓水太远，中间又隔了山，根本望不见。合理地推想，赵军本土作战，井陉关沿途设防，陈馀统领赵军主力，由土门关沿井陉道西进，进入到绵蔓水东岸某关口处驻军设防，占据有利地形，以逸待劳，准备一举歼灭沿井陉道而来的韩信军。

进一步推想，陈馀军的驻守处，应当距离绵蔓水不远，有城

---

[1]《史记》成"一家之言"，是带有浓厚的战国秦汉子学特点的史书，这是与二十四史中其他史书的最大不同之处。对于《史记》中的历史故事，需要做真伪虚实的鉴定，重新确认其可信度。关于这一点，可以参见笔者的两篇论文：《论〈史记〉叙事中的口述传承——司马迁与樊他广和杨敞》，刊于《周秦汉唐文化研究》第四辑，2006年；《解构〈史记·秦始皇本纪〉——兼论3＋N的历史学知识构成》，刊于《史学集刊》2012年第4期。

壁营垒，可以望见韩信军的背水之阵。陈馀军的驻守地与绵蔓水之间的开阔地，应当就是背水之战的战场。看来，复活背水之战的关键，就是找到陈馀军驻守的地点。

2012年6月，我随历史到井陉关一带访古。行前再次熟读文献，查阅古今地图，搜索百度文库，用谷歌卫星图定位追踪，心中大致有了想法路线，宛若在电脑上将战事推演了一番，只待实地目测证明，身临其境复活。

于是驾车出北京，走京港澳高速到石家庄不停留，经过鹿泉市，走省道县道，沿绵河西去到娘子关。今天的绵河就是古代的绵蔓水，源出山西平定县，娘子关以上称桃河，过了娘子关称绵河，流入井陉县与甘陶河汇合后称冶河，北流进入今平山县，汇入滹沱河。娘子关扼守绵河河谷，关势险要，是一处有名的古关古战场，不过，时代要晚得多，大概是在隋唐以后。清代学者王先谦以为背水之战发生在这一带，当是没有根据的臆测[1]，关前的桃河河谷，狭小促窄，大军摆不开无法作战，亲历实地一目了然。

由娘子关去旧关，是井陉道的西口，如今已经没有遗址关城，只有地名尚存。由旧关走307号国道去井陉县，大体沿袭了古今井陉道的路径，经过核桃园、小龙窝、长生口、板桥、天长镇，一直到今天井陉县城所在的微水镇，背水之战的地点，被定在这里。实地考察前，我也作如是观。

到了县城，经文管所杜鲜明所长介绍，方知由天长镇开始，井陉道有南北两条，南道由天长镇沿绵河河谷东去，渡过冶水，穿越微水镇经过东天门、上安镇，进入鹿泉市到土门关，有名的秦皇古驿道，就定在这一线。因为东天门关城遗址和车辙保存完

---

[1]《汉书·韩信传》王先谦《补注》。

背水战场

2012年6月,我到井陉关一带访古。几经反复曲折,终于在威州古城下的冶水河畔,找到背水之战的古战场。冶水河岸绿树成荫,流水清澈,是灵气弥漫的好去处,使我想起淮阴水乡。韩信生于水乡淮阴,地灵人杰,用兵最善于借助水势河道。

好，已经开辟为观光点。不过，这条井陉南道，开通于明朝万历年间，并未发现有更早的遗迹。

井陉北道，也由天长镇起，渡过绵河，北上经刘家沟进入矿区，走西沟、青石岭，抵达北固底渡冶河，东去经过威州镇南的南沟、北平望，进入鹿泉市到土门关。井陉县内，战国秦汉的古代遗址，都集中在这一线。这一条道路，才是战国秦汉以来的井陉古道。威州镇北岸村北，有威州古城遗址，筑成于战国时代，是中山王国南部镇守井陉道的要塞，古称蔓葭城，在赵国与中山国的多次战争中，这里都是战场[1]。

真是闻所未闻，眼界大开。当即决定走井陉北道去威州镇，隐隐约约有预感，背水之战的战场，或许就在威州古城一带？

于是去青石岭，井陉古道尚有遗存，方形石块铺砌修成的山岭坡道，地势险峻，路狭窄处宽不过3米，堪称"车不得方轨，骑不得成列"。道路穿越青石岭村而去，村东尚有阁楼，已经残破，古老的民居处处弥漫着历史的沧桑。又去威州北岸村古墓地，秦砖汉瓦随处可见。临近的威州古城遗址上已经建有工厂，只能在外观望地势大要而已。

威州古城遗址在冶河（即绵蔓水）东岸，不但控制着出井陉道北上通往中山国（今平山县）的要道，也是扼守出井陉道东去通往赵国（今鹿泉）的要塞，可谓是古井陉道东边最重要的关口，陈馀军的驻地，应当就在这一带。威州古城与冶河之间距离不过

---

[1] 井陉考察，我与北大历史系丁一川先生结伴同行，共享实地考察的苦乐。考察承蒙河北考古所任亚山先生关照，当地得到杜鲜明所长教示引导，得以拨开多年障眼的迷雾。回北京后，杜所长寄来《井陉历史文化·文物古迹卷》（政协井陉县委员会编，新华出版社，2005年）之相关材料，进而得以从文献上加以确认。谨在此对任亚山和杜鲜明先生表示感谢。

两公里，地势开阔平坦，正是一处可以摆开阵势决战的古战场。于是遥想当年，站在威州城头的赵军将领，望见背水列阵的韩信军，禁不住哈哈大笑起来……

到冶水河边，绿树成荫，水流清澈，使我想起淮阴水乡。韩信生于淮阴，地灵人杰，用兵最善于借助水势河道。他心细胆大，用间谍了解敌情，遣斥候探查地形，切切实实地掌握了陈馀军的动向后，用正面死战和背后偷袭的方式放手搏击，取得了意想不到的大胜。

这些年来，我为了复活历史，不时亲历历史现场。脚行当下，思绪穿越到远古，古今交错之间，常常得到意想不到的收获。这次我追随韩信足迹，重走井陉道寻往事访故迹，几经反复曲折，终于在威州古城下的冶水河畔，找到背水之战的古战场，摄影写真为历史留念存像，笔录记述成一家之言，抛砖引玉以吸引后来的行者。

第四章

荥阳对峙

一 荥阳对峙的概观

项羽与刘邦在荥阳地区的对峙,旷日持久,头绪纷繁,史书中分散在不同篇章的交错记载,更使读史者看得眼花缭乱,往往有抓不住头绪之感。于是我首先以提纲挈领的方式,对楚汉相持的整个战事做鸟瞰式的概述,便于读者有一大致的方向感。

二 陈平受谗

刘邦为了有效地监督和控制手下一批居功自傲、桀骜不驯的资深将领们,需要一位与这批功臣宿将没有任何关系,完全效忠于自己的机灵人。陈平的出现,刚好适应了刘邦的需要。

三 张良反对分封六国后人

张良说,如果复兴六国,分封韩、魏、燕、赵、齐、楚的王室后裔为王,天下的游士们将回归故乡,效力于故国君王,与亲人团聚,与故旧相依,守护祖先的坟茔而安土重居。如此一来,大王还能与谁一道夺取天下?

四 离间楚国的真相

陈平对于楚国政权内部两大政治势力的分布和对立,对于项羽、项伯和范增的个性、为人了如指掌,他所制定的离间之策,就是在支撑楚国政权的两大政治势力之间制造不信,收买项伯,中伤范增,惑乱项羽,最终将范增排挤出局。

五 范增之死

项羽不听范增的劝谏,一意孤行杀死义帝,其背后的用心,是要以项氏取代熊氏入主楚国,完成楚国正统的交替。这一行动，不仅是项羽的个人意愿，更合于项氏家族的整体利益。从政治上希望保全义帝的范增，由此与项羽和项氏家族陷入难以调和的对立，终于被离间出局。

六　争夺荥阳

汉王投降的消息在围城的楚军中传递开来，早就希望结束战争的数十万楚军将士人人欢呼雀跃，万岁万岁的呼喊声，一浪高过一浪，响彻云霄。四面围城的部队，纷纷奔走相告，不少人擅自跑到城东观望庆贺。包围荥阳城的楚军军阵，瞬间松懈开来。

七　刘贾、卢绾开辟敌后战场

刘邦接受了郑忠的建议，命令刘贾与卢绾，统领两万步兵和数百骑兵，由白马津渡过黄河，与彭越呼应配合，在楚国境内大规模展开游击战和破坏战。从此以后，项羽不但永久地失去了稳定的后方，而且经常性地陷于腹背受敌的境地。

八　郦食其说下齐国

郦食其的一生，是迂阔大言、落拓狂放的一生。他轻生死、外毁誉，不因一策之失而畏缩不前，始终前瞻建言而无所畏惧，可谓是英雄豪杰。如此计谋，时不免于脱逸；如此人生，终不免于鼎镬，都在情理当中。

九　项羽十大罪

项羽威胁要煮杀刘邦的父亲，刘邦高声答道："我与你项羽一道受命于怀王，结拜为兄弟，我的父亲就是你的老子，你一定要煮你的老子，也不要忘了分我一碗。"真是死猪不怕开水烫，早就连命都豁出去的人，还怕你打什么亲情牌。

一　荥阳对峙的概观

楚汉战争的相持阶段,南部战场以英布的短暂失败告终,北部战场以韩信的不断胜利展开,真正的拉锯对峙,始终在中部战场的荥阳一带。

项羽与刘邦在荥阳地区的这场对峙,不但旷日持久,恶战苦斗,而且反复曲折,头绪纷繁,史书中分散在不同篇章的交错记载,更使读史者看得眼花缭乱,往往有抓不住头绪之感。于是我在叙述这场战事之前,首先以提纲挈领的方式,做鸟瞰式的概述,便于读者有一大致的方向感,不至于一头陷进战事纷乱的泥潭。

大体说来,楚汉荥阳对峙,可以分为前后两期。

前期从汉二年六月,项羽乘彭城大战全胜之势追击刘邦到荥阳开始,直到汉三年六月项羽攻克荥阳为止,历时整整一年。在这一段时间中,楚军是主动进攻者,汉军是被动防守者,在荥阳正面战场上,项羽获得了胜利。

在这一段时间中,楚军的战略方针清晰而明确。项羽统领楚军主力,对荥阳地区实施正面突破,意图从三川道强行攻入关中,一举灭汉。与此同时,在黄河以北地区,联合齐、燕、赵、魏各国,从北翼牵制汉军,对于西南两面与汉国接壤的魏国,直接派遣项它领军前去协防助攻。在江淮地区,以坚定的盟友临江国为中心，依托衡山国和九江国，从南翼威胁汉国，项羽特别寄厚望于九江王英布，不断地遣使施压，意在迫使他积极参战，能够由南阳武关一线攻击汉国，开辟南部战场。

刘邦彭城惨败后，全线收缩，转入战略防御。刘邦防御战略的基本方针是，依托关中根据地和洛阳地区，构筑起多层次大纵深的坚固防线，全力阻止楚军东进[1]。第一道防线设在敖仓—荥阳—索亭—京县一带，以军事重镇荥阳为中心，以粮食储备基地敖仓为后勤，在黄河南岸山地间的狭窄通道上囤积重兵，修筑要塞壁垒，扼守从关东通向关中的大道——三川道。第二道防线依托洛阳地区，在巩县—成皋一带屯兵，构筑要塞壁垒，既作为第一道防线的后卫，也作为第一道防线被攻破后的预备。第三道防线以关中地区为依托，以进出关中的大门函谷关为中心，屯兵防守，作为第二道防线被突破、洛阳地区失守后的预备。

在南部和北部两个战区，刘邦最初都是采取守势，他派遣使者争取魏王魏豹和九江王英布，力图通过外交手段化敌为友。同时，指使彭越在楚国地区骚扰破坏，从后面牵制项羽。

经过一年时间的反复争斗，项羽在中部正面战场获得了全面胜利，先后攻占了敖仓、成皋和荥阳，突破了汉军的第一道防线。不过，在南部战场，因为英布反楚从汉，不但由南阳武关攻击汉国的意图瓦解，还因为被迫派遣重兵镇压，反而拖累了中部战场。在北部战场，因为韩信军迅速攻占了魏国和赵国，楚由河西、河北威胁汉国的意图全面瓦解，反而面临汉军渡过黄河南下攻击荥阳，东去攻击楚国和齐国的威胁。至于楚国的后方，因为受到

---

[1] 参见陈梧桐、李德龙、刘曙光：《西汉军事史》第一章第四节之二"项羽在正面战场的进攻和刘邦的防守"，《中国军事史》第五卷，军事科学出版社，1998年。

彭越的游击骚扰,始终在不安宁中,项羽不得不亲自回师扫荡。

后期从汉三年七月楚军被阻止于巩县开始,到四年九月楚汉和议为止,经历了一年零两个月。在这一段时间,汉军在北部战场获得了全面胜利,又成功开辟了敌后战场,在正面战场上,汉军由被动防守转入主动进攻,逐渐夺取了战场的主动权。相反,正面战场上乘胜西进的项羽军主力,因为受北部和背后不利战事的牵制,被阻止在巩县不能前进,逐渐丧失了主动权,被迫转入防御,不得不接受停战议和的协议。

具体说来,敖仓、荥阳、成皋失守后,汉军撤退到洛阳地区,死守巩县,力图将楚军阻止在第二道防线前。逃出成皋的刘邦渡过黄河,撤退到河内郡修武一带接管了韩信军,做渡河南下夺回荥阳地区的态势,吸引项羽分兵北防,减少了巩县防线的压力。与此同时,刘邦派遣刘贾、卢绾统领两万军队由白马津渡过黄河进入楚国东郡地区,协助长期活跃在这一带的彭越军,开辟了敌后战场,从背后拖住项羽。这样,刘邦通过西堵、北引、后拖的战略,终于成功地将楚军阻止在巩县一带。

另一方面,楚军通过强攻硬战突破汉军的第一道防线——荥阳防线后,开始攻击汉军的第二道防线——巩县防线,这个时候,由于彭越、刘贾、卢绾军在楚国后方展开了大规模的破坏性攻击,迫使项羽再次亲自率领楚军主力回师扫荡,不得不停止对于巩县的攻击,在成皋—荥阳一带转入防守。结果被趁机渡河南下的刘邦攻占了成皋和敖仓,荥阳也被围困。待到项羽解除了彭越等人的威胁,回到荥阳后,刘邦军转入全面防守,坚守不战,楚军再次在荥阳地区陷入与汉军对峙的胶着状态。不过,这一次的对峙焦点,向北移动到黄河南岸的广武涧一带。

改变均势、打破对峙的关键是韩信进军齐国,项羽派遣大将龙且统领楚军主力之一部北上救齐，严重地削弱了楚军在正面战场的力量，待到龙且军被韩信歼灭后，楚军不仅在荥阳地区的正面战场上失去了攻击力量，而且首都彭城地区空虚，随时有被韩信一举攻克的危险。至此，楚国的战略优势已经完全丧失殆尽，前方军少粮乏，后方飘摇不安，完全处于被动挨打的境地，不但已经无力攻击眼前的刘邦，一旦韩信军南下西进，就可能被围歼。

正是在这个不利的形势之下，项羽不得不低下头，派遣使者前往齐国劝说韩信保持中立，希望三分天下。当韩信拒绝了项羽的提案以后，项羽自知已经不可能取得战争的胜利，不得不接受了刘邦提出的休战议和的提案。

二　陈平受谗

彭城大败，陈平随同刘邦一道撤退到荥阳，被刘邦任命为亚将，派遣到韩王信军中作参谋长，屯驻于荥阳北边的军事要塞广武。陈平由汉军的护军都尉出任韩军的亚将，从官职上看是提升了，但是，离开刘邦来到韩王信身边，则是离开了中枢来到了边缘，远离了权力中心，是大大地失落了。

陈平是绝顶聪明的人，他知道有人在刘邦耳边谗言使坏，更知道如果失去了刘邦的个人信任和支持，自己不但将无立锥之地，甚至有可能遭遇不测。陈平默默地顺从刘邦的命令，来到韩王信军中任职，不过，他始终与魏无知保持紧密的联系，通过魏无知将敌我双方的各种消息情报源源不断地传递给刘邦，耐心地等待刘邦的反应。

果不其然，陈平离任以后，刘邦找不到合适的人选来接任护军都尉的棘手工作。这个时候，陈平送来的各种消息情报，不断地提醒刘邦，对于自己来说，陈平是不可取代的必要存在。于是，刘邦决定再次将陈平调回自己身边，恢复他护军都尉的旧职。

陈平其人，与刘邦集团渊源甚浅，又无攻城野战之功，在讲究资历和战功的刘邦集团中，始终被功臣宿将们视为玩弄聪明的无节小人。刘邦是识人用人的天才，他第一次同陈平交谈后，就看出陈平机巧聪明、足智多谋而善于察言观色，将会完全秉承自己的个人意思行事。他任用陈平为护军都尉，一方面是看重他长期在项羽身边从事情报工作，对于楚军内部的情况有透彻的了解，可以用他对楚国行间。另一方面，刘邦为了有效地监督和控制手下一批居功自傲、桀骜不驯的资深将领们，正需要一位与这批功臣宿将没有任何关系，完全效忠于自己的机灵人。陈平的出现，刚好适应了刘邦的需要。

陈平被任命为护军都尉时，军中哗然，是他招惹的第一阵逆风，将领们看不起陈平，刚刚弃楚归汉参加革命的小子，哪有资格独掌机要，在我等老革命头上指手画脚。陈平出任护军都尉后，掌管情报机构对敌国用间，诸将们掉二话的人不多，但是，他通过派驻各军的护军校尉监督各军将领，[1]打小报告通风报信，必然引起将领们的不满。彭城大战，汉军完全未能掌握项羽绕道奇袭的动向，导致惨败。事后追究责任，本来就心怀不满的诸将们，自然对陈平大进谗言，是指向他的第二阵逆风。风势不小，弄得刘邦也只好将他调离身边，发派到韩国军中去避避风头。

---

[1] 汉代军中设有护军校尉，隶属于护军中尉和护军都尉，为具体到各军执行监军的官员。关于陈平出任护军中尉，成为汉军情报头目的事情，参见本书第二章之五"古代的克格勃"。

如今，刘邦又回心转意，要再次恢复陈平护军都尉的官职，当然地招来了第三阵逆风。这一次反对之风，领头的是功臣宿将中的少壮派们，因为他们的领军人物是后来封为绛侯的周勃和不久前出任骑兵将领的灌婴，所以史称"绛灌之属"[1]。

他们集体晋见刘邦说："陈平固然长得一表人才，是个美男子，但是，这种人不过是点缀在帽子上作装饰的玉块，中看不中用，未必有真东西。臣下们听说，陈平居家的时候，与嫂子私通；侍奉魏王不能相容，逃亡归顺楚国；归顺楚国后也不能相投，又跑来投靠汉国。大王尊宠陈平，任命他为护军都尉，监护我等诸将。我们听说，陈平在任期间，曾经接受被监护将领的贿赂，出钱多的有好报告，出钱少的报告就差。陈平这种人，是反复无常的乱臣，希望大王明察，不要被他的外表所蒙蔽。"

听周勃、灌婴等人这么一说，刘邦也觉得陈平是有问题，于是招来魏无知，指责他不应当推荐陈平这种人。

魏无知多年在刘邦身边，对刘邦的习性了解得透彻，他习以为常地听取刘邦的指责，待到刘邦的话说完，气也撒得差不多了，方才平静地回答道："臣下向大王推荐人才，注重的是才能，大王责问臣下的话，都是讲的德行。如今有德行高尚的人，守信如同古代的尾生[2]，至孝如同商代的孝己[3]，但是，对于战争的胜负毫无用处，大王能够任用吗？楚汉相争的当今，臣下向大王推荐计谋奇士，看重的是他的谋划是否有利于国家社稷，至于是否与嫂子私通，是否收取了金钱贿赂，又何必多去怀疑费心呢？"

---

[1] 史书中"绛灌之属"的意义，参见拙著《汉帝国的建立与刘邦集团——军功受益阶层研究》第六章第三节之三"贾谊左迁与新旧对立"。
[2] 尾生，古代讲信义的贤人，见《战国策·燕策》。
[3] 孝己，殷高宗武丁之子，以孝行著称，见《庄子·外物》。

听了魏无知的话，刘邦不得不承认有道理。不过，他依然不能完全消除心中对于陈平的疑虑，又将陈平招来，当面质问说："先生侍奉魏国不能相容，于是去了楚国；侍奉楚国不能相容，又来跟随我做事情，守信义的人难道是这样三心二意吗？"

陈平回答说："臣下侍奉魏王，魏王不能使用臣的计谋，所以去侍奉项王。项王不能任用外人，他所信任使用的，不是项氏一族就是妻家的亲戚，即使有计谋奇士，也不能信任，因此臣离开了楚国。臣下听说汉王能用人，所以前来归顺大王。臣下不名一文孤身而来，不接受金钱无以筹措费用，难以施展。如果臣下的策划有可以采用的地方，请大王采用；如果没有可用之处，所接受的金钱原封不动都在，请统统交还国库，也请大王恩准臣下归还故里。"

听了陈平的解释，刘邦释然，当即表示歉意，下令重金厚赏陈平，同时，颁布命令，任命陈平为护军中尉，干脆提拔他作了护军机构的正职，在自己身边全面负责汉王国情报部门的一切工作。

这样一折腾下来，部将们知道刘邦是铁了心要用陈平，从此没有人敢再多话了。

三　张良反对分封六国后人

汉三年（前204）十月，楚汉战争进入第三个年头，大将韩信与赵王张耳致力于安定赵国，抚慰燕国。齐国拒绝了韩信使者要求降服的要求，继续联合楚国抗拒汉国。得到齐国的支持，楚军的机动部队不时渡过黄河，支援陈馀军残部，攻击立足未稳的汉军，迫使韩信和张耳奔走往来应对，暂时无力他顾。

到了十二月，南方战场上传来了不利的消息，与楚军苦战数月之久的英布军，被楚将龙且和项声攻破，九江国首都六县陷落，英布的妻子儿女都被杀害，英布与随何一道抄小路逃亡到荥阳。

英布抵达荥阳时，马上得到刘邦的召见。英布万万没有想到，刘邦召见他的时候，竟然半靠在床边洗脚。英布勇冠三军，在诸将中最得项羽看重，与刘邦一道裂土封王，高傲自负，何曾受过这种羞辱，悔恨不该背楚归汉，当即打算自杀。出汉王府被引领到馆舍入住，眼前猛然一亮，馆舍的规模、器物的规格、随从的级别，完全同刚刚出来的汉王府一样，一看就知道是早就按照最高待遇专门准备好了的。阴沉的英布转而大喜过望，以为刘邦没有亏待自己。

先抑后扬，先辱后赏，类似见人劈头一阵奚落辱骂，然后好酒好肉款待，好言好语看重，是刘邦惯用的御人伎俩，往往用来收服孤高自负、桀骜不驯的人。相同的方法，他从前曾经用来对付过狂生郦食其，如今，他又用来对付冠军英布。刘邦的这一招，在鲜廉寡耻、重利轻礼的豪侠间，倒也是行之有效[1]。

英布没有了退路，决意死心塌地跟随刘邦。他派人前往九江收集旧部数千人，又得到刘邦的兵力补充，重新整编成军，随同刘邦一道在荥阳一带作战。

楚将龙且击败英布，平定了九江国后，北上荥阳与项羽会合。得到龙且军的支援，项羽军势大振，频频展开进攻，攻克了敖仓，夺取了汉军最重要的后勤基地，控制了黄河漕运，汉军的粮草供

---

[1] 刘邦用同样手法对付郦食其的事情，见拙著《秦崩》第七章之十一"收服郦氏兄弟"。对于刘邦集鲜廉寡耻、重利轻礼的习性，清代学者王鸣盛有精彩的论述，参见氏著《十七史商榷》卷二"汉惟利视"，中国书店，1987年。

应，开始出现匮乏。

被围困在荥阳的刘邦，见眼前的局势一天一天恶化，深深忧虑，急于寻求打开不利局面的良策。这一天，他再度与谋士郦食其商量如何削弱项羽势力的事情。郦食其进言道："从前商汤王讨伐夏桀王，分封夏朝的子孙于杞国。周武王讨伐商纣王，分封商朝的后代于宋国。如今秦朝丧失德行抛弃道义，侵占诸侯的国土，断绝六国的后嗣，使各国的王室后裔没有立锥之地。大王如果能够复兴六国，使六国后裔受印封王，六国的君臣百姓必定感戴大王的恩德，都会向风慕义，甘心俯首称臣。如此施行道义德行后，大王就可以南向称霸天下，楚国也必定整肃衣冠前来朝见大王了。"

俗话说，病急乱投医。身处逆境、苦无良策的刘邦，从郦食其的话中看到了一线希望。他采纳了郦食其的建议，当即决定说："好吧。那就马上制作六国印章，然后请先生携带前往各国按照计划行事。"

印章已经刻好，郦食其还没有出发，张良外出归来，到汉王府谒见刘邦。刘邦正在吃饭，他一见张良进来，迫不及待地远远招呼道："子房，子房，赶快坐过来！"

张良刚刚坐定，还在咀嚼下咽的刘邦已经把话说开来，一口气将郦食其谋划分封六国后裔削弱楚国的计策讲了出来，不过，刘邦没有说出郦食其的大名，只是称有人如此建议云云。话刚说完，刘邦就急切地征询张良的意见说：

"子房，你觉得如何？"

张良答道："是谁为大王策划这件事的？如此一来，大王的大业便毁了。"

刘邦惊异地问道："为什么？"

张良说："臣下请借用面前的筷子为大王筹算六国后人可否

分封。"

于是，张良拿起一把筷子，比画着说："商汤王讨伐夏桀王而封夏朝的后裔于杞国，是估量自己已经有足够的力量能够置夏桀王于死命。眼下大王能够置项羽于死命吗？"

刘邦答道："不能。"

张良放下一根筷子说："这是不可以分封的第一条理由。周武王讨伐商纣王而封商朝的后裔于宋国，是估量自己有充分的把握能够获取商纣王的头。眼下大王能够获取项羽的头吗？"

刘邦答道："不能。"

张良又放下一根筷子说："这是不可以分封的第二条理由。周武王进入殷商的都城，表彰智者商容的故里，释放被监禁的贤人箕子，为圣人比干的坟墓增土。眼下大王能够为圣人的坟墓增土，表彰贤者的故里，过智者之门而施礼致敬吗？"

刘邦答道："不能。"

张良又放下一根筷子说："这是不可以分封的第三条理由。武王克商后，曾经打开殷的钜桥粮仓和鹿台钱库，分发粮食和财物与贫苦百姓。眼下大王能够开府库、散粮钱与百姓吗？"

刘邦答道："不能。"

张良又放下一根筷子说："这是不可以分封的第四条理由。周灭商以后，废弃兵车，改为乘车，倒置干戈，用虎皮蒙盖，以此向天下宣示不再用兵打仗。眼下大王能够偃武修文，不再用兵打仗吗？"

刘邦答道："不能。"

张良又放下一根筷子说："这是不可以分封的第五条理由。周武王将战马放在华山的南面休息，用来宣示不再使用。眼下大王能够让战马休息不再使用吗？"

刘邦答道："不能。"

于是张良又放下一根筷子说："这是不可以分封的第六条理由。周武王将挽牛放在桃林寨的北面休息，用来宣示不再运送粮草辎重。眼下大王能够让挽牛休息不再搬运吗？"

刘邦答道："不能。"

张良再放下一根筷子说："这是不可以分封的第七条理由。"

话说到这里，张良语气转缓，继续说道："当今天下的游士们，与自己的亲人离散，抛弃祖上的坟墓，远离乡里故旧，前来跟随大王，日夜向往的，无非是要得到一块封赏之地而已。如果复兴六国，分封韩、魏、燕、赵、齐、楚的王室后裔为王，天下的游士们将回归故乡，效力于故国君王，与亲人团聚，与故旧相依，守护祖先的坟茔而安土重居。如此一来，大王还能与谁一道夺取天下？这是不可以分封的第八条理由。"

于是张良再放下一根筷子，然后将手中剩余的筷子一起放在八根筷子的那边，提高了语调说道："如今的天下，唯有楚国最为强大，如果六国再次屈服追随楚国，大王如何可以使唤得动他们？所以说，如果采用分封六国后人的建策，大王的事业定将烟消云散。"

从张良开始说话起，刘邦就一动不动地专注倾听，神情由惊诧而愤懑，除了口中含糊不清地吐出七八个"不能"以外，惊诧得几乎说不出话来。

待到张良停了下来，刘邦宛若从梦中惊醒，一口将尚未嚼烂下咽的食物吐了出来，高声骂道："臭儒生，几乎坏了老子的大事。"

省悟了的刘邦，马上下令销毁已经制作好的印章绶带，撤销分封六国王室后裔的计划。

我读史书到这里，不禁有所感叹。郦食其出身贫民，是狂生策士，他主张恢复六国，分封六国后人，重建六国王政，出于唯利是图、纵横捭阖的谋略，不难理解。然而，张良是贵族中的贵族，在他的身上，处处显现古来贵族社会的遗风，在他的血液里，积淀着古来贵族世家的血统。而正是张良，坚决地反对恢复六国王政，明确地拒绝贵族社会的复兴，他的思虑，毫无疑问出于对时局的准确把握，对取胜的周密算计，不过，在这些现实的考量之外，我还感受到一种脱出自我的超越。

回想韩国灭亡以后，张良一心要为韩国报仇，不惜散尽家产。刺杀秦始皇失败，他接受了黄石公书，恍然开启了智者的天聪。秦末乱起，他在投奔楚王的路上遇见刘邦，豁然有人世间找到归宿之感。他追随韩王成恢复韩国，始终打不开局面。他又回到刘邦军中，处处如鱼得水……可以想象得到，曲折的经历、冷酷的现实，已经使他认识到灭国不可再兴，绝世不可重继，古来的贵族社会已经如落花随流水永远地逝去了。他的聪慧，他的天听，已经使他预感到新的平民社会的到来，而刘邦就是这个新社会的旗手。

四　离间楚国的真相

楚汉对峙，到了汉三年四月，敖仓失守，刘邦被项羽围困在荥阳，形势愈发紧迫。刘邦请求议和，希望以荥阳为界，荥阳以西划归汉国，以东划归楚国。项羽在项伯的劝告下，有意接受。范增坚决反对说："已经到了彻底解决刘邦的时候了，如果现在放手不取，今后必定后悔。"项羽接受了范增的意见，拒绝了刘邦的请和，加紧了攻势。

窘急的刘邦，与陈平商量应对之策。陈平说："项王待人恭敬有礼,廉洁好礼的士人乐于依附归顺,不过,在论功行赏、封地赐爵方面,项王却过于悭吝看重,士人因此离开他。大王虽然傲慢而不讲礼节,在爵邑封赏上却能与部下慷慨共享,最能够聚集天下好利无节鲜廉寡耻之士。如果大王能够取长补短,夺取天下并不困难。"[1]

陈平这段话,是基于护军中尉的位置,从内监诸将、外间敌国的角度上讲的,他希望刘邦拿出更多的权益激励部下,也希望刘邦拿出更多的权益收买敌方。在得到刘邦的认同后,他正式向刘邦提出了离间楚国君臣的反间计。陈平对刘邦说:"楚国内部有可以为我所乱的地方。项王阵营中,忠直敢言、堪称栋梁的能臣,不过范增、钟离昧、龙且、周殷等数人而已。项王为人,多疑好嫉,易受谗言的影响。大王如果能够拿出数万斤黄金,用反间计离间项王君臣,使他们彼此疑心,必然会起内讧而自相残杀。我军乘乱举兵攻击,楚军必定可以被击破。"

刘邦表示赞同,拿出四万斤黄金交给陈平,任其自由使用,不问出入用途。

关于陈平如何使用反间计离间楚国君臣的事情,《史记·陈丞相世家》是这样记载的:陈平拿出大量的金钱在楚国收买内线,散布谣言,说是钟离昧等将领居功不满,因为裂土封王的愿望未能实现,有意与刘邦联手,消灭项氏重新分割天下云云,引起了项羽的疑心。这个时候,楚汉之间正在交涉议和。项羽的使者到了荥阳,刘邦用最高级别的礼仪亲自接见,用牛、羊、猪"三牲"

---

[1] 陈平对于楚汉双方的分析,见《史记·陈丞相世家》。他对项羽的看法,与韩信《汉中对》一致,因为他们都曾经在项羽身边供职,对敌情有深切的了解。不过,与韩信不同,陈平因为出任监军监视内情,对于刘邦集团"士之顽钝嗜利无耻者亦多归汉"的特点有更深一层的认识。

具备的太牢之宴加以款待。当"三牲"进呈上来的时候，刘邦突然故作惊奇地对使者说道："误会，误会，我以为是亚父（范增）的使者。"于是下令撤去太牢之宴，另用比较低劣规格的酒食招待使者。使者回国后，将事情向项羽汇报，项羽果然对范增大起疑心，终于导致范增辞职出走。

如果我们相信《史记》的记载，陈平所使用的反间计实在是初级而低劣，这种小学生水平的伎俩，竟然能够使项羽和范增内讧分裂，也实在是让人难以置信。明代学者陈懿典读《史记》到这里时说：陈平的这种伎俩，宛如老翁戏猴，"楚国的使臣和项羽只要稍微想一下，都只会哑然失笑"[1]。乾隆皇帝是久经战阵和玩弄权术的高手，读书到这里禁不住莞尔一笑说："陈平的这种计谋，用来骗三岁的小孩儿也不会相信，史书上却推崇为奇计而传之后世，可发一笑。"[2]

我们知道，司马迁撰写《史记》，常常从当时流传于世的战国秦汉故事中选取内容写入书中，刘邦换食的故事，就是其中之一。不过，这个故事信用度很低，也拙劣且不合情理，所以明白人一看就觉得好笑。根据我对这些战国秦汉故事的理解和再构筑，并结合当时楚汉双方内情来看，陈平的离间计，可能始终与收买项伯有关，应当是另一种景象。

项羽政权，主要依靠两种政治势力的支持。其一是项氏家族及其姻亲，历史上留下姓名的，有项伯、项庄、项它、项声、项冠、项悍等人，项梁死后，他们始终围绕在项羽左右，掌握军队

---

[1]《史记评林》引陈懿典曰："甫进太牢，忽更草具，其狙公之芧否？楚之使、楚之君试一思之，可不莞然一笑乎？"
[2]《史记笺注》引乾隆《通鉴辑览》曰："陈平此计乃欺三尺童未可保其必信者，史乃以为奇而世传之，可发一笑。"

和政权，是支撑项羽的核心力量。这批人，就是陈平为刘邦分析项羽任人唯亲时所说的"非诸项即妻之昆弟"[1]。项伯是项羽的叔父，项氏家族的族长，项梁死后，项伯成为项羽政权的第二号人物、项氏家族势力的代表，最为项羽所倚重和信任。

支撑项羽政权的另一政治势力，是长期随同项梁、项羽征战的各路楚军将领，可以举出姓名的，有范增、陈婴、龙且、钟离昧、周殷等人。这一批人，多出身于旧楚国地区，凭借个人的能力和功绩在楚国军队和政权中崛起，成为支撑项羽政权的栋梁，也就是陈平所说的项王的"骨鲠之臣"。这批人的代表，就是范增。

遗憾的是，项伯与范增的不和，由来已久。从鸿门宴开始，到分封刘邦为汉王，项伯一直袒护刘邦，处处掣肘范增，二人间的矛盾越来越尖锐。而项羽呢，年轻气盛，缺乏政治能力，也少有政治经验，他不能居中调和手下两位最主要的大臣间的矛盾，也未能处理好项伯和范增所代表的两种政治势力间的关系。他感情用事，在关键时候始终偏向于项氏家族，他自负军事天才，不能放权于他人，结果使有能力的外姓部下纷纷离去。

陈平由魏国归顺楚国，进入楚军指挥部负责军情参谋，对于楚国政权内部两大政治势力的分布和对立，对于项羽、项伯和范增的个性为人了如指掌，他所制定的离间之策，就是在支撑楚国政权的两大政治势力之间制造不信，收买项伯，中伤范增，惑乱项羽，最终将范增排挤出局。

陈平的离间之计究竟是如何施行的，因为事关机密，史书上

---

[1] 项羽的妻子是谁，史书没有记载，只记有一位虞姬，伴随项羽一生。根据虞姬的姓氏，我推断她可能是古代虞国王族的后裔，见本书第五章之七"垓下行"。关于虞姬家族的其他成员，秦汉古书中没有提到。此处的"妻之昆弟"，不是指项羽一人的婚姻之家，而是应当理解为诸项的诸多婚姻之家。

没有留下可靠的记载。不过，根据古来有识之士的推测来看，陈平的离间之计，确确实实激化了范增与项伯之间的矛盾[1]。范增明确认为，项伯重义贪财，眼光短浅，是深深蠕动于楚国政权中枢的蛀虫。

范增为此直截了当地警告项羽说："木蠹蛀蚀树表，这是浅蠹；蛀蚀树心，就是全蠹。臣下虽然浅薄不肖，也稍稍熟悉秦国的事情，了解秦国如何对六国施行离间之计的情况。

"多年以来，秦多次派遣间谍，携带大量金钱到六国，收买宠信之臣而对栋梁之臣施以谗言陷害，终于达成坐制天下的目的。在魏国，通过收买大将晋鄙的门客行间而迫使信陵君辞职。在赵国，先是收买丞相蔺相如的舍人行间而撤换老将廉颇，后来又收买赵王的宠臣郭开行间而诛杀大将李牧。在齐国，收买丞相后胜行间而使齐国放弃武备抵抗。

"回顾这些往事，可知秦国是何等的巧妙而六国是何等的拙劣。使用间谍，一方面是相当艰辛的努力，另一方面稍微掉以轻心，就会被间谍趁机而入。当然，也不是没有防范的办法，只要君王明察，减少对于幸臣的宠幸，离间之计就会被识破。不过而今眼下，如同项伯这样的人，身是骨肉至亲，位当枢要之任，日夜与君王休戚相处，旦暮为敌方行间说项，对于这种蛀蚀树心的全蠹，即使是英明的君王，怕也难以识破啊。"

范增是有洞见的贤明策士，他一方面希望项羽疏远项伯，另一方面也感到无能为力。他了解项羽，项羽毕竟是一年轻的武将，

---

[1] 这种看法的代表，首推苏东坡的《论项羽范增》，收于《苏轼文集》第一集，中华书局，1996年。王世贞也持同样的看法，与苏东坡不同的是，他不是用论文的形式，而是用叙述的形式表达了自己的意见。下面文中所叙述的范增警告项羽的话，都是依据王世贞《短长说》中的叙述，原文参见本书附录。

长于军事而短于政治，长于用力而短于用智，在长远的战略决策和复杂的人事选用上缺乏眼光，不能正确地决断。他清楚项羽，项羽是项氏楚国贵族的千里驹，他的纵横驰骋、上下起伏，都离不开项氏家族。成也项氏，败也项氏，或许就是项羽的宿命。

在陈平的秘密工作之下，项伯和范增间的矛盾益发尖锐，相互攻击不已。也是由于陈平的用间，项羽愈发倾向于项伯，加重了对范增的猜忌，开始削减范增的权力。心高气傲、恨铁不成钢的范增，终于积怨成怒，他怒不可遏地对项羽说："天下的事情已经大体有了定数，请君王自己看着办吧！臣下老衰，请恩准归老还乡。"

于是，范增向项羽递交了辞呈，离开了荥阳楚军大营。

五　范增之死

范增离开了荥阳楚军大营，回到了楚国首都彭城，始终烦躁不安，从瞬息万变、戎马倥偬的军旅生活中突然寂静下来，多年郁积的往事如同地震后从海底翻卷上来的浪潮，阵阵汹涌。范增感觉口干舌燥，内火中烧，渐渐不思饮食，只能进些粥汤。这一天，他不能入眠，半夜起来，彷徨不安心绪不宁，隐隐中有不祥的预感。于是范增斋戒沐浴，召唤卜师取来了占卜用的龟甲，亲自用水洗涤，凿孔，涂以蛋清，再放到火上灼烧，祈祷说：

"玉灵夫子，再拜灼烧玉身，神灵先知，唯神龟最信。范增虽然耄老年迈，岂敢忘记国家大事！眼下以惶恐之身有所问请。"

他首先为楚国占卜，问道："用兵之事，何时可以平息？"

占龟之兆，首仰足开，体相做外高内低状，形神交错紊乱。

范增默然，仰天长叹。

又占卜请问说："范增罹病，有无危险？"

占龟之兆，首俯足闭，体相做折断状，形神内外散乱。

范增看了兆相，神情惨然，他招呼卜师说："请向前来。"

卜师向前来，跪坐支起身子，沉心闭目，然后缓缓问道："在下愚钝，不敢请问天事，只敢以人事相问。君侯最初跟随武信君（项梁），曾经献策请求拥立何人？"

范增答道："拥立怀王。"

卜师问道："武信君败于雍王（章邯），君侯为何不预先告诫武信君？"

范增答道："我事前已经有所劝告，武信君轻敌自负，听不进去。况且，武信君败时，我随项羽在襄城作战。"

卜师又问道："项王擅自杀害卿子冠军宋义，君侯为何不加以阻止？"

范增愤然，急切说道："哪里的话！卿子冠军，不过是以口舌之幸成为大将，又多外心私通齐国。当时，楚军久留不进，师老兵疲，如果秦军攻灭赵国，更加强大，我军闻讯将会气馁而丧失斗志，结果必定失败。在如此生死存亡的紧急关头，除了项王还有谁能够安定楚国，统率楚军？"

卜师说："明白了。"继续问道："项王在新安坑杀秦军降卒二十万，君侯为什么不加以阻止？"

范增回答说："我固然是劝阻过，但是，项王也有他的不安，因为秦军降卒心有怨恨，已经有所预谋。六国的吏民，遭受秦人砍头、剖腹、断肢、破胃的暴行，他们复仇泄恨之心，也淤积了二百年之久。想当年，秦军曾经坑杀过四十万赵军降卒，新安之变，赵人最是不可忍。当时，项王意在惩罚首谋，忧虑的话才刚刚出口，将士们已经人人拔剑出鞘，没有人可以阻止得了。苍天有眼，如果认为诸侯们不可以处死二十万秦军，而处死四十万赵军的秦军还可以十世杀戮二百万诸侯军，我范增是不敢苟同的。"

卜师说："项王杀死子婴而焚烧秦王宫室，君侯为什么不加以劝阻？"

范增回答说："确是如此。秦王子婴，是秦的公子，能够宽赦不诛吗？想想看，我楚国的先君怀王被秦欺诈客死秦国，楚王负刍被秦俘虏幽闭而死，项王的祖父项燕和叔父项梁也都死于与秦军的战斗。再想想看，秦灭六国，诸侯王投降后谁能得以保全性命？子婴岂能不以死来偿还先祖的罪孽？秦的都城内外宫室遍布，朝宫巨大而不成体统，离宫都是仿造六国宫室，囚禁六国宫女，完全是用来炫耀秦国威风的建筑，诸侯们能够容忍其继续存在吗？灭秦诸侯各国，各自处理自己的恩怨，谁能加以阻止？"

卜师又问道："项王违背怀王之约而不把秦国封与汉王，君侯为什么不加以劝阻？"

范增答道："项王并非违约，而是计量功劳的结果。楚军出动之时，北上救赵难，因为要正面抗击秦军主力；西去入关易，因为是乘虚而入。假使刘邦与宋义一道北上救赵，想来当是项王攻入关中，秦亡于楚。而刘邦与宋义救赵必败，败而秦军进入彭城，楚也会亡于秦。紧要的是，刘邦进入关中以后，不回复成命而私自占领秦国，封闭函谷关阻止我军进入，这是率先违约，并非项王先违约。"

卜师又问道："那么，项王为什么不就势定都关中？"

范增答道："为了保存怀王之约，昭示楚与汉分置于不同的地方。况且，项王的亲信部下，没有一位秦人，都是楚国本乡本土的将士，谁能不思念故乡啊？"

卜师向前敬贺道："卜之于天而君侯左也，卜之于人而天为右也。尽管如此，请问义帝死于江上之事，真的是侍卫们的暴行，抑或是谁支使所为？君侯知道这件事情呢，抑或是不知道？请再一次卜问于心？"

范增不能回答。当晚，背上痈肿生疮，七天后病逝[1]。

俗话说，人之将死，其言也善。范增死前与卜师的问答，宛若对自己一生中所参与的重大历史事件的回顾总结，诸多不太明了的事情，都可以从他临终之言得到线索。

项梁定陶军败被杀时，范增随同项羽、会同刘邦一道在襄城作战，不在现场。事前奉劝项梁警惕章邯的人，除了宋义以外，还有范增，这些都在情理当中。

新安坑杀二十万秦军降卒，历史上多有所怀疑，我也表示过难以置信[2]，由范增的立场来看，事情确是也有辩解的余地。也许，范增曾经劝阻过，是从政策的角度，但是，从情感的角度，他充分理解各国将士仇恨秦军的心情，特别是赵国将士的冲动，他以为是不可阻挡的合理补偿。

至于项羽杀秦王婴，焚烧秦国宫室，范增也自有他充分的说辞。这些说辞，从楚国的立场上看，也是合于一方情理，并非不可理解。想来，灭秦之初，六国与秦国之间多年积累的怨恨甚深，没有猛烈的宣泄是难以化解的。

---

[1] 关于范增之死，《史记·项羽本纪》叙述说，项羽中了陈平更换饮食的反间计，削夺了范增的权力，范增愤而请求辞职，项羽同意了，于是范增"行未至彭城，痈发背而死"。对于如此重要的一位智囊人物的不幸死情，竟然只有短短十个字。王世贞有感于史书记载的挂一漏万，结合相关史事、人情形势，精心构筑了范增死前回顾一生的答问，有相当的合理性，大有助于我们理解这位历史人物和当时的历史。基于有时候文学比史学更真实的理念，我依据王世贞的文章撰写了这一节，提供给读者审阅。
[2] 见拙著《秦崩》第八章之五"项羽坑杀降卒"。

范增是项羽的军师、最重要的谋臣，是慧眼，也是智囊。失去了范增的项羽，宛若一头瞎撞乱闯的猛兽，一步步走上了疲于奔命的末路。刘邦曾经说过，项羽有一范增而不能用，所以最终为我所消灭[1]。苏东坡称范增为"人杰"，他有感于陈平离间范增的事情，在《论项羽范增》中说："物必先腐也，而后蠹生之。人必先疑也，而后谗入之。陈平虽智，安能间无疑之主哉。"苏东坡是说，事物必先有腐败，然后才有蠹虫生长其间。人事必先有猜疑，然后谗言才能掺入其间。陈平虽然足智多谋，岂能离间信任臣下的主上。苏东坡进而指出，项羽猜疑范增的真正原因，在于对待义帝（楚怀王）的态度分歧。项梁拥立怀王，出于范增的建议，项羽谋杀义帝，范增极力反对，"不用其言而杀其所立，羽之疑增，必自是始矣"[2]。

诚哉是言。项羽不听范增的劝谏，一意孤行杀死义帝，其背后的用心，是要以项氏取代熊氏入主楚国，完成楚国正统的交替。这一行动，不仅是项羽的个人意愿，更合于项氏家族的整体利益。从政治上希望保全义帝的范增，由此与项羽和项氏家族陷入难以调和的对立，终于被离间出局。历史上类似的事情，使我想到汉魏交替之际的荀彧。荀彧是曹操的军师，也是慧眼和智囊，一直深受曹操的信任和重用。荀彧后来被猜疑，忧郁而死。追究其原因，与范增类似，在对待以曹氏取代刘氏承继大统的问题上，荀彧的态度有所保留[3]。

看来，在类似的条件下，历史往往重演。大统神器，最牵动帝王、主公的心结，臣下谋事，对此最要慎重。

---

[1]《史记·高祖本纪》。
[2] 前引苏轼《论项羽范增》。
[3]《三国志·魏书·荀彧传》。

六　争夺荥阳

汉三年五月,项羽加强了对于荥阳城的围攻,猛烈的攻势一次强过一次,荥阳城危在旦夕。

以刘邦为首的汉军统帅部被围困在荥阳城内不得脱出,忧虑与恐惧,笼罩着全军上下。在陈平的策动之下[1],将军纪信来见刘邦说:"形势危急,荥阳城陷落已经是早晚的事情。请允许臣下出城诈降欺骗项羽,大王可以趁机脱出围城。"

纪信是刘邦的亲信近臣,是陪同刘邦赴鸿门宴的五位重臣之一(其余四位是张良、樊哙、夏侯婴、靳强)。刘邦明白,纪信的建议,是牺牲自我以换取自己的安全。他开始似乎有些踌躇,经过陈平的劝说,他同意了。

于是,由陈平一手安排,当晚,荥阳城东门打开,一支由两千将士簇拥的车马行列从容出行,径直往楚军军营开赴过来。楚军当即开营迎击,将这队车马行列团团围困。使楚军将士大为惊异的是,汉王刘邦乘坐的马车,竟然也在这队车马行列当中。灯火映照之下,闪闪发亮的黄色丝绸篷盖,随风飘逸的马头缨饰,都是引人注目的王家风范。车中端坐的人,脱冠着素服,以白丝线系王印于胸前,俨然是刘邦本人。

有使者驶出队列来,奉降书高声宣称:"荥阳城中粮尽兵疲,汉王愿意开城投降。"

---

[1] 据《史记·项羽本纪》和《汉书·高帝纪》的记载,伪降一事,由纪信向刘邦提出,陈平施行。陈平为汉军情机构最高负责人,此事当由他一手筹划。四年后的白登之围,陈平又筹划了类似的脱围谋略。

荥阳城址

> 2006年8月，我去荥阳参加中国《史记》研究会年会，深入实地考察荥阳之战的历史。荥阳是山间台地，西、北、南三面皆高，往东渐趋平缓开阔，是豫西山地与豫东平原的分界处，古来为军事要地。汉代荥阳故城在郑州市古荥乡古荥镇，南北长2公里，东西宽1.5公里，发现有四座城门。残存城墙最高处有11米，底宽24米。

一时间，汉王投降的消息在围城的楚军中传递开来，早就希望结束战争的数十万楚军将士人人欢呼雀跃，万岁万岁的呼喊声，一浪高过一浪，响彻云霄。四面围城的部队，纷纷奔走相告，不少人擅自跑到城东观望庆贺。包围荥阳城的楚军军阵，瞬间松懈开来。

早就精心整备的刘邦一行，良马轻骑，趁机从西门脱出，在夜色的掩护下走山间小路，顺利逃入荥阳西边的成皋城。

纪信开城投降之前，陈平已经通过种种渠道，向项羽方面透

纪信庙

纪公庙在郑州市古荥乡,依纪信墓而建。庙内有多块石碑,最早为初唐书法家卢藏用撰文并书之"汉忠烈纪公碑",颂扬纪信"身焚孤城之下,功济庙堂之上,高祖因之以成帝业"的功绩。

纪信墓

纪信墓在纪公庙内,1977年发掘,为一大型空心砖汉墓,出土有五铢钱,当为后世依托古墓以寄托哀思?

露了荥阳城内汉军的困境,传递了刘邦走投无路想要投降的动向。得到刘邦真的开城投降的通报后,项羽将信将疑,披挂上马,开营亲自出来查验。

见到假扮刘邦的纪信后,项羽知道上了当,问道:"刘邦在哪里?"

纪信答道:"汉王已经脱出荥阳了。"

项羽大怒,当即下令将纪信连同所乘车马一道活活焚烧。

刘邦脱出荥阳以前,将死守荥阳的重任,托付给御史大夫周苛,同时委任将军枞公和魏王魏豹为副将协防。周苛是沛县人,曾经作过秦的泗水郡的卒史,就是郡政府的小职员,刘邦沛县起兵后不久,周苛与堂弟周昌一道加入刘邦军,成为刘邦军团的核心成员之一,深受刘邦的倚重和信任。枞公,姓枞,称公,身世不详,想来与周苛相近,也是刘邦军团的老战士。

魏豹则不同,他是古来魏国的王族后裔,项羽所封的西魏王。如同我们前面已经叙述过的,楚汉相争中,魏豹始终在楚汉之间摇摆不定,当刘邦强盛东进的时候,他曾经协助刘邦进攻项羽。刘邦彭城大败,他又易旗倒戈,加入项羽阵营对抗刘邦。被韩信击败做了俘虏,受到刘邦的宽恕,让他留在军中为将统领魏人。

刘邦继续使用魏豹这样的人,自有他的政治考虑。秦末乱起,后战国时代来临,复兴六国的大义和民意,长期是时代的潮流。在这个时代潮流当中,魏豹是魏国的象征和代表,为了在与项羽的争斗中获取有利的大义民意,刘邦一直策略性地保留和使用魏豹。不久前,当郦食其建议分封六国后人以分散项羽的力量时,第一个分封的对象,就是魏豹。

魏豹这样的人,始终没有得到刘邦集团核心层的信任,不过是统一战线中的外围人士。刘邦及其统帅部脱出荥阳以后,周苛将在外,君命有所不受,他与枞公商量说:"魏豹靠不住。叛国之王,难以共同守城。"于是将魏豹处死,向全城军民宣示,将与荥阳城共存亡,根绝任何妥协和动摇的可能。

成皋城是汉军在荥阳以西的另一座要塞,距离荥阳不过数十里。项羽听说刘邦逃入成皋城后,分兵一部继续围困荥阳,亲自率领楚军精锐,前来争夺成皋。刘邦不敢在成皋停留,出成皋一路西去,回到关中。不久,成皋就被项羽攻占。

回到关中的刘邦,迅速征集军队,准备向东出击,夺回成皋。这时候,谋士袁生建议说:"汉国与楚国在荥阳一带争战相持,已经有一年多了,汉国常常困苦不利。希望大王改变方针,领军出武关,项王闻讯,必定领兵南下求战。那时,大王深壁高垒,坚守不战。如此一来,项王被拖在武关南阳一带,困守荥阳的汉军,巨大的压力可以得到缓解。同时,大王命令韩信等人安定新占领的赵国,抚慰燕国,联络齐国,形成新的反楚联盟。那时候,大王再来争夺成皋,援救荥阳,也不算晚。使用这样的战法,楚国方面不得不多方防备,势必分散力量,疲于应对。汉国方面则以逸待劳,可以得到休养,养精蓄锐后再与楚军交战,就一定可以击败楚军了。"

刘邦接受了袁生的建议,与英布一道领兵出武关,大有攻击南阳郡,恢复九江国,从南面迂回楚国后方的动向。

项羽听说刘邦携英布同出武关,果然领兵南下,刘邦坚守不战。

就在这个时候,彭越在楚国后方大肆活动开来,使项羽深感不安。彭城大败,彭越统领部下退走,在黄河渡口白马津西南一带河道地区潜伏下来。不久,受刘邦指示,开始在东郡、砀郡地区展开游击活动,骚扰后方,攻击楚军粮道。

楚军主力西进荥阳,特别是项羽统领楚军精锐南下武关以后,彭越趁楚后方空虚,大肆猖獗起来。一时间,他竟然领兵渡过泗

（睢）水[1]，穿行薛郡，千里绕行到楚国首都彭城东南面的下邳县（今江苏睢宁西北），大败楚军项声、薛公部队，击杀薛公，彭城震动。项羽不得不领兵东去攻击彭越。

得到项羽领兵东去的消息后，刘邦并不追赶，而是挥军北上，击破楚国守将终公，夺回成皋，解了荥阳之围。

七　刘贾、卢绾开辟敌后战场

彭越长于野战游击，他趁项羽不在的时机，将楚国的后方搅得鸡犬不宁，闹了个天翻地覆，张狂到声称要攻取徐州。听说项羽亲自领兵前来，彭越不敢造次，虚晃几枪，带领部队撤退，撒丫子又窜回到东郡境内的黄河岸边，躲避锋芒，保存实力。

项羽对彭越的游击骚扰，既恼火又无可奈何。一打就跑，一走他又来，除了自己亲自对付，楚国上下还真是没有人镇服得了这王八蛋。不过，项羽已经没有多余的精力去应付彭越了，因为西方的战事又开始吃紧。刘邦趁项羽收拾彭越的空子，夺回了成皋，缓解了荥阳之围。

---

[1] 这件事情《史记·项羽本纪》记在项羽攻克成皋之后，文曰"彭越渡河击楚东阿，杀楚将薛公。项王乃自东击彭越"。梁玉绳《史记志疑》说："《高纪》及《汉书》纪、传，项王击彭越是在三年五月，在楚拔荥阳及成皋之前，此书于拔成皋之后，一误也。越渡睢水与项声、薛公战下邳，杀薛公，此不书项声，而又谓渡河击东阿，二误也。"《汉书·高帝纪》三年五月"彭越渡睢水与项声、薛公战下邳，破杀薛公。羽使终公守成皋，而自东击彭越"。《通鉴》从之。韩兆琦在《史记笺证》中说："此处应从梁说，东阿距彭城甚远，攻击东阿对项羽威胁不大；下邳则靠近彭城，正兵法所谓'攻其必救'者。"开元按：韩说合理。不过，以地理论，睢水东西向且不流经下邳，彭越由东郡东去进攻下邳，疑他所渡的不应当是睢水，而应当是南北向流经下邳的泗水。从而，文中和附录《大事表》我均改"睢水"作"泗水"，而将"睢"字用括号标出。

于是项羽搁置彭越，领军西进，再次围困了荥阳。这一次，项羽铆足了劲儿，身先士卒，亲自背负版筑，带领将士猛攻，终于攻克了荥阳城。汉军守将周苛被俘，枞公被杀。项羽看重周苛的忠勇，劝诱说：

"如果肯投降，任命你为上将军，封三万户。"

周苛一口回绝，回答道："你不降汉，定将被虏，你不是汉王的对手。"

项羽大怒，下令将周苛活活煮死。当时，韩王信也做了俘虏，他表示顺从，得到了项羽的宽恕。

攻克了荥阳以后，项羽再接再厉，开始移军围攻成皋。刘邦见形势不妙，趁楚军的包围尚未形成，脱出成皋城。这一次，刘邦没有西去洛阳、关中，而是开成皋城北门奔黄河方向而去，马车由夏侯婴驾驶，不用汉王旗帜缨饰，轻装简从，行踪诡秘，迅速渡过黄河，静悄悄地抵达河内郡修武县，当晚在城东的小修武馆舍住宿下来，自称是汉王的使者，奉命前来传达书信命令云云。

修武县在现在的河南省获嘉县，地处黄河以北，太行山以南，为一军事重镇。韩信与张耳攻灭魏、赵、代三国后，项羽派遣楚军一部渡过黄河，联合三国的残余势力，配合项羽军主力在荥阳一带的攻势，继续与汉军作战。韩信、张耳为了往来应对新占领地的不稳，也为了声援荥阳一带的汉军，将大军集中在河内郡，隔黄河与荥阳、成皋、巩县、洛阳一线成南北呼应之势。韩信、张耳军的大本营，就设在修武县。

第二天一大早，刘邦一行自称汉王使者，持节奉诏书乘车驰入韩信军军营，径直奔韩信、张耳的住处而来。韩信、张耳二人，尚在睡梦当中，刘邦在夏侯婴陪同之下，先后进入二人的卧室当中，夺取了二人的大印，下令召集部下将领集合听令，重新部署军事，调换各部将领，将大军的指挥权完全置于自己的掌控当中。

被惊醒的韩信、张耳二人，知道是汉王来到军中，大惊失色。待到二人来到刘邦面前请谒问安时，刘邦的军事部署和人事安排已经就绪。刘邦命令赵王张耳巡行赵国各地，安抚地方，守卫国土。任命韩信为汉相国，重新征兵赵国，整编后东进征讨齐国。屯驻修武的大军，通通交还汉王亲自调遣。当然，不放心的刘邦没有忘记继续为韩信配上两名亲信大将，一位是曹参，一位是灌婴。

刘邦得到了韩信军后，军势大振。汉三年八月，大军向南开拔，临近黄河，屯驻在小修武一带。

就在这个时候，躲过楚军锋芒的彭越，瞄准项羽西击荥阳的机会，又出动南下展开攻击，楚军后方又一次陷入不稳。刘邦抓住机会，准备渡河夺回荥阳，与楚军决战。这时候，刘邦身边的一位近臣，郎中郑忠建议在楚国的腹地正式开辟敌后战场。郑忠劝阻刘邦不要急于与项羽争锋，而是坚壁高垒，相持不战，消磨楚军的锐气。同时，另外派遣一支机动部队，渡过黄河支援彭越，从后方骚扰楚国，破坏粮道交通，分散楚军的兵力，使项羽始终处于腹背受敌的困境，无法实施乘胜西进正面突破的战略。

刘邦接受了郑忠的建议，命令刘贾与卢绾，统领两万步兵和数百骑兵，由白马津渡过黄河，与彭越呼应配合，在楚国境内大规模展开游击战和破坏战。

汉军挺进敌后的战术，迅速收到了巨大的效果。楚军后方不稳，后勤供应出现了障碍。特别是彭越，他得到了刘贾和卢绾军的声援后，大肆出动，在旧魏国地区频频展开军事进攻，在燕县（今河南长垣西）击败楚军，一口气攻下了睢阳、外黄等十七座城池。一时间，东郡告急，砀郡告急，荥阳前线的楚军，与首都彭城连通的交通要道——三川东海道被截断[1]。项羽不得不再次回过头来对付彭越。

九月,项羽决定再次亲征彭越,恨不得生擒这恶心的土匪,活活煮了才解恨。经过考虑协商,项羽将镇守荥阳的重任托付骁将钟离眜,镇守成皋的重任托付大司马曹咎。临行之前,项羽对曹咎放心不下,告诫说:"务必谨慎坚守成皋。如果汉军挑战,绝不要应战,只是不要放过汉军东进就行了。我预定十五天内击破彭越,安定东郡和砀郡,随即回来与你会合。"

曹咎是项梁的救命恩人,项氏家族秦王朝时代以来的友人和亲密战友。曹咎本是秦的蕲县狱掾,也就是司法部长。项梁犯法,被拘留在内史栎阳县(今陕西西安临潼北)狱中,曹咎曾经修书请求栎阳狱掾司马欣帮忙,释放了项梁。项梁、项羽起兵后,曹咎前来投奔,成为楚军将领,深得项氏家族信任。巨鹿之战后,曹咎与出任秦军大将章邯之长史(秘书长)的司马欣取得联系,促成了章邯的投降,立了大功。灭秦后论功行赏,曹咎爵封海春侯,官拜大司马,成为项羽帐下的大将。

项羽分封天下,看重旧情新功,封司马欣为塞王。韩信反攻关中,司马欣兵败投降。刘邦东进攻取彭城时,被裹挟在军中参战助威。彭城大战,司马欣临阵倒戈,回到项羽军中,从此与旧友曹咎在一起,出任大司马府长史,成为曹咎的左膀右臂。

得到项羽领兵东去征讨彭越的消息后,刘邦军仍然坚持防守战略,大力加强巩县—洛阳一带的防守,全力构筑新的纵深防线,准备迎接项羽归来后楚军可能发动的新的攻势。对于已经被楚军

---

[1] 项羽两次亲征彭越事,《史记·项羽本纪》只记一次且误,说详上注,当从《汉书·高帝纪》,第二次在汉三年八月。

攻占的成皋—荥阳—敖仓地区，刘邦考虑接受现状，干脆放弃。

对于这个消极防御的战略，郦食其表示反对，他直接面见刘邦说：

"臣下听说，天之所以成为天，自有天道。懂得天道的人，可以成就王业，不懂得天道的人，不可能成就王业。王者以民为天，民以食为天。敖仓，是天下的粮仓，是多年转运储藏的所在。臣下听说，敖仓至今存粮甚多。项羽攻克荥阳，不以重兵坚守敖仓，而是领兵东去征讨彭越，分兵镇守成皋，这是天赐良机，助我大汉。臣下难以理解的是，正当楚国易于攻取的这个时机，我军反而退却固守，不图进取，岂不是错失良机？"

郦食其接着说："同天之下，两雄不能并立。楚汉对峙，长久不能决定胜负，百姓混乱，天下动荡，农夫不能耕作，农妇不能纺织，都是民心无所归属不能安定的原因。臣下希望大王趁项羽东去之机，迅速进兵，全力收复成皋、荥阳和敖仓，然后依据敖仓的粮食供应，在黄河南岸重建成皋—荥阳防线，在黄河北岸维持河内地区的屯兵，强化太行山各个关口的守备，对于联结河内郡与东郡间的重要渡口白马津，更要完善整备，加强控制，用这些积极进取的措施，占据有利地形，向诸侯各国显示出制伏天下的形势。如此一来，天下民心，就知道应当归属于谁了。"

刘邦接受了郦食其的意见，修正了退守巩县—洛阳的战略，开始谋划夺取成皋、荥阳和敖仓。

八　郦食其说下齐国

郦食其在建议刘邦放弃消极防御，转入积极进攻的同时，又建议刘邦用外交手段争取齐国。他说："如今赵国已经平定，燕国已经归顺，唯有齐国尚未跟从。田广掌控广大的齐国，田解统领二十万大军，屯驻于历城（今山东济南）。田氏宗族，势力强大，狡诈多变，背靠大海，无后顾之忧，东有黄河、济水，是天然屏障，南与楚国接壤，可以呼应相连，大王即使派遣数十万大军征讨，也不是一年半载可以完成的。请求大王下诏授命，臣下愿意奉诏出使齐国，使齐国成为我汉国东方的属国。"

刘邦同意了。

于是，郦食其作为汉王刘邦的特命使臣，来到齐国首都临淄，展开他最擅长的外交游说。

郦食其面见田广，开门见山问道："大王可知道天下归向何处吗？"

田广答道："不知道。"

郦食其说："大王如果知道天下的归向，齐国就可以保全，如果不知道天下的归向，齐国就不能保全。"

田广问道："天下归向何处？"

郦食其答道："归汉。"

田广问道："先生为什么这样说？"

郦食其答道："汉王与项王合力西进，进攻秦国，约定先攻入关中者作关中王。汉王首先进入咸阳，项王却违背约定不与关中，左迁汉中徙封汉王。项王迁杀义帝，汉王闻讯，征发蜀汉之兵讨伐三秦，东出函谷关责问义帝的所在。汉王召集天下的将士，拥立诸侯的后裔。攻占了城池，就用来分封攻占城池的将领，获得了财物，就用来赏赐士卒，因为与天下的人同享利益，英豪贤士都乐意为汉王所用，终于形成诸侯之兵四面而来，蜀汉的粮食并船而下的大好形势。"

郦食其的这段话，是说楚汉相争中，大义名分在汉不在楚，刘邦大度大气，能与英豪共享天下，所以成就了大好形势。郦食其是外交的高手，他深知游说之要，首先在美化自己，其次在丑化对手。他于是接着说道：

"而项王呢？项王有违约的污名，有杀义帝的罪恶。项王用人，记不住人的功劳，忘不掉人的过失，打了胜仗得不到奖赏，攻下城池得不到分封，不是项氏一族则得不到重用。项王为人吝啬，分封拜赐，久久把玩刻好的印章，直到边角都已经磨损还舍不得交付；攻占城池得到财物，封存储积而不赏赐与将士。天下人心，背离项羽，天下贤才，怨恨项羽，没有人愿意为项羽所用。所以说，天下人心贤才归于汉王的大势，可以静坐而看得清楚明白。"

其实，项王的为人，田广何尝不知。田氏齐国的天下，不出于项羽的分封，是田氏兄弟从项羽手中抢夺过来的。因而，项羽如何吝啬小气，与田氏兄弟并无多大关系。不过，项王部下的能臣勇将，如陈平、韩信等人，纷纷离去改投刘邦，倒是促使田氏兄弟不得不深思。真正打动田氏兄弟的话，应当在郦食其游说的最后。他说：

"迄今以来，汉王已经征发蜀汉之兵，平定三秦之地；西渡黄河，击破西魏，一举攻占三十二城；又援引上党之兵，攻下井陉口，诛杀成安君，平定赵国。这是战神蚩尤驱动的兵势，并非人力所为，而是上天之助。如今，汉王进而据有敖仓的粮食，扼守成皋的险峻，君临白马津的渡口，控制太行山的通路。如此形势之下，天下各国，后归服者先取灭亡。大王如果迅速归顺汉王，齐国社稷可以保全，如果不这样的话，危亡在站立观望间就会到来。"

这段话，简洁明了地分析了当前天下的形势，汉据有三秦，有稳固的根据地。韩信破魏、灭赵，已经在北方战场取得了辉煌的胜利。占领敖仓、扼守成皋，则是刘邦最近在中部战场取得的进展。太行山通道和白马津渡口的控制，讲的是刘贾、卢绾顺利开辟敌后战场的事情。这些都是明明白白摆在田氏兄弟眼前，与齐国命运攸关的大事。

不用郦食其的提醒，田氏兄弟也很清楚，而今楚汉相争的大局已经日趋明朗，延续了两年多的楚汉相持的局面，已经出现了有利于汉国方面的转变。郦食其在这个已经逆转的大局中前来，带来的是迫使齐国再次做出外交选择的压力。齐国或者是继续维持与楚国的结盟，与楚国一道同归于尽，或者是改与汉国结盟，与同盟各国一道搭乘顺风船获取利益。当然，这个压力也是新的机会，将会决定齐国在未来新的天下秩序中的位置。

郦食其曾经评价齐国说，"齐人多变诈"。韩信后来也有相同的看法，说齐国是"反复之国，伪诈多变"。不过，这些负面的评价，都是站在汉国夺取天下的立场上所说的。田氏兄弟的齐国，没有夺取天下的野心，只有坚守齐国独立的顽强意志和坚韧努力，这是它始终不变的基点。它的政策多变，只是根据形势的变化，做出最利于保持齐国独立的决策而已，它的行动反复，只是出于本国利益，趋利避害的迅速反应而已。

经过仔细的衡量和考虑，以田横、田广叔侄为首的齐国政府，决定接受郦食其带来的外交提案，放弃与楚国的联盟，改与汉国联盟，重新建立天下的新秩序。

于是，田广下令，解除历下大军西防韩信军的戒备，改作南下攻击楚国的准备。临淄城内，齐王宫中，田广设酒宴款待郦食其，庆祝齐汉结盟的欢歌乐舞，久久不散。

齐国黄河的对岸，韩信正在赵国境内整军备战。

汉四年十月，韩信完成整军备战，统领数万大军逼近黄河渡口平原津，与齐军隔岸对峙。这个时候，齐国方面有通报过来，经过郦食其的外交斡旋，齐国与汉国携手联盟，共同对抗楚国，齐军已经解除警戒，将南下攻楚云云。韩信下令，大军就地休整，停止渡河攻齐。

这时候，秦楚汉间一位活跃的历史人物，辩士蒯通出现在韩信身边[1]，他对韩信说："将军受诏领军进攻齐国，汉王又派使者说下齐国。尽管如此，将军并没有收到停止攻齐的新诏令，为什么要停止进军？郦生其人，无非一口舌辩士，坐一辆马车，凭三寸不烂之舌，说下齐国七十余座城池，而将军呢，统领数万大军，一年多方才攻下赵国五十余座城池。行事如此，当了数年将军的你，功劳反而不如一位儒生小子。"

韩信以为蒯通说得有理，于是接受了蒯通的策划，秘密下达渡河令，偷袭齐军。

齐国已经与汉结盟，都城临淄正在欢庆，历下军中撤销了戒备，平原津渡口解除了封锁。韩信军顺利渡过黄河，攻占平原津，突然出现在历下城，一举击溃齐军主力，然后马不停蹄，向临淄进军。

猝不及防的齐国，陡然间陷入混乱，濒临崩溃。齐王田广、丞相田横愤怒已极，当即逮捕郦食其，备下滚水大釜说："你能阻止汉军，停止进攻，让你活。不然的话，将你活活煮死。"

郦食其知道大势不可挽回，他决定以死赴难，成就人生，于是高声答道："举大事不拘细节，集大德无所辞让，老子不再为你

---

[1] 蒯通其人其事，见拙著《秦崩》第六章之二"辩士蒯通的登场"。秦末之乱，他活跃于燕国和赵国。韩信灭赵降燕后，他跟随了韩信。

多言。"

于是田广和田横将郦食其投入釜中煮死。

郦食其被乡里称为狂生。所谓狂生,就是狂放落拓,有奇谋大志,不屑于细务琐事的读书人。纵观郦食其出道以来短暂的一生,他无疑是秉承了战国游士之风的外交人物,逞三寸不烂之舌游说天下的辩士。郦食其的第一场外交使命,是只身深入陈留,游说秦陈留县令开城降服刘邦,为西进攻取关中的刘邦获得了粮食和兵员,从此成名扬威,成为刘邦军中第一外交使臣。他的最后一场外交使命,是率使团进入齐国,游说齐王田广背楚属汉成功,结果是豪言壮语身膏鼎镬,成就了负气凛然、豪狂赴死的美名。

仔细考究郦食其的一生,他不仅是辩士,持节受命驰骋于诸侯各国间,他也是谋士,为刘邦贡献过多项计谋。智取陈留,出于郦食其的谋划,也由他亲自实行。劝降齐国,出于郦食其的谋划,也由他亲自实行。郦食其的另一项成功谋略,是建言刘邦放弃消极退守巩县、洛阳,积极夺取成皋、荥阳,也可谓颇具远见卓识。所以有人评价说:假使郦食其不早死而才尽其用,西汉建国三杰将增为四杰,郦食其将与萧何、韩信、张良齐名并举[1]。

俗话说,智者千虑,必有一失。楚汉相持不下时,郦食其建议刘邦分封六国后人为项羽树敌,为刘邦结友,被张良一一驳斥,气得刘邦喷饭怒骂"臭儒生,几乎坏了老子的大事"。这件事情,成了郦食其谋士生涯的败笔,遭后人讥讽。不过,此事并未影响刘邦对郦食其的信赖,也没有使郦食其从此谨言慎行。决策之难,在选择和决断。能够作最终的决断和承担决断的责任,是领袖人物的基本素质。刘邦不因一策之误而疏远郦食其,不愧

---

[1]《史记笺证》引李晚芳评价郦食其语曰:"使郦尽其用,则三杰而四矣。"

为合格的领袖，郦食其也不因一时之失而畏缩不前，而是继续前瞻建言，超然高放而至死无所畏惧，可谓是英雄豪杰。如此人生，终不免于鼎镬，如此计谋，时不免于脱逸，自然也都在情理之中。

九　项羽十大罪

按照郦食其的计划，刘邦趁项羽领兵东去对付彭越的机会，由修武大举渡过黄河，插入成皋和荥阳之间，将一座成皋城团团围困。

楚国大司马曹咎镇守成皋城，一开始，他严格遵照项羽的指示，坚守不战。后来汉军天天派人挑衅辱骂，几天以后，曹咎实在难以忍受，他领军东出成皋，渡汜水攻击汉军。早有准备的汉军，趁楚军半渡之时，展开袭击，大破楚军。大司马曹咎和长史司马欣自杀，汉军渡过汜水，重新夺取了成皋。

夺取了成皋城以后，刘邦又按照郦食其所提出的重建成皋—敖仓—荥阳防线的计划，积极东进，屯军广武，攻占了敖仓，开始围攻荥阳，逐步扭转了被动的局势。

东去征讨彭越的项羽，顺利地夺回了被彭越攻占的外黄、睢阳等十几座城池，不过，彭越又溜走了，让项羽好生恼火。这时候，成皋失守、荥阳告急的军报传来，项羽顾不得追击彭越，匆匆领军赶回荥阳来。

闻说项羽领军回来，汉军恐惧，放弃对于荥阳城的围攻，纷纷退入城池壁垒，坚守不战。项羽和刘邦，又开始新的对峙。这一次新的对峙，时间从汉四年（前203）十月到同年八月，足

成皋台

西出荥阳,过汜水到成皋台,刘邦诈降逃出荥阳到成皋,曹咎兵败汜水成皋失守,都在这一带山间谷地。夯土高台在黄河岸边,当为成皋城故址?

足有十个月之久。对峙的地点,从整体上来说,仍然在荥阳地区,不过,这一次的对峙焦点,向北移动到黄河南岸的广武涧一带。

在这次新的对峙中,由于汉军攻占了敖仓,楚军不得不从东方的梁楚地区长途转运粮食,在转运途中,又经常受到彭越、刘贾、卢绾部队的骚扰,致使荥阳一带的楚军主力,不时出现粮食不足的问题。项羽深为忧虑,一心想诱使刘邦出城会战。史书上记载了项羽试图迫使刘邦出战的几件逸事,颇能看出这一对生死冤家的不同个性。

彭城大败,刘邦一家,上自其父刘太公,下至其兄刘喜、妻子吕雉,都做了楚军的俘虏,长期扣留在军中做人质。这一次,项羽将刘太公押解到广武城外,摆下一张屠宰用的厚木肉案,将刘太公放肉案上,告知刘邦说:"如果不马上投降,我将就地煮杀太公!"

城墙上的刘邦高声答道:"我与你项羽一道受命于怀王,结拜为兄弟,我的父亲就是你的老子,你一定要煮你的老子,也不要忘了分我一碗。"

真是死猪不怕开水烫,早就连命都豁出去的人,还怕你打什么亲情牌。

项羽大怒,准备煮死刘太公。又是项伯出来打圆场,他劝谏说:"天下的事情不可知晓,追求天下的人顾不得家庭,即使杀掉太公也无济于事,只会徒增祸患。"项羽听从了,将太公等刘邦家属继续收押。

项羽多次派出勇士单独到刘邦军壁垒前挑战,刘邦也派出勇士单独应战。刘邦派出的这位勇士,出身于雁北楼烦地区,善于骑射,被称为楼烦骑士。这位楼烦骑士,骑射本领了得,一连三次射杀挑战的楚军勇士。项羽闻讯大怒,不顾左右的劝阻,当即披甲上马,手持长戟,身挂劲弩,亲自来与楼烦骑士单挑。楼烦骑士又准备开弓劲射,项羽双眼圆睁,一声怒吼,浑身上下散发出使人心惊肉跳的股股霸气,吓得楼烦骑士两眼不敢直视,双手拿不稳弓箭,回马驰入壁垒,再也不敢出来。

刘邦听说是项王亲自出来单挑,大吃一惊。惊诧之余,坚定

广武涧

> 广武涧在荥阳东北的黄河岸边,由汴河切割广武山而成。驻军两山之间,旌旗相望,鼓声相闻,有近在咫尺之感,不过,因为中间隔了深涧,非绕行数十里不得往来。荥阳对峙时,刘邦在广武涧西的山上修筑城堡作为汉军大营,即汉王城。

了对项羽不可力拼,只能智取的决心,他也意识到不得不与项羽在广武涧作长久的对峙,寄望韩信由北部战场带来转机。

广武涧在荥阳东北的黄河岸边,由汴河切割广武山而成。刘邦在涧西的山上修筑了城堡作为汉军大营,项羽在涧东的山上修筑了城堡作为楚军大营。两座城堡之间,旌旗相望,鼓声相闻,

霸王城

荥阳对峙时，项羽在广武涧东的山上修筑城堡作为楚军大营。霸王城在今荥阳市广武乡霸王村北广武涧东山上，城址尚存，东西长400米，南北宽34米，墙高约7米，宽24米。

有近在咫尺之感，不过，因为中间隔了深涧，非绕行数十里不得往来。

据说，项羽与刘邦曾经率领群臣将领们隔着广武涧喊话对谈。

项羽对刘邦喊话道："天下痛苦烦扰，只为你我二人争斗不休。今天，我项籍愿意与你刘季单独决一雌雄，不要再苦熬天下父子老小。"

刘邦笑着回答道:"谢谢项王的邀请,我刘季宁愿斗智,不能斗力。"接着沉下脸来,拿出早就准备好的帛书罪状,当众高声宣读说:

"项籍有十大罪行。当初我与项籍共同受命于怀王,定下'先入定关中者作关中王'的约定,项籍违背约定,徙封我到蜀汉为汉中王,这是第一条罪行。项籍假称怀王之命,杀卿子冠军宋义而夺军自领,这是第二条罪行。项籍完成巨鹿救赵的使命后,应当班师回国报告怀王,却擅自裹挟诸侯各国军队进入关中,这是第三条罪行。怀王之约,有进入秦国不得暴掠的规定,项羽进入关中,烧毁秦国宫室,盗掘始皇帝坟墓[1],搜刮秦国的财宝据为己有,这是第四条罪行。秦王子婴开城投降,项籍残暴将子婴处死,这是第五条罪行。秦军安阳投降,有洹水之盟,项羽暴虐欺诈,在新安坑杀二十万秦军将士,只封三位降将为王,这是第六条罪行。项籍主持分封,将上善之地封赐给各国将领,强行迁徙各国旧王到恶辟之地,致使臣下争相背叛主上,这是第七条罪行。项籍驱逐义帝,抢占彭城作为首都,又剥夺韩王的领地,吞并魏国的国土,多取土地自王,这是第八条罪行。项籍派人将义帝秘密杀害于江南,这是第九条罪行。身为人臣而弑杀君主,屠杀已经投降的士卒,主政不能公平,主约不能守信,大逆无道,为天下所不容,合起来就是你项籍的第十条罪行。"

数落了项羽十大罪状之后,刘邦更高声宣称道:"我刘季兴义兵从诸侯讨伐残贼,驱使刑余之徒击杀你项籍已经足够,老子又何苦来与你单挑!"

---

[1] 据现在的考古调查,秦始皇陵并未被挖掘,被毁坏的只是地上建筑。

项羽本来不善言辞，听刘邦这一番数落，早已愤怒得说不出话来，他默默取下随身所带的强弩，暗中上了弦，趁刘邦说得兴起，突然扳机射击，一箭正中刘邦的胸甲。胸部中箭的刘邦，按着脚喊道："无耻残贼，暗箭擦伤了我的脚趾头！"

刘邦强忍着伤痛，从容回到营中，当即卧床就医。幸好伤势不重，为了安定军心，张良请求刘邦带伤勉强出行，巡视军中，务必不要留下可能诱发楚军趁机进攻的隐患。巡视军中后，刘邦伤势加重，迅速回到成皋治疗休养。

伤病痊愈以后，刘邦回到关中，进入首都栎阳，设酒宴慰问栎阳父老，将旧塞王司马欣的头挂在栎阳街市示众，怀柔三秦民心，彻底清除旧政权的影响，也督促征粮征兵。

据记载，刘邦只在栎阳停留了四天，就又回到广武城军中。新征集的蜀汉关中兵，伴随充足的后勤供应，源源不断地出关中去前线。汉军军势愈发强盛起来。

第五章

垓下决战

一　韩信破齐

　　韩信回绝项羽三分天下的提案，态度相当坚决，毫无迟疑踌躇。不过，也看得出来，韩信回绝项羽提案，多在于感恩图报，少有审时度势的政治智慧。

二　蒯通说韩信

　　蒯通明智地看到，此时的韩信，因缘际会，正处于左右刘邦和项羽的命运、决定历史走向的关节点上，他希望韩信高瞻远瞩，当机立断，做天下的主人，做自己命运的主人。他也警告韩信，如果错过了千载难逢的历史机遇，一定会遭受命运的报复。

三　侯公说项羽

　　苏东坡有感于侯生说项羽的详情失载于史书，曾经撰写《代侯公说项羽辞》一文，纵横驰骋想象，叙述有节有度，堪称补史的名文。明代文豪王世贞著有《短长说》上下篇，假托据地下出土的简牍整理而成，其中有侯生说项羽的内容，也是文辞古朴，匠心独运。我读二位先贤，仍有意犹未尽之感，于是活用两篇侯公说项羽辞，再次复活侯公说项羽。

四　陈下之战

　　汉五年十月，汉军撕毁停战协定，突然对撤退中的楚军展开攻击，楚军仓皇应战，且战且退。汉军毁约开战，事前经过精心的策划。由汉军统帅部精心策划的这个计划，基本意图是四面合围，聚歼项羽军于撤退途中。

五　垓下之战

　　六十万对十万的兵力，在刘邦手里可能变成混乱的劣势，在韩信手里,则是多多益善。一贯示弱出强、以奇兵取胜的韩信,经过周密地侦查、慎重地思虑以后,决定堂堂正正地接受项羽的挑战,以硬碰硬,双方选定时日,在垓下平野上摆开阵势决战。

六　乌江自刎

二十六位楚军勇士,如何在项羽的统领下,置身汉军的重重包围圈中,与数千精锐骑兵殊死决战,史书无言,已成绝笔。伟大的司马迁,只以其神奇的史笔,为世人留下项羽之死的最后身姿言语。

七　垓下行

到了定远县,秦汉的阴陵和东城,县城都在境内,项羽生命最后的时光,都挥洒在这一带的山山水水。我出县城,走西卅店,经太康镇,北上进入靠山乡。昨夜风雨,今日道路泥泞,弃车步行到古城集村,寻得汉代的阴陵故城。

八　刘邦即位于定陶

刘邦是政客,他的人生最高境界,是获取天下,执掌最高权力,做秦始皇。垓下之战,他将全部军权交与韩信,既期待又不安,心多用在战后的安排上。胜利之后,他是放船出港,顺风扬帆,一步一桨驶入预定的航道。

一　韩信破齐

从汉二年六月到汉四年九月，刘邦与项羽在荥阳地区反复拉锯作战，整整对峙了两年多，史称楚汉战争的相持阶段。逐渐改变楚汉双方均势的力量，是在北方战场取得连续胜利的韩信，他领军攻占了魏国和赵国、降伏了燕国，进而攻入齐国，击溃了屯驻在历下（今济南）的齐军主力，大有一举攻占齐国，乘胜南下攻取楚国首都彭城的气势。

齐国历下军败，首都临淄已经无法守卫。田广、田横决定放弃临淄，田氏一族分散撤退。齐王田广退守高密（今山东高密），齐相田横退守博阳（今山东泰安），守相田光退守城阳（今山东莒县），将军田既退守即墨（今山东平度），各据一郡，分别守卫。同时，派遣使者，紧急前往楚国，请求支援。

这时候的项羽，正与刘邦在荥阳广武涧一带拉锯对峙，得到齐国求援的消息后，当即命令大将龙且统领楚军前往救助。

汉四年十一月，龙且领军由彭城北上，穿越齐国的城阳郡，抵达高密，与齐王田广会师，号称拥有二十万大军，开始着手联合反击韩信军。

这时候，有谋士进谏龙且说："汉军远离本土，殊死作战，军锋锐不可当。齐军和楚军，或在本土，或者靠近本土作战，士兵容易败退亡走。不如深壁高垒不战，请齐王派遣使者到亡失的各地城邑联络，各城邑听说齐王建在，楚军来救，必定反汉归齐。汉军客居于两千里之外，处处都是反叛的城邑，势必得不到粮食物资，可以不用作战而使他们投降。"

龙且是楚军的名将，是项羽麾下为数不多的可以独当一面的大将，他战功卓著，深为项羽所倚重。一年多前，英布叛楚归汉，受项羽之命，领兵击破英布的，就是龙且。这一次，龙且再一次临危受命，他自信满满，毫不怀疑自己能够如同击破英布一样打败韩信，他更希望通过战胜韩信的功绩，建立能够封王的伟业。所以，当龙且听了谋士的进谏以后，大不以为然。他不屑地说：

"韩信的为人，我还不知道？软趴趴不敢硬干，不难对付。况且，救援齐国，不作战而困守，纵使敌军降伏，我龙且有何功劳可言？如今出击而战胜敌军，半个齐国可以落入我龙且的手中，为什么要困守不战？"

于是龙且统领楚齐联军，推进到潍水西岸布阵，准备渡河攻击对岸的韩信军。

韩信坐以待劳，早就勘察清楚高密一带的河道地形，在潍水西岸择地布下了阵营，又命令准备好上万只口袋，内中装满河沙，秘密囤积在潍水上游处。得到龙且军逼近、就在对岸布阵的消息后，韩信下令连夜用沙袋壅塞河道，使潍水一时断流。

次日清晨，韩信与曹参统领汉军涉潍水河床列阵前进，对敌军展开攻击。韩信的主动进攻，正中龙且的下怀。他与田广指挥楚齐联军积极应战，凭借优势兵力，不但挺住了韩信军的攻势，而且渐渐占据优势，迫使韩信军步步向后退走。龙且大喜，对部下说道："果然不出所料，以硬对硬，韩信就胆怯了。"于是下令追击，跨过潍水，攻下韩信军大营。

在龙且的亲自指挥下，楚齐联军尾随退却的韩信军，源源不断涉过潍水。然而，正当半数联军涉过潍水时，等待在上游的韩信军突然将壅塞河道的沙袋悉数拆除，一时间，滚滚河水汹涌而下，卷走大量正在涉河的士兵，将联军分割成东西两部分，一时指挥失据，军阵大乱。已经涉过潍水的联军大部，突然成了背水深入的孤军，在掉过头来的韩信军的攻击下，溃不成军，主帅龙且在乱军中被杀，副将周兰被俘，援救齐国的楚军，或者被杀，或者作了韩信军的俘虏。尚未渡过潍水的齐王田广，见大势已去，仓皇逃走，南下去了莒县。

潍水之战后，韩信军分路追击，逐一清理残存的齐国败军。不久，攻破莒县，俘虏齐王田广被处死，平定城阳郡。攻破即墨，斩杀田既，平定胶东郡和琅邪郡。攻破嬴县和博阳，平定博阳郡，田横逃出齐国，跑到彭越军中避难。

韩信于汉四年十月进军齐国，奇袭历下，一举击溃齐军，降下临淄。十一月，迎击龙且于潍水，大破楚齐联军，平定齐国。

平定齐国以后，韩信派遣使者携带书简前往西广武城面见刘邦，在汇报胜利的同时，也提出了一个对于未来影响深远的请求。韩信在书简中请求说，齐国是伪诈多变、反复无常的国家，南面紧邻楚国，稍有风吹草动，就可能出现动乱。请求汉王允许我暂时代理齐王镇抚齐国。

长期在广武涧与项羽艰难对峙的刘邦，不久前被项羽伏弩射中，几乎丢了老命，如今伤痊愈重返军中，处心积虑在于如何打开胶着的战局。他打开书简，读到韩信请求代理齐王的字句时，当即大怒，骂道："老子伤病困苦在此，日夜盼望你韩信来助一把力。盼是盼来了，来的却是要自立为王！"

刘邦的这一通发泄，急坏了在场的张良和陈平，站在刘邦身后的陈平轻轻地碰了碰刘邦的脚，止住了刘邦的话，坐在刘邦身旁的张良附在刘邦耳边悄悄说道："大王，我方正不利，如何能够阻止得了韩信称王！不如就势立为齐王，好言善待，使他安心守护齐国。不然的话，恐怕会生变乱。"[1]

刘邦是何等机警的人，马上省悟了，顺着刚才的话继续骂道："男子汉大丈夫，要当王就当真王，代理什么假王？"不但当即同意了韩信的请求，还将韩信的请求提升一等，当即决定派遣张良为使者，正式册封韩信为齐王。韩信和齐国的动向，由此安定下来。

韩信大败楚齐联军占领齐国，彻底地改变了项羽与刘邦的力量均势，楚汉长期对峙的天下大局，由此发生了根本的改观。楚军不仅在荥阳地区的正面战场上失去了攻击力量，而且首都彭城地区空虚，随时有被韩信一举攻克的危险。项羽深感危机。

项羽一生高傲自负，从来不知道什么叫做害怕，从未向任何人低过头。龙且被韩信击杀后，陷入深重危机当中的项羽，生平第一次感受到了畏惧，他终于低下高傲的头，派遣使者武涉前往齐国，劝说韩信在楚汉之间保持中立。

武涉在临淄见到韩信，转达了项羽承认韩信的功业，愿意三分天下的提案，他首先向韩信道明，刘邦是想要一人独霸天下的危险人物。他说：

---

[1]《史记·淮阴侯列传》曰："张良、陈平蹑汉王足，因附耳语曰：'汉方不利，宁能禁信之王乎？不如因而立，善遇之，使自为守。不然，变生。'"《史记·陈丞相世家》作："汉王大怒而骂，陈平蹑汉王足。"合理地推想，古人席地而坐，接见韩信使者时，陈平站在刘邦身后，所以能"蹑汉王足"而不引起使者注意，张良年岁大、地位高，坐在刘邦身边，所以能够"附耳语"。

"天下各国,长久苦于秦国的暴政,因而携手联合,共同反抗秦国。破秦以后,计功割地,分土而王,使士卒得到休养。如今汉王再次兴兵东进,侵犯他人的职守,抢夺别国的领土,已经击破三秦,又领兵出关,聚集诸侯各国之兵继续东进攻击楚国,他的用意是不吞并天下绝不休止,为人行事如此贪得无厌,也是过分至极。"

接着,武涉深入挑明,刘邦是不可信任的无赖,对你韩信下手也是早晚的事情。他说:

"汉王不可信。他多次落入项王手心,因项王怜悯而得以活命。但是,汉王一旦逃脱,就违背盟约,攻击项王,不可亲近和不能信赖的程度已经到了如此境地。所以说,足下虽然自以为与汉王交往深厚,为汉王尽力用兵,早晚还是会被汉王捉拿擒获的。"

进而,武涉分析道,在项羽、刘邦之间保持中立,楚、汉、齐三分天下是韩信自保的明智选择。他说:

"足下之所以至今未被擒拿,是因为项王尚在,牵制着汉王的缘故。如今,楚汉二王相争,决定胜负的砝码在足下手中,足下投向右则汉王胜利,足下投向左则是项王胜利。但是,项王今日灭亡,下一步就轮到足下被汉王擒拿的末日。足下与项王有故交旧情,为什么不可以背离汉国而与楚国联合,三分天下而称王自主呢?如果足下放弃眼下的机会,一心投靠汉国以攻击楚国,怕不是智者的选择和作为啊!"

韩信谢绝了武涉带来的提案,他说:"臣下曾经侍奉项王,官位不过郎中,职务不过持戟,进言不被听从,献策不被采用,所以背离楚国而归附了汉国。汉王授予我上将军印绶,交与我数万士卒,解下自己的衣服为我穿上,分出自己的食物让我食用,言听计从，所以我能够成就今天。我韩信受人深亲厚信，背叛必招不祥，我的心意和决定，至死不会变更。请为我转达对于项王的谢意。"

武涉失望而归。

看得出来，韩信回绝项羽三分天下的提案，态度相当坚决，毫无迟疑踌躇。不过，也看得出来，韩信回绝项羽提案，多在于感恩图报，少有审时度势的政治智慧。

二　蒯通说韩信

韩信的这种不明智的作为，被一位智谋超常的辩士看在眼里，急在心中，决定站出来点醒韩信。他就是蒯通。

蒯通其人，我在《秦崩》中已经作过详细的介绍，他出身燕国的范阳县，继承了战国游士的传统，长于审时度势，精于往来游说，呼风唤雨于秦楚汉间，是活跃于民间江湖上的传奇式人物。张耳、陈馀攻略赵国、燕国，他的外交游说曾经大放异彩，传檄而定千里之地。秦帝国灭亡，蒯通销声匿迹。楚汉相争，到了韩信攻取赵国，降服燕国，准备进攻齐国时，他又再次登上了历史舞台，劝说韩信奇袭齐国成功，得到韩信的赏识，活跃在韩信身边。

这一天，蒯通得到机会与韩信从容交谈，他说："在下曾经学习过看相术。"

韩信感兴趣地问道："先生怎样给人看相呢？"

蒯通回答道："贵贱生于骨相，忧喜现于容颜，成败定于决断，参照这三条品人看相，万无一失。"

韩信高兴，说道："好。请先生看看我的相如何？"

蒯通望望两边，说道："愿意单独谈。"

韩信道："左右都退下。"屏退了身边的随从。

蒯通道："相您的正面，不过封侯，又危险而不安定。相您的背面，富贵不可言。"

韩信问道："怎么讲呢？"

蒯通首先为韩信分析当下的天下大势，可谓是智勇双困。他说：

"天下发难初起的时候，英雄豪杰建国称王，一声呼号，天下民众云合雾集，如鱼群汇聚，如火花迸发，如狂风骤起。这个时候，一门心思都集中在灭亡秦朝而已。

"如今楚汉纷争，使天下无辜的百姓肝胆涂地，父兄子弟尸骨暴露于原野，不可胜数。楚人由彭城开始，转战追击，一直挺进到荥阳，乘胜席卷中土，声威震动天下。然而，部队困于京县、索城之间，军锋被阻隔于成皋以西的山岳地带不能前进，已经将近三年。汉王统领数十万军队，在巩县、洛阳一带，凭借山河的险要地势阻击楚军，虽然激战频繁，却无尺寸之功，败走于荥阳，负伤于成皋，为了牵制楚军，又往来于宛城、叶县之间，疲于奔命。这种形势，可谓是智勇双困。"

蒯通接着指出，当下智勇双困的苦境，必须要新的圣贤出来收拾，而这个新的圣贤，就是韩信。他说：

"军队的锐气被要塞险阻挫伤，仓库的粮食被长久对峙消耗，百姓疲惫，怨声载道，人心动摇，无所依靠。据臣下的看法，这种形势所显示的天下祸患，若没有天下的贤圣出来则不能平息。当今，项王和汉王的命运悬挂在足下手中，足下助汉则汉王胜利，足下助楚则项王胜利。臣下愿意坦诚掏心，披肝沥胆，敬献愚计，只是担心您可能不会听从。"

韩信示意，请蒯通继续讲下去。

蒯通接着说："解决天下困局最好的方式，是使楚汉两国都不受损而共存。在齐国的主宰下，三分天下，鼎足而立，造成没有一方敢轻举妄动的均势。"

韩信神情有些困惑，蒯通直言快语挑明道：

"足下资质同于贤圣，手握重兵，不妨以强大的齐国为中心，率领燕国和赵国共同出兵，君临楚汉两国兵力空虚的侧翼而掣肘双方。就势顺应民心，为百姓请命，如此一来，天下闻风响应，没有谁敢不听从。然后削弱大国，分地建国，列国建立以后，天下归德于齐而听命服从。那时的齐国，首先安定国内，进而控制淮水、泗水地区，实行德政，让各国受恩感戴，如此一来，天下的君王们定将相率而来朝拜齐国。"

蒯通陈述完自己的见解以后，以一句警语结束道："天与弗取，反受其咎；时至不行，反受其殃。希望足下深思熟虑。"

"天与弗取，反受其咎；时至不行，反受其殃"是一句当时流行的谚语，意思是说，上天赐予而不收取，就要承受不取的过失，时机已到而不实行，就要承受失机的灾祸。蒯通明智地看到，此时的韩信，因缘际会，正处于左右刘邦和项羽的命运、决定历史走向的关节点上，他希望韩信高瞻远瞩，当机立断，做天下的主人，做自己命运的主人。他也警告韩信，如果错过了千载难逢的历史机遇，一定会遭受命运的报复。

韩信深为蒯通的话所触动，沉默良久后，终于动情地回答道：

"汉王待我甚为厚道，用他的车马承载我，用他的衣服暖和我，用他的食物饱育我。我听说，乘坐他人的车马就要与他人共患难，穿戴他人的衣服就要与他人共忧愁，食用他人的食物就要与他人同生死，我怎么可以见利忘义呢？"

蒯通道："足下自认为与汉王相处友善，以为由此可以维系封王的万世基业,臣下以为误矣。想当初,张耳与陈馀还是布衣贫民时,同生死共患难,结为刎颈之交。巨鹿之战时,因为张黡、陈泽的事情,有误解而生怨恨[1]。到了田荣自立为齐王时,陈馀借齐兵攻击张耳。张耳被迫弃国逃亡,投奔刘邦,不久借汉兵东下,在泜水河畔诛杀陈馀。曾经一体同心的二人,如今身首分离,成为天下的笑料。张、陈二人的友情,可以说是至善至深,后来竟闹到势不两立,最后竟落到自相残杀,究竟是为了什么?一句话,祸患生于多欲而人心难测。"

蒯通说到这里,话锋再次转回到韩信与刘邦的关系上来,说道:

"如今的足下,希望信守忠信之道,求得与汉王友善相处,这不过是一厢情愿而已。几乎不用计量就可以看得清楚,足下与汉王的交情,比不上当初的张耳与陈馀,而足下与汉王的矛盾,已经远远大于张黡与陈泽之死的事情。所以,足下自认为汉王一定不会危害自己的想法,臣下也以为误矣"。

韩信无语。

蒯通继续说道:

"历史有教训,战国时代,越国大夫文种在危亡之际挽救国家,辅佐越王勾践复仇称霸,胜利后死于功成名就。俗话说,飞鸟尽,良弓藏;狡兔死,走狗烹;敌国破,谋臣亡。以交友而言,足下与汉王,不如张耳与陈馀;以忠信而言,足下与汉王,不如

---

[1] 巨鹿之战前,张耳和赵王歇被秦军围困在巨鹿城,陈馀驻军在秦军包围圈外,因为兵力单薄,一心等待各诸侯国援军前来共进解围。张耳派遣张黡、陈泽突围到陈馀军中求援,陈馀不得已派兵五千由张黡、陈泽率领救援张耳,结果全军覆没。巨鹿之战后,张耳怀疑陈馀不愿发兵,张黡、陈泽二人为陈馀所杀,从此友情断绝,反目成仇。事见《史记·张耳陈馀传》,也见拙著《秦崩》第六章之九"巨鹿之战"。

文种与勾践[1]。这两件事情，都值得足下观望审视，望足下深思。"

"臣下听说，勇略震主的人危及自身，功劳盖世的人得不到封赏。请允许臣下陈说大王的功劳，大王西渡黄河，消灭魏国俘虏魏豹，攻取代国擒拿夏说，出井陉口诛杀陈馀，然后攻略赵国，降伏燕国，平定齐国，消灭二十万楚齐联军[2]，击杀龙且，胜利接着胜利，捷报连着捷报，这是功劳天下第一，武略世间无二，人世间无人可比。如今的足下，头顶震主之威，手挟不赏之功，归附于楚国，楚国不敢相信，归附于汉国，汉国震恐不安，处境如此的足下，难道还有可以投奔屈居的去处吗？足下名满天下，身在人臣之位而有镇主之威，在下为足下思量，实在是危险啊。"

韩信一直默默听蒯通陈说，心绪纷扰不宁而有些失神。待到蒯通的话结束好久以后，他方才回过神来。他谢过蒯通，低声无力地回答说："先生请到此为止，我仔细考虑后再答复先生。"

过了好几天，韩信没有给蒯通答复。蒯通再次请求面见韩信说：

"能够听取意见，是成事的征兆；能够反复计虑，是成事的把

---

[1]《史记·淮阴侯列传》蒯通说韩信文为："大夫种、范蠡存亡越，霸勾践，立功成名而身死，野兽已尽而猎狗烹。"同一事，《汉书·蒯通传》作"大夫种存亡越，伯勾践，立功名而身死。语曰：'野禽殚，走犬烹；敌国破，谋臣亡'"。据《国语》、《史记·越世家》，文种和范蠡辅佐勾践灭吴称霸后，范蠡隐退江湖，经商成功，文种继续从政，终于被勾践所杀。"飞鸟尽，良弓藏；狡兔死，走狗烹"语，是当时常用的俗语，范蠡劝文种隐退时用之，蒯通劝韩信中立时用之，文辞不同而意义相同，最常用的文辞当是韩信在陈县被刘邦抓捕时的回叙："果若人言，'狡兔死，良狗烹；高鸟尽，良弓藏；敌国破，谋臣亡'。"

[2]《史记·淮阴侯列传》所载蒯通说韩信文为："定齐，南摧楚人之兵二十万，东杀龙且。"战国秦汉游士的话，说起来东西南北顺口得多，不可信，也不可全信，多要补充鉴定。龙且统领救齐的楚军，号称二十万。当时，楚军主力与汉军对峙于广武一带，不可能抽调二十万大军救齐，以理度之，龙且的楚军，不会超过十万，合齐军号称二十万。韩信潍水之战所破的二十万敌军，正是楚齐联军。所以，我在文中将蒯通的话改为"平定齐国，消灭二十万楚齐联军，击杀龙且"，去文采而近事实。

握。不能听取意见又不加谋虑,如此能够长治久安的事情,稀见少有。听取意见,能够不失一二,就不会被花言欺骗;反复计虑,能够不偏离关键,就不会被巧语迷惑。安于当奴仆的人,就会失去做主子的机会;满足于升斗小吏的人,就会失去做万石卿相的机会。所以说,行事果断,是智慧的体现;犹豫不决,是成事的障碍;计较毫厘小事,无视天下大局,认识已经清楚而不敢决断实行,更是成事的祸害。

"所以说,猛虎犹豫不动,不如马蜂毒刺出鞘;骐骥踌躇不前,不如驽马缓步徐行;勇士孟贲狐疑不决,不如庸人凡夫决断敢行。人即使有虞舜夏禹的智慧,闭口不言,也不如哑巴聋子以手势示意。以上种种,都是讲贵在决断实行。事业成功难而失败易,时机难得而易失去。时机时机,失不再来。愿足下详查深思。"

韩信始终犹豫不定,他对刘邦感恩戴德,不愿意无情背义。另一方面,韩信以为自己劳苦功高,刘邦不会褫夺自己齐王的地位,于是委婉地谢绝了蒯通。

蒯通见韩信最终不能接受自己的意见,死了心,不久装疯做了巫祝。

三 侯公说项羽

蒯通说韩信,不但文辞动人,而且理喻深刻。有人评价说,其观察之精密,其分析之透彻,其瞻瞩之高远,其定策之卓越,实鲜有人能与之比俦。特别是"飞鸟尽,良弓藏;狡兔死,走狗烹"的绝妙比喻,极尽人情之所难言,不愧为后战国时代纵横家之千古名文。

不过,也有人批评说,假使韩信接受了蒯通的意见,保持中立而再次分割天下，已经持续了多年的战争怕是遥遥无期，难以终结。蒯通这种人，无视天下兴亡的大节，只审视一时的利害，终究不过是摇唇鼓舌、扰动天下的辩士而已[1]。

事后想来，如果韩信接受了蒯通的建议，他个人的命运肯定不会像后来那样悲惨，至于历史的大势会走向哪里，倒是值得思量，也考验人的智慧，也许是一个可以发掘的课题，愿有心者留意。

由于韩信拒绝中立，历史的动向按惯性运转下去，又引来新的英雄人物登上历史舞台。

汉四年八月，刘邦派遣陆贾前往项羽军中，交涉议和休战，希望项羽送还长期被扣留在楚军中作人质的太公和吕雉等亲人。

陆贾是楚国人，著名的辩士，不离刘邦左右的亲信，自郦食其死后，他成为刘邦手下第一说客，常常奉命出使诸侯各国，以其能言善辩、巧于应对的非凡才干，获得外交的累累功绩。不过，因为使命过于艰难，陆贾的这次交涉失败了，项羽拒绝议和休战，也拒绝归还太公、吕雉等人质。

就在这个时候，一位被称作侯公的人物登上了历史舞台，出色地完成了陆贾未能完成的使命。《史记·项羽本纪》说陆贾出使失败后，"汉王复使侯公往说项王，项王乃与汉约，中分天下，割鸿沟以西者为汉，鸿沟而东者为楚。项王许之，即归汉王父母妻子。军皆呼万岁"。

这句话说，汉王刘邦再次派遣侯公出使楚国，侯公劝说项羽与刘邦签订休战议和的条约，以鸿沟为界中分天下，鸿沟以西划归汉，鸿沟以东划归楚。项羽同意了，于是归还了扣押在军中的刘邦亲属。两军将士，欢庆议和成功，高呼万岁。

---

[1] 诸家的精彩评论，见《史记·淮阴侯列传》，《笺证》所引。

鸿沟

> 刘邦、项羽议和，以鸿沟为界两分天下，鸿沟以西属汉，鸿沟以东属楚。鸿沟引黄河水口多次变迁，今鸿沟故址界牌，竖立在广武涧东霸王城边。

议和成功后，刘邦封侯公为平国君，彰显他的功绩。据史书上说，凯旋而归的侯公并未接受刘邦的封赏，他从此隐身不再出现，消失于人们的视线，退出历史舞台，宛若倏忽飘过天空的一道云彩，不知从何处来，又不知去向了何处，神秘而不可思议。

我读史书到这里，每每心生感慨。历史记载，不过点点滴滴，历史事实，真是汪洋大海，挂一漏万之间，留下了有垠无边的探索空间。空间如何填补，既靠新史料的发现，也要靠新视角的推想，更有艺术的构思和想象，常常带来意想不到的功效，不时使人心生疑虑：史学和文学，艺术和科学，谁更近于真实？

伟大的苏东坡，有感于侯生说项羽的详情失载于史书，曾经撰写《代侯公说项羽辞》一文，纵横驰骋想象，叙述有节有度，堪称补史的名文。明代文豪王世贞著有《短长说》上下篇，假托据地下出土的简牍整理而成，其中有侯生说项羽的内容，也是文辞古朴，匠心独运。我读二位先贤，仍有意犹未尽之感，于是活用两篇侯公说项羽辞[1]，再次复活侯公说项羽如下：

汉王四年，楚汉两军对峙于广武涧一带，旷日持久，不能决定胜负。刘邦派遣辩士陆贾出使楚军大营，游说项羽休战议和，归还太公、吕雉等人质，项羽拒绝接受，陆贾失败而归。刘邦多日心情不悦，左右不知如何是好。

这时候，有客自称侯生，五短身材，相貌平常，身着布衣，请求谒见刘邦，说是有说服项羽的妙计。刘邦命令将侯生带进来。

侯生见了刘邦说："太公不幸被项王扣留，至今已有三年之久，日日加重着大王的夙夜之忧。在下听说，主上的忧虑，是臣下的耻辱，主上受辱，臣下当死。臣下愿意分担大王的忧虑，以死清除大王蒙受的耻辱。"

刘邦答道："太公被项羽拘辱，是我日夜痛心疾首的事情，可是又有什么办法呢？"

侯生说："在下虽然不才，愿意借用大王马车一辆，骑士数十人，清晨驰往楚营，傍晚与太公同车而还，不知行不行？"

刘邦一听，当即火冒三丈，开口骂道："臭儒生，又来胡说八

---

[1] 苏轼《代侯公说项羽辞》，王世贞《短长说》下，我都作为附录收于书后，有兴趣的读者可以对照参考。

道。你看陆贾，他是名闻天下的辩士，奉命出使。结果呢，智穷辞塞，抱头鼠窜，好容易保住小命一条，却留下一副狼狈相。看你这副模样，嘴皮子扯得轻巧！"

侯公平静地说："大王究竟是希望太公归来，还是不希望太公归来，如果希望太公归来，怎么能轻易回绝请缨之人？从前平原君出使楚国，毛遂自荐请行，为众人所嘲笑，不为平原君看好。结果呢，毛先生脱颖而出，廷斥楚王，歃血定合纵抗秦之盟，平原君从此不敢轻言相人识士[1]。如果只是以貌取人，请问大王用将为何不用陈平而用韩信，运筹为何不用张苍而用张良？"

刘邦一时语塞，盯着侯生看了好久，转过身来说道："先生坐，愿闻其详。"

…………

侯公受汉王之命，整饬马车十乘，骑兵百余人，前往楚军大营请求谒见项王。项王不想见，项伯劝道："既然来了，见见也无妨。"项王同意了。

侯生见了项王说："臣下听说汉王的父亲太公是大王的俘虏，作为制胜汉王的筹码之一，臣下为大王庆贺。不久前，汉王遣使请求归还太公，大王不但拒绝了，还扬言不惜烹煮太公，作为失义于天下的过失之一，臣下甚为大王所不取。"

项王当即火起，瞋目怒斥侯生道："又来花言巧语。我与刘邦征战角逐，捕获他的父亲，不管如何处置，都心安理得。再要放言胡诌，我连你也一并煮了。"

侯公平静地回答道："臣下是江湖上的过客，眼下虽然以汉使的身份谒见大王，本意是为楚汉双方，更为天下着想。请大王听

---

[1] 毛遂自荐事，见《史记·平原君列传》。

完臣下的陈述，假若有可取之处，请参考使用，假若没有可取之处，大王将臣下与太公一起煮了也不算晚。"

项王道："快说。"

侯生道："大王以为，汉王真是想得到太公，还是不想得到太公？"

项王道："话从哪里讲起？"

侯生道："大王曾经将太公置于刀俎上，汉王回答说，一定要煮太公，请分我一杯羹。彭城之战，汉王几乎被大王擒获，汉王与儿子女儿同车逃亡，几次推坠二子而不顾。这些事情说明了什么呢？说明汉王是志在天下，无以为亲。也就是一门心思在于夺取天下，丝毫不将亲情放在心上。对汉王这样的人，大王以父母、妻子为人质要挟，怕是得不到任何益处的。而汉王呢，他数次派遣使者前来，并不是真的想要得到太公，而是想要以此置大王于无德无义的绝境，以此为口实纠结诸侯各国共同攻击大王。"

项王怒气稍息，徐徐问道："果真如此？"

侯生答道："在下请大王回想，大王分封汉王于巴蜀汉中，汉王若无其事一般；到了南郑，就高调指斥大王的罪恶，宣称大王'负怀王之约背信天下，将先攻入关中的我贬徙到荒僻之地'。义帝遇难于江上，汉王宛若不知道一样；到了东进扩张时，就高调指斥大王的罪恶，宣称大王'弑君而背信天下，愿与各国共举兵'。大王扬言欲烹煮太公，汉王也宛若无事一般；他是故技重演，打算等到太公一死，马上传檄天下，宣称大王的罪恶'杀吾父，无情无义，请与天下共讨之'。

"因此之故，臣下以为大王应当避开汉王设置的陷阱，释放太公等人质而积极参与和议。如此一来，汉王君臣理屈语塞，内逼于亲，外逼于名，必定不敢再失信攻楚而构祸于天下。如此一来，大王理直气壮，内有施仁义之情，外有和天下之义，于是遣使布告诸侯，'天下苦于楚汉相争久矣，致使苍生苦难，民不聊生。汉国的土地，寡人毫无野心，汉国的财富，寡人毫无贪求，寡人曾经与汉王约为兄弟，如今眷念旧情归还他的亲人，以此晓示天下，寡人为了黎民休养，百姓生息，愿意划界休战，化刀剑为玉帛，和平久安。'"

项王听得入神，点头说道："好，我听先生的。请先生回去告知汉王，订约罢兵，寡人归还彭城以后，再送还太公。"

侯生道："这样怕不妥当。智者贵在迅速决定，勇者贵在坚决实行；迅速决定就不会错失良机，坚决实行就不会留下遗憾。王陵本是楚国的骁将，归附了刘邦。大王为了召回王陵，曾经拘留了他的母亲，他的母亲在楚营伏剑自杀，让天下哀伤她的死亡，传颂她的节义，促使王陵从此死心塌地跟随刘邦而无二心。如今太公久被拘留，苦苦望归，他听说使者来了又去，而大王始终没有释放的心意，难免抑郁纠结，一旦仿效王陵的母亲自杀引决，大王将会追悔不及啊。"

一直没有说话的项伯，此时插话道："王陵的母亲自杀，我至今不安。太公年事已高，难免有三长两短，果真有事，于人不义，于国不祥，望大王考虑侯生的建议。"

侯生受到鼓励，进而说道："如今大王粮食匮乏，将士疲敝，难以继续与坚守的汉军久久对峙。在下听说，韩信的大军，已经休整完毕，乘胜的劲旅，即将南下西进，到了那时候，大王即使想解甲东归，恐怕就很难了。在下希望大王抓住时机，顺势利用汉王求和的机会，马上释放太公，与汉王订立合约，以鸿沟为界，西为汉，东为楚，中分天下。大王引军东归，登坛祭祀天地祖宗，建东帝的名号，镇抚东方的诸侯，然后休养士卒，存贮粮食，等待天下的变化。汉王已经老了，也厌倦了征战，已经没有更多的欲求，一定会世世代代作西方的藩篱，侍奉楚国。"

话听到这里，项王心中的狐疑顿扫，大为高兴。当即决定接受侯生的建议，释放太公，与刘邦议和。于是项羽将侯生视为上等国宾礼遇款待，请出太公一道饮酒庆贺，足足宴饮了三天。

经过侯生的游说斡旋，项羽与刘邦定了合约。项羽遵照条约，送还了太公、吕雉等人质。当太公、吕雉等离开楚军大营走向汉军营垒时，两军将士都欢呼万岁。

喜出望外的刘邦，当即宣布封侯公为平国侯，他牵引侯公的手对群臣称赞道："先生真是天下无双的辩士，言辞足以摇动君主，安定国家，所以赠予平国君的封号。"

侯公始终笑而不语。第二天，侯公隐匿不知去向，汉王送来的一切赏赐，原封未动。

四 陈下之战[1]

楚汉议和成功以后，项羽遵照合约，领军向东撤退。刘邦也准备罢兵回到关中。

---

[1] 陈下之战，是垓下之战前楚汉之间的一次重要战役，不了解陈下之战，就不可能正确地理解垓下之战。由于史书记载的缺漏混乱，千百年来，陈下之战几乎被忽视不见。陈下之战的再发现，起因于现代历史地理学家们对于垓下地理位置的探讨。具体而言，历史地理学家们在复原项羽从荥阳撤退到垓下的路线时，注意到了陈下之战的存在。诸位专家对于这个问题的精彩讨论，可以参见卜宪群、刘晓满所撰写的综合性评论《垓下位置研究评议》，刊于《安徽广播电视大学学报》2010年第4期。笔者在仔细对比了诸家的意见后，重新核对史料，做了实地调查，大致有了比较明确的看法：一，陈下之战和垓下之战是前后继起的两场战役。二，陈下之战在陈县（即今河南淮阳）一带，垓下之战在垓下（今安徽灵璧和固镇之间）一带。三，决定楚汉命运的大决战是在垓下。本文的叙事，就是在综合判断的基础上写成的。

这时候，张良和陈平劝谏刘邦说："如今汉国已经拥有天下的大半，诸侯各国也大多归附了汉国，而楚国方面呢，粮食匮乏，将士疲劳厌战，这正是天亡楚国的时机。如果不依从上天所赐的机运顺而取之，难免落入'养虎自遗患'的背运。"

刘邦想了想，马上同意了。

汉五年十月，汉军撕毁停战协定，突然对撤退中的楚军展开攻击，楚军仓皇应战，且战且退。

汉军毁约开战，事前经过精心的策划。由汉军统帅部精心策划的这个计划，基本意图是四面合围，聚歼项羽军于撤退途中。首先，刘邦亲自统领汉军主力从荥阳出发，由西而东尾随项羽军开启攻击，迫使项羽军不得不且战且向东撤退。其次，彭越军由东郡一带南下，由南而北攻击退却途中的楚军，截断项羽走三川东海大道回归彭城的退路。进而，韩信军由薛郡、城阳郡一带南下，由东、北两个方向攻取楚国首都彭城地区，端掉项羽回归的老巢。与此同时，将军刘贾协助新封的淮南王英布回到九江故国，攻取寿春，由南向北推进，堵截项羽南下的退路，力求在淮北地区全歼楚军。

东撤的项羽军，原本打算沿三川东海大道，由荥阳经过大梁、开封、陈留、睢阳一线，回到楚国首都彭城。由于突然受到汉军的尾随攻击，不得不仓皇应战，撤退到开封、陈留一带，东去的道路受到彭越军的骚扰阻击，又得知韩信军出动，进入彭城地区的消息，被迫改道南下，沿鸿沟直奔陈县（现河南淮阳）而去。

陈县曾经是楚国的都城，是楚军的重要战略基地，陈县及其所在的陈郡地区，长期由楚将利几领重兵镇守，较少受到战火的席卷，是楚国相对安定的地区。陈郡南面依托共骜的临江国和周殷控制的九江郡地区，西面紧邻彭城所在的泗水郡，进可攻，退可守，对于败退中的项羽来说，不失为良好的选择。

项羽军进入陈县以后，停止了撤退，派遣大将钟离眛在陈县北面的固陵（现河南淮阳北）屯军设防，以陈县为依托，迅速建立起有纵深的双重防线，迎击刘邦军的攻击。

紧紧尾随项羽的刘邦军，追击到固陵时，遭遇钟离眛军的阻击，受挫不能前进，被迫驻军阳夏（现河南太康），与楚军对峙。刘邦派遣使者召集彭越和韩信，要他们迅速领军前来，约定日期，会师固陵，打算一举全歼楚军。然而，出乎刘邦的意料，到了指定日期，彭越和韩信的军队都没有到来。

项羽察觉到汉军方面不协调的动向，集结兵力，在固陵城下对单独行动、孤军深入的刘邦军展开攻击。汉军大败，退入阳夏城中坚壁固守。

这个时候，刘邦再一次明白自己无法单独与项羽对决，他深感无奈，问计于张良说，如何才能促使韩信和彭越领军前来会战？

张良回答道："击破楚军，已经是眼前的事情，对于诸侯各国来说，他们各自关心自己的利益，因为战后应得的领地没有得到大王明确的承诺，自然不愿意领军前来。大王如果能够与诸侯各国共有天下，均分领地，他们立刻就会前来。"

张良进而具体地分析道："齐王韩信的册立，出于要挟自请，并非大王的本意，韩信心中也存疑不安。彭越平定了魏国地区，大王因为魏王魏豹在的缘故，拜任彭越为魏国相国。如今魏豹已经死去，彭越自然期待能够成为魏王，大王迟迟未能做出决断。这就是二人没有领军前来会战的原因。

"就眼前的局势而言，希望大王能够将睢阳（今河南商丘）以北直到谷城（今山东平阴县）的土地划归魏国，拜封彭越为魏王；将从陈县以东一直到东海的土地划归齐王韩信，满足他希望领有自己故乡的欲望。如果大王能够割舍这两片土地给这二人，使他们为自己的利益而奋战，楚军立即可以被击破。"

刘邦接受了张良的建议，马上派遣使者，按照上述条件与彭越和韩信协商。果不其然，彭越和韩信马上答应立即出兵，参加会战。

韩信命令曹参镇守齐国，以已经累次深入楚国境内作战的灌婴骑兵军团为先锋，大举南下，突破楚军防线，接连攻占薛县、沛县、留县，一举攻克楚国首都彭城。防守彭城的楚军大将、项羽的侄子柱国项它兵败被俘。攻克彭城以后，韩信军乘胜西进，一路攻克萧县、相县（今安徽濉溪西北）、酂县（今河南永城）、谯县（今安徽亳县）、苦县（今河南鹿邑）等地，势如破竹，步步向陈县靠拢，很快就与刘邦军在陈县附近会师。与此同时，彭越军也迅速南下，进入陈县地区。

坚壁固守的刘邦军，得到韩信和彭越军的会合后，军势大振，马上由防御转入进攻，首先击败钟离昧，攻克固陵。接着包围陈县，守将利几投降。在刘邦、韩信、彭越三路大军的联合攻击之下，项羽被迫放弃在陈县地区作战的计划，沿颍水南下，准备渡过淮河，撤退到淮南，在楚国的南部地区重整旗鼓。

就在这个时候，淮南地区的形势发生了变化。汉将刘贾领军渡过淮河，包围了寿春（现安徽寿县）。寿春是战国末年楚国的首都，淮南地区的重镇。刘贾包围了寿春以后，九江郡震动。九江郡地区，是项羽分封给九江王英布的领土，刘贾借用英布的威望，派遣使者劝诱镇守九江郡地区的楚军将领、大司马周殷成功。周殷反楚归汉，举兵迎接英布回到九江，断绝了项羽退守淮南的打算。刘贾会合了英布、周殷军以后，迅速渡过淮河北上抵达城父

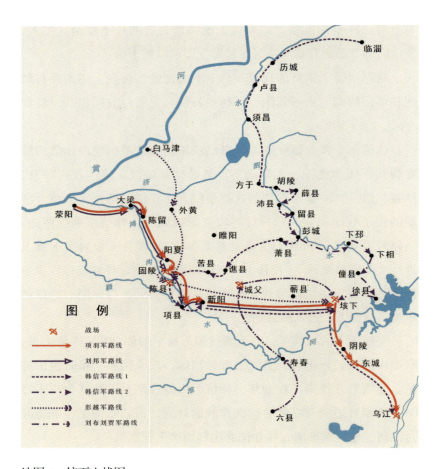

地图 4 垓下之战图

县一带，大有会合各路联军，将项羽合围于陈县的气势。

在得到九江反叛的消息之后，项羽放弃了南下的打算，趁联军合围陈县的包围圈尚未收拢的机会，迅速引军改道东去，走项城—新阳—新郪一线，抵达蕲县南部的垓下，止军停驻，开始做决战的准备。

五　垓下之战

垓下古战场，在今安徽省固镇县和灵璧县之间的淮北原野上。

汉五年（前202）十二月，由陈县撤退到这里的项羽，决定倾其全力，与刘邦作最后的决战。经过长达五年的消耗战，项羽丧失了大部分国土，失去了几乎所有的盟国，境况日益恶化。经过短暂的休整和补充，集结在项羽手下的楚军，仍然有十万之众，楚军最精锐的核心力量，跟随项梁、项羽渡江北上的江东子弟兵依然健在。

在项羽的统领下，楚军始终旗鼓整齐，军纪严明，保持着强大的战斗力。楚军将士，视项羽为军神，项王在，楚军军威在。项王击鼓，楚军奋勇进击，项王鸣金，楚军从容收兵，只要项王的大旗不动，楚军磐石不移。八年以来，在项王的统领之下，楚军速战速决，百战百胜，多次以少胜多，全歼秦军于巨鹿，大败汉军于彭城，在大规模的野战中，从来所向无敌。

自从彭城之战以来，刘邦始终回避与项羽决战，用坚壁固守的方式消磨楚军，用后方骚扰和开辟侧面战场的方式分散楚军，一直使项羽疲于奔命，不能堂堂正正地在野战中交战一场。如今，撤退中的项羽选择了一望无际的垓下平野，以沱河南岸的垓下城为据点[1]，分军布局，摆开决战的阵势，迫使刘邦军不得不前来应战。

在不利中撤退到垓下的项羽，得到汉与诸侯联军从各个方向逼近垓下的消息后，心中的阴霾一扫而空，他心中的激情再一次燃起，他期待已久的决战终于到来了。项羽眺望阳光下的旷野，凝视飘扬的战旗，耳中似乎已经听到千军万马的呼喊，恍惚中他似乎已经看到，命运之神再一次降临，楚军将获得又一次堪比巨鹿和彭城的大捷。

最先出现在项羽视野中的敌军，是韩信所统领的齐国军团。齐国距离楚国最近，此时的韩信军，已经占领了楚国首都彭城，三十万大军，一部沿泗水南下，大部渡过濉水，从东、北两个方向压迫过来，将楚军东去进入东海郡的线路截断。由陈县方向尾随而来的刘邦军，与渡淮北上的英布、刘贾军会合，从西、南两个方向包抄而来，也是近三十万大军，力图与韩信军相会合围。

彭城之战，刘邦惨败吃足了苦头，从此不敢再与项羽正面对决，得到彭越的支援，在忍耐坚守中苦熬了五年，终于在韩信开辟北方战场的辉煌胜利中迎来了转机，取得了战事的主导权。不过，追击项羽到固陵，孤军稍一突出，马上遭到项羽的沉重打击，不得不以重大让步换取韩信和彭越的军事支援，教训可谓是刻骨铭心。

刘邦善于总结经验，修正错误，经过彭城之战，他自知没有能力指挥数十万大军展开野战。他有自知之明，明白自己不能与

---

[1] 关于垓下城的具体位置，学界有多种意见。笔者以为，安徽省人民政府确定今安徽省固镇县濠城镇垓下村的古城遗址为垓下故址，是目前最优的选择。我的考察和意见，参见本章之七"垓下行"及注释。

项羽单独力斗。刘邦有识人之明，尽管他对已经尾大不掉的韩信不放心，他还是清清楚楚地懂得，与项羽的决战，只能交由韩信指挥。垓下之战前，刘邦主动隐忍退让，退居二线，将汉与诸侯各国联军的指挥权，交与韩信，他的心思，更多地放在战后诸种事宜的处置上。

韩信自加入刘邦军以来，如雾豹出山，风鹏腾空，灭三秦，取西魏，下赵降燕，征服齐国，所建的奇功可以用一句话道来：一手打下了半个天下。不过，对于踌躇满志、独步天下的韩信来说，没有与项王正面交过手，始终是一种遗憾。当他从刘邦手中接过联军的指挥权时，他只是平静地想到，完满将如何实现？

韩信在项羽身边多年，对于项羽的为人用事，特别是项羽的带兵作战之道，不但做过深入细致的观察，而且做过理性的得失分析，第一次面见刘邦时有名的"汉中对"，从事后的结果来看，无不一一中的。不过，这一次毕竟不同。这一次是项羽与自己的直接对决，不但是第一次，也可能是最后一次。

这一次对决，时间、地点已经由项羽选定，对决的方式也只能是项羽最擅长的野战，这是对韩信不利的地方。不过，此时的楚国，已是江河日下，此时的项羽，毕竟是困兽犹斗，六十万对十万的兵力，在刘邦手里可能变成混乱的劣势，在韩信手里，则是多多益善。一贯示弱出强、以奇兵取胜的韩信，经过周密地侦查、慎重地思虑以后，决定堂堂正正地接受项羽的挑战，以硬碰硬，双方选定时日，在垓下平野上摆开阵势决战。

决战之日，在韩信的统一部署之下，六十万联军摆成三重纵深的六军阵。第一道军阵三十万人马，分为前、左、右三军：前军十万，由韩信亲自统领，居中突出在前，直接面对楚军；左军十万，由韩信的部将孔熙统领；右军十万，由韩信的另一员部将陈贺统领。左右两军都退后布置在中军两侧，作侧翼支援，也用来防卫楚军的两翼突袭。第二道军阵十万人马，由刘邦亲自统领，作中军部署在前军后的纵深处，作第一道军阵的依托和支援。第三道军阵二十万人马，分为左后军和右后军两部，左后军十万，由刘邦的部将周勃统领；右后军十万，由巨鹿之战的名将柴武统领。左后军和右后军退后部署在中军的两侧，用作总预备军，也用来防止楚军骑兵的背后袭击[1]。

项羽军十万人，数量只有联军的六分之一。不过，对于长于以少胜多、以精奇快猛取胜的项羽来说，足矣。关于垓下之战项羽军的军阵，史书没有记载，我们只能依据项羽一贯的作风和战法稍作推想而已。数量处于劣势的项羽军，不能如同联军一样，做攻守自如、开合有度的纵深布阵，而是必须集中兵力，主动地迅猛出击，一举突破联军的军阵，然后深入溃阵。

项羽首先展开攻击。楚军前军精锐，在钟离眛的统领下正面冲击韩信前军阵首。楚军骑兵，由两翼出动，突袭韩信前军阵两侧，意在夺取旗帜金鼓，打乱韩信军的指挥系统。联军前军在韩信指挥下，顽强抗击楚军的攻击，由于两翼受到楚军骑兵袭击，不得不收缩，陷入军阵动摇的不利形势，开始退却。项羽掌握楚军主力做中军，紧随钟离眛前军，做掩护支援。看

---

[1] 古书中关于战争的记事，往往语焉不详，一个重要原因是文言文难以写实详尽地表现物事。《史记·高祖本纪》中关于垓下之战的记事如下："五年，高祖与诸侯兵共击楚军，与项羽决胜垓下。淮阴侯将三十万自当之，孔将军居左，费将军居右，皇帝在后，绛侯、柴将军在皇帝后。项羽之卒可十万。淮阴先合，不利，却。孔将军、费将军纵，楚兵不利，淮阴侯复乘之，大败垓下。"这段共87字的文章，已经是古史中难得一见的详细的战争记事。从这段记事中，联军三重纵深的六军阵的布阵比较清楚，楚军的布阵完全没有提及，笔者只能用古代战争中常见的前、中、后三军阵来填充，作为一种聊胜于无的参考，也作为一种铺垫性的假说。关于中国古代战争中军队的编制阵法，可以参见蓝永蔚《春秋时期的步兵》，中华书局，1979年。

到楚军有利、韩信军开始退却，特别是看到韩信军的金鼓旗帜被夺取，队形也出现混乱时，项羽断定总攻击的时机已到，一声令下，亲自统领中军投入战场，对退却中的联军展开猛攻，准备一举将韩信军击溃。

出乎项羽的意料，在溃退的韩信军后面，出现了早就列阵整齐的后备军，后备军开放阵锋、放溃退的军队进入，以弓弩劲射楚军后，前行迎击楚军。在两军再次陷入激战之际，从韩信军两翼，一直整装待命的孔熙军和陈贺军突然压迫过来，首先击溃楚军骑兵，进而一边攻击楚军两翼，一边分兵向项羽军和钟离眛军身后作移动，将项伯所统领的楚军后军隔离开来，完成了对于楚军的分割包围。与此同时，退入后备军阵的韩信前军部队也重整队形，与后备军一道，会合孔熙军和陈贺军对楚军展开总攻击[1]。

深陷包围中的楚军，在韩信三军的分割包围之下，军阵大乱，无法做有组织的抵抗，几乎全军溃灭。史书上一句话，十万楚军将士，战死者八万。可以想象战况之惨烈。

六　乌江自刎

垓下之战，楚军惨败，钟离眛所统领的前军和项羽所统领的中军几乎全军覆没，十万楚军将士，生还者不到两万人。苦战突

---

[1] 垓下之战的详细战况，史书上没有记载，留下历史的空白。前军苦战后佯作败退，由后备军开阵接应，然后迎击追兵，再用奇兵获胜，是韩信得心应手的战法，背水之战时他就用此战法获胜。我据此推想垓下之战时韩信再次活用该战法，简略补写该段叙事。

出重围的项羽,退守垓下,深沟高垒,坚守不出。大获全胜的联军,将垓下的楚军营垒团团围困。

项羽一生,身经百战,从未吃过败仗,大规模的野战,最为得心应手,宛若有神助,用兵或如巨石滚下高山,或如狂风席卷落叶,从未失过手。垓下之战,是项羽一生中唯一的一次败仗,败战后困守孤城,也是他一生中从来未曾有过的屈辱体验。

史书上说,项王统领残部,以垓下城为要塞,修筑营垒坚守,兵员缺少,粮食耗尽,联军的包围圈重重数层。项王郁郁不安,外出巡视军中防务,听到联军营垒中传来阵阵熟悉的楚歌[1],大惊失色,自言自语道:"难道楚国都已经被汉军攻占?为何汉军营中有如此之多的楚人!"

心情沉重的项王夜不能寐,起身在军帐中闷闷饮酒。项羽的爱妾称为虞姬,一直跟随在身边,项羽的爱马叫做乌骓,多年最爱乘骑。英雄失路,望眼前美人托身无所,想帐外骏马奔走无路,禁不住慷慨悲歌,心中满腔的郁结,竟然和着汉军营中飘来的楚歌唱了出来:

"力拔山兮气盖世,时不利兮骓不逝。骓不逝兮可奈何,虞兮虞兮奈若何!"

歌词大意说,英雄盖世力能拔山,时运不济宝马顿足,宝马不行无可奈何,虞姬啊虞姬,你将何从?

据说,伤感欲绝的虞姬,起身为项王楚舞,和歌唱道:

"汉军已略地,四面楚歌声。大王意气尽,贱妾何聊生。"

---

[1]《史记·项羽本纪》记载说:"项王军壁垓下,兵少食尽,汉军及诸侯兵围之数重。夜闻汉军四面皆楚歌,项王乃大惊曰:'汉皆已得楚乎?是何楚人之多也!'"这段历史故事,已经成为汉语的常用成语"四面楚歌",比喻四面受敌、孤立无援的困境。

意思是说，汉军已经攻占了楚国，营垒之外尽是楚歌。大王顿挫失意，贱妾也无心生存。

歌词或许是后人的假托，却合于情理。项羽与虞姬对词和声，同歌数阕。英雄一世的项王，禁不住潸然泪下，左右侍从，无不痛哭失声，没人能够抬起头来。

当晚半夜，项羽带领八百名近卫骑士，出垓下城，突破汉军的包围圈，径直南下而去。天亮，汉军统帅部方确认突围的是项王，刘邦当即命令骑将灌婴统领五千骑兵追击，务必要擒杀项羽。

项羽一行急急南下，过洽水，渡淮河，八百骑士只剩下百余人。进入阴陵县（现安徽定远县西北）境内，迷失了方向。向当地一农夫问路，农夫指点说：往左走。项羽一行左去，结果陷入沼泽地区，方知受骗上当。待到项羽一行走出沼泽时，灌婴骑兵已经追赶上来，尾随不舍。

项羽为了摆脱追兵，不顾人疲马乏，强行军往东而去，进入东城县（现安徽定远县东南）境内时，身边只剩下二十八骑。抵达四隤山[1]（现安徽全椒、和县间），项羽遥望身后滚滚而来的汉军旗帜烟尘，自忖难以脱逃，于是登山集结二十八位骑士，感慨说道：

---

[1] 项羽统领二十八骑突破汉军重围的这次战斗，史家称为"东城快战"，其作战地点，在秦东城县境内一座无名小山，《史记》没有记其山名，只是说项羽在山上布置二十八骑，"乃分其骑以为四队，四向"。分二十八骑为四队，从四个方向冲下山坡。《汉书·项籍传》记载同一事说："于是引其骑，四隤山而为环阵外向。"称这座小山为四隤山。隤，斜行下降。四隤山，当为四面斜坡之山，想来因山势得名。据历代地理书的记载和今人实地考察，四隤山在今安徽全椒、和县与原江浦县（今南京浦口）交界处，山高约五十米，山顶宽平，四面梯形缓坡，正合于史书所载。学术界关于东城快战所在地讨论的综述，请参见张大可文《项羽"乌江自刎"讨论综述》，刊于《红河学院学报》2009年第1期。

"我自起兵以来,至今已经八年,身经七十余战,所当者破,所击者服,未尝吃过败仗,这才霸有天下。然而眼下竟然困穷于此,这是上天要亡我,而不是征战的过错啊!今天,我决死无生还意,愿为诸君痛痛快快作最后之战。一战溃围,二战斩将,三战夺旗,愿为诸君,连胜三战。愿使诸君知道,这是上天要亡我,而不是征战的过错啊!"

于是项羽如往日临战,口授军令,部署二十八骑整装受命。他分二十八骑为四队,每队七骑,各向一方做环形布阵。他久久地观察地势,静静地等候汉军的到来。汉军骑兵聚拢,将项羽一行团团围困,里外数重,水泄不通。

项羽手指山坡下旌旗晃动的汉军,从容地对部下说:"我领一队先行,首先为诸君斩一敌将。"然后远指东方吩咐道:"看清楚了,那里有三处高敞地,你等三队由另外三个方向驰入敌阵,突围后分别抵达三处高地,等候我的到来。"话音未落,项羽一声高呼,率领二十八骑突入汉军军阵。楚军的突然行动,使汉军猝不及防,队列被打乱,军阵被撕开,项羽趁势斩杀敌将一员。就在这个时候,一名叫做杨喜的汉军骑士迎面与项羽撞个正着,被圆睁双眼的项羽一声怒吼,马受惊,人失态,掉头一阵狂奔,跑出几里地外。

战况如项羽所言,四队楚军骑士,分别冲开汉军军阵,抵达项羽指定的三处高地。一时乱了阵脚的汉军骑兵,在灌婴的指挥下迅速重振队列,再次实施包围,由于不知道项羽在何处,于是分五千骑兵为三队,分别包围三处高地。此时的项羽,意气风发,统领两队骑士驰下第一座高地,又突入汉军骑阵,溃围直奔第二高地而去,途中斩杀汉军骑士数十人。抵达第二高地会合后,项羽趁汉军还来不及重振队列,率领三队骑士驰下高地,再次冲开

乌口河口外之长江

> 2007 年 9 月,我追寻项羽败退的踪迹,出垓下渡淮河,过阴陵去东城,一直到乌江。乌江是流入长江的一条小河,进出长江的船只常在这里停泊,因为是船舶商旅往来的交通要地,秦帝国以来,政府在这里设有亭部,负责邮政交通和治安管理,如今依然是河道纵横的水乡。

汉军军阵,斩杀汉骑兵高级将领——骑都尉一人,抵到第三高地。四队骑士顺利会合,查点人员,仅仅损失了两名骑士。

项羽自负地问道:"今日之战,如何?"

二十六名骑士同时下马,俯伏项王马前齐声回答道:"如同大王所言。"

于是项羽统领二十六骑突围一路向东南而去,抵达东城县乌江亭地界(今安徽和县乌江镇)。乌江是流入长江的一条小河,进出长江的船只常在这里停泊,因为是船舶商旅往来的交通要地,秦帝国以来，政府在这里设有亭部，负责邮政交通和治安管理。

项羽抵达乌江，乌江亭长已经整船靠岸，等待良久。亭长对项羽说："渡过长江，就是江东地区。江东虽然不大，也是地方千里、居民数十万之地，足以一隅称王，愿大王迅速渡江。眼下乌江，唯臣下有船，纵使汉军追兵到来，也是无船不能渡大江。"

此时的项羽，心境澄明，来去已定。他难得一笑，回答亭长说："天要亡我，我又何必渡江！想当初，八千江东子弟随我渡江西进，到如今无一人生还，纵使江东父老兄弟怜爱不弃，仍然以我为王，我又有何脸面去见他们？纵使江东父老兄弟默默不言语，我项籍岂能问心无愧啊！"

项羽一声长叹，继续对亭长说："我知道你是厚道长者。我这匹乌骓马，五岁正当年，我骑此马所向无敌手，曾经一日驰行千里，不忍杀死，赠送与你。"

项王谢绝了渡江的请求，待到乌江亭长船载乌骓马离岸远去，项王命令部下下马，将战马放生，二十六人手持盾牌刀剑步行，背靠乌江，相倚集结成三面环阵，以必死之心，静候结束生命的最后一战。

汉军第一阵抵达，两军开始接战……

二十六位楚军勇士，如何在项羽的统领下，置身汉军的重重包围圈中，与数千精锐骑兵殊死决战，史书无言，已成绝笔。伟大的司马迁，只以其神奇的史笔，为世人留下项羽之死的最后身姿言语。

血战中的项羽，已经身负十余处创伤，突然间转身不动，望着眼前一位汉军骑将喊道："来人可是旧友吕马童？"

突然被项羽直呼其名的吕马童不敢正视项羽的目光，侧身面对身边的战友王翳，手指着项羽说："这就是项王！"

项羽继续喊道："我听说汉王悬赏千金，封邑万户，要我的头。我成全你！"说完挥剑自刎，享年三十一岁。

汉军将士，蜂拥而上抢夺项羽的遗体，数十人相互踩躏残杀而死。最后，郎中骑王翳夺得项羽的头，郎中骑杨喜，骑司马吕马童，郎中吕胜、杨武各夺得项羽遗体的一部分，带回刘邦军大营，经过验证，确切无误。

按照刘邦颁布的军令，五位斩杀项羽的骑士分享千金万户的封赏，都受封最高爵位为列侯，从此载入史册。

七 垓下行

2007年8月，我追随项羽足迹到垓下，行色匆匆。从徐州楚都出发，走曹村，过符离，下蕲县，村村镇镇，都是历史地名。到灵璧县，访虞姬墓，一步一步走进那段历史[1]。

垓下在哪里？古往今来，多说在安徽省灵璧县东南。我去韦集镇，在一望无际的淮北原野上，寻得一块小小的石牌"垓下遗址"，由灵璧县人民政府所立。石牌在路北，无声无息，默默藏身于田地树丛里。路南开阔，平地中有连绵突起的土丘，传说是垓下之战死难将士的埋骨冢。小河中摸鱼的农夫对我说道："进去过，是古墓，砖石砌成的，有壁画。"想来，当是东汉墓。

于是去固镇县，刚刚得到消息说，在濠城镇垓下村发掘出古城，可能是垓下城遗址。垓下村在沱河南，古城遗址毗邻沱

---

[1] 从垓下到乌江的实地考察，我与爱媛大学藤田胜久教授同行，得到安徽大学李修松教授的关照帮助，得以顺利完成，在此表示感谢！

河，四面围有夯土城墙，城门四开，引沱河水环绕作护城濠，是一处淮河平原上难得的完整古城址。古城堆积的文化，从石器时代到战国、秦汉，至今依然保留着封闭聚居的村落形态。北魏郦道元《水经注》说，垓下城在洨水南。沱河应当就是古代的洨水，打开随身携带的《水经注图》对比，纸上实物，田野书斋，一种物我契合的欢愉，由河水浸润而来，由城址生发开去，穿透纸背，趋入心来。

据当地耆老讲，抗战前南城门还在。我等依依穿行古城，到村南口，城墙高处树荫中，立有石碑一座，"垓下城遗址——安徽省人民政府1986年7月3日公布"，诚然信哉！[1]

固镇县与灵璧县本是一个县，后来分开[2]。沱河是两县的界河，北岸是灵璧，南岸是固镇，灵璧的韦集镇与固镇的濠城镇隔

---

[1] 垓下城的准确位置，至今未能确定。固镇县濠城镇垓下村的这座古城遗址，俗称霸王城，根据专家们的意见，可能是汉代的洨县故城。《汉书·地理志》沛郡洨县条："侯国。垓下，高祖破项羽。"《后汉书·郡国志》沛国洨县条："洨有垓下聚。"梁刘昭注："高祖破项羽也。"据此，垓下之战的战场在洨县境内，垓下聚是洨县境内的一地名，是战事最集中的地方。垓下之战，是一场七十万军队参战的大规模战争，战事当在广阔的空间多处进行。综合文献记载，专家研究和实地考察的结果来看，以濠城霸王城为中心，洨水两岸的广阔平原地带（也就是今灵璧县和固镇县之间的沱河两岸），应当就是垓下之战的主战场，而项羽战败后退守的城池，极可能就是濠城镇垓下村霸王城。我个人以为，在没有更可靠的考古发现之前，将濠城镇垓下村霸王城遗址比定为项羽退守的垓下城遗址，是一个比较合理的方案。关于垓下的所在，牵涉到相当广泛的内容，史学界积累了大量的成果，有兴趣者，可以参考上引卜宪群、刘晓满，《垓下位置研究评议》，也可以进一步阅读以下论文：1. 陈怀荃《垓下和垓下之战》，刊于《中国历史地理论丛》1991年第2期；2. 袁传璋《垓下之战遗址考》，刊于《古文献与岭南文化研究》，华文出版社，2010年；3. 藤田胜久《中国古代の情報伝達と戦略——項羽の事跡をめぐって》，刊于《日本史における情報伝達》，創風社出版，2012年。

[2] 垓下在灵璧县东南，古来没有争议。1965年，安徽省划出灵璧、五河、宿县一部，新置固镇县。由此，垓下战场，以沱河为界一分为二，于是出现了争议。比较合理的说法应当是：垓下战场在今安徽省灵璧县韦集镇和固镇县濠城镇之间的沱河两岸。

灵璧垓下

> 垓下在哪里？古往今来，多说在安徽省灵璧县东南。我去韦集镇，在一望无际的淮北原野上，寻得遗址所在。平地开阔，有连绵突起的土丘，传说是垓下之战死难将士的埋骨冢。小河中摸鱼的农夫对我说道："进去过，是古墓，砖石砌成的，有壁画。"想来，当是东汉墓。

河相望，周围是一望无际的淮北平原，千年的古战场。以今度古，20世纪40年代淮海战役在这一地区展开，30年代的台儿庄战役也拉锯在这一带。古往今来，数十万大军的决战，都要有广阔的战场摆开军队，战事的展开也一定在多处进行。连绵不断的战役，到了古代史家惜墨如金的笔下，常常成了语焉不详的套话。文言文无法展开详情细节的局限，现代的治史者一定要深思。

垓下城

　　去固镇县，刚刚得到消息说，在濠城镇垓下村发掘出古城，可能是垓下城遗址。垓下村在沱河南，古城遗址毗邻沱河，四面围有夯土城墙，城门四开，引沱河水环绕作护城濠，是一处淮河平原上难得的完整古城址。依依穿行古城，南口城墙高处树荫中，立有"垓下城遗址"石碑，诚然信哉！

阴陵陈铎祠

　　汉代阴陵城遗址在定远县古城集村，村中有古建废墟陈铎祠，别名霸王祠。传说当年项王逃亡到这里，为阴陵农夫陈铎所欺，误入大泽，被灌婴追及，陈铎后来受刘邦封赏，修建祠堂流传至今。

遥想当年，四面楚歌之夜，项王别离虞姬，统领八百骑士溃围南走，应当出垓下南门。于是我等一行，驱车出南门尾随历史而去，过浍水穿越五河县，直趋淮河。淮河水势浩荡，舟行船往，想项羽当年，渡淮后仅剩百余骑，消失的七百名骑士，究竟是死于突围的战斗？抑或葬身淮河波涛中？……

淮南是另一番景象，河道水田池塘，稻米竹叶莲香，南北中国的气候分野，东部的分界线就在淮河。进入凤阳县，朱元璋的故乡，匆匆不敢停留，直奔定远县而去。一路上，地势渐渐低下，缓缓向东南展开。在车上回想往事，项羽随同项梁率领八千江东子弟渡江挺进淮北，汇集各路英雄豪杰，浩浩荡荡往高处走。不过八年时间，又统领八百残部渡淮河回归江东，一路损兵折将，如水往低处流。何等不同的境况，何等不同的心境，西北高东南低的地形，也与中国历史征服的趋势同一走向？

到了定远县，秦汉的阴陵和东城，县城都在境内，项羽生命最后的时光，都挥洒在这一带的山山水水。扎扎实实住下来，又读文献，再查地图，文管所的朋友，一早就来催行。出县城，走西卅店，经太康镇，北上进入靠山乡。昨夜风雨，今日道路泥泞，弃车步行到古城集村，寻得汉代的阴陵故城。

古城集村地势高敞，如同垓下城一样，如今也是一孤立的自然村落，有城墙遗留，护城河旧道，1991年8月定远县人民政府在村口立有石碑"阴陵城遗址"。村中有古建废墟陈铎祠，别名霸王祠。传说当年项王逃亡到这里，为阴陵农夫陈铎所欺，误入大泽，被灌婴追及，陈铎后来受刘邦封赏，修建祠堂流传至今。

民间传说，多在似有似无之间，无中生有的少，附会添加的多，自有生成的历史。陈铎祠的传说，当由项羽迷路的故事而来。据当地人说，阴陵城西一带，从前有水塘湿地，难道是《史记》所记的大泽[1]？我惆怅西望，想到迷路的项羽在大泽中看到了什么？或许是躲避战乱的苦难民众，对于楚国楚王的思念和绝望……

脱出阴陵，折回定远，次日一早，再循项王足迹直奔东城而去。东城遗址在定远东南大桥乡，距县城五十余里。正当赶集的日子，杀猪宰羊，吆喝叫卖，人来人往，让我想起当年丰邑沛县的集市，也想起故乡成都郊外的乡镇，卖肉的仿佛樊哙，买鱼的宛若陈胜、吴广，至于那问价寻货的少年，恍惚中有自己儿时的身影。

秦汉东城县遗址在油坊李村，石碑就立在城墙上，"东城遗址—安徽省人民政府1998年5月"。村落农居，清爽亮丽，走进院落，铺路的都是秦砖汉瓦。村西有河，隔河是二龙乡潭村，有虞姬墓，因为道不同，昨日午后先去过了，一座巨大的封土堆，直径近70米，高达20余米。唐代学者张守节《史记正义》引地理书《括地志》说："虞姬墓在濠州定远县东六十里"，就是指的这里。从外观想来，应当是汉代王侯级的大墓。

项羽一生中，唯有一位红颜相随，就是虞姬。关于虞姬的生平，史书上寥寥数语，"有美人名虞，常幸从"，留下她恩宠无尽的身世。垓下突围前，项羽慷慨悲歌，呼唤"虞兮虞兮奈若何"，反复"歌数阕，美人和之"，勾画她诀别无依的音姿。如此缺一漏

---

[1] 据专家的意见，阴陵大泽的位置大致在今定远县西卅店镇以南一带，位于汉代阴陵县城的东南，为古濠水、古洛涧水、古池水等水系在低洼处所形成的沼泽，梁代尚存，唐代已经不复存在。参见袁传璋文《"项羽不死于乌江考"研究方法平议》，刊于《文史哲》2010年第2期。据此考虑项羽从垓下去乌江的路线，经过阴陵县境内大泽东边后，往东南直接去了东城方向。我在实地考察中不时注意到，民间传说的附会添加，随着时代和地形、交通的变迁，常常会转移地方。萧何追韩信处如此，虞姬墓如此，陈铎祠或许也是如此。既需要做史学的考辨，也需要做文学和民俗学的分析。

东城

东城遗址在定远县东南大桥乡油坊李村,"东城遗址"石碑就立在城墙上。村落农居,清爽亮丽,走进院落,铺路的都是秦砖汉瓦。

第五章 垓下决战

乌江霸王祠

> 项羽是军人，战死，正是他军旅一生最美的终结。项羽的战死之地乌江，千百年来成了纪念项羽的圣地，"生为人杰，死为鬼雄"，他的光彩照耀千古。

万的古史记载，自然留下了无限的想象空间。

秦汉时代有虞县，在今河南虞城县北，古为虞国。以姓氏推想，虞姬或许是古来虞国王族的后裔？两千年来，流传两座虞姬墓，一处在定远县二龙乡潭村，还有一处在先前去过的灵璧县。

两处虞姬墓，都出于传说。传说的内容大都不可靠，但能流传开往往出于世人的真情。有传说虞姬在垓下自杀，悲痛的项羽带走了她的头。我愿意相信虞姬被项羽埋葬在垓下，那就是灵璧的虞姬墓。我更愿意相信项羽带走的是虞姬的青丝秀发，一直珍

灵璧虞姬墓

　　2007年8月，我追随项羽足迹到垓下，行色匆匆。从徐州楚都出发，走曹村，过符离，下蕲县，村村镇镇，都是历史地名。到灵璧县，访虞姬墓，一步一步走进那段历史。

定远虞姬墓

　　定远虞姬墓出于传说。传说的内容大都不可靠，但能流传开往往出于世人的真情。

藏到东城。东城快战前，秀发由项羽怀中撒出，青丝化作白花，化作白鸟，化作白云，引来一场白雪……这场神奇的天变异动，成为项羽认定天命的契机，他决心与虞姬同去，永不分离……

八　刘邦即位于定陶

垓下之战结束，项羽身死乌江。刘邦确认项羽已死以后，部署联军逐一平定楚国及其盟国各地。

临江国是项羽分封的王国，领有秦帝国时代的南郡等地，首都在江陵（今湖北江陵）。第一代临江王是共敖，在楚怀王时代，曾经出任国务大臣，以楚柱国的官职，领兵攻下秦帝国的南郡等地，因功被项羽封为王。共敖于汉三年（前204）七月死去，王位由他的儿子共驩继承。在楚汉战争中，临江国始终站在楚国一边，协助项羽作战。项羽死后，共驩继续抵抗，刘邦派遣将军卢绾和刘贾进攻临江国，江陵被围困数月之久。汉军攻克江陵后，共驩被俘，带回洛阳处死。

楚怀王时代，项羽被封为鲁公，封地在鲁县。鲁县在现在的山东曲阜，春秋战国时代是鲁国的首都。鲁国（前1046—前256）是周公的封国，西周初始封建国，国祚延续了将近八百年，直到战国末年才被楚考烈王所灭。因为周公的缘故，在诸侯各国中，鲁国保存西周文化最多。鲁国又是孔子的故乡，孔子继承周公，开创了儒家文化。受此伟人世风的影响，多年以来，鲁县成为文化之乡，礼仪守节之国。

项羽是鲁国的封君，鲁国是项羽的领地，其民是项羽的子民。按照古来封君立国的传统和理念，子民必须为封君尽忠。垓下之战前夕，形势已经非常不利，鲁县周围的城邑，大多已经被韩信军攻克，唯鲁县坚守不下。垓下之战结束，楚国各地纷纷归服，唯有鲁县，恪守古来封建遗风，坚持为项羽守城。刘邦大怒，亲自统领大军围困鲁县，扬言攻克后屠城不赦。

刘邦是沛县人，离鲁县不远，对于崇尚周公、孔子的鲁县民风文化，早有所闻。他年轻时做过游侠，看重然诺义气，如今要坐天下当皇帝，对于守节尽忠的伦理，自然在意。他对鲁县的古风不能不有所触动，经过与谋士们协商，他下令将项羽的头展示给鲁县父老。鲁县父老由此确认项羽已死，他们与封君项羽间的君臣义务也自然解除，于是开城投降。

鲁县投降以后，刘邦对项羽的葬礼以及项氏一族的未来做了精心的安排。他选定谷城（今山东平阴县西南）作为项羽的墓地，以鲁公的规格、礼仪筑墓安葬。下葬之日，刘邦亲自出席葬礼为项王治丧，哭泣举哀。

对于项氏一族，刘邦宽待怀柔，一律赦免不究，承诺礼遇封赏。一年后，他封项羽的叔父、项氏一族之长项伯为射阳侯，封项羽的侄儿项它为平皋侯，又封项襄为陶侯。项氏一族，都赐姓刘，纳入皇族，与刘氏共荣。这已经是后话了。

安葬了项羽以后，老谋深算的刘邦，马上着手安排韩信。垓下之战结束，韩信指挥齐军参与平定各地残敌，东进到东郡定陶县（今山东定陶），筑营休整。刘邦一行，由谷城东南而下，迅速抵达定陶，马不停蹄，一路驰入韩信军大营，当即召见韩信，解除了韩信的军事指挥权。想来，此时的韩信，一方面对刘邦的突然出现感到惊诧，另一方面，对刘邦夺军收权的举动并不感到意外。同样的事情，已经多次在刘邦和自己之间演出，他哭笑不得，很无奈。

韩信是军人，他人生的最高境界，是连百万之军，攻必克战必胜。垓下之战，他获得最高统帅权，指挥六十万大军与项王决战，他的全部心思，都在如何用兵取胜上。胜利之后，他难免惆怅茫然，不知所向。刘邦是政客，他的人生最高境界，是获取天下，执掌最高权力，做秦始皇。垓下之战，他将全部军权交与韩信，既期待又不安，心多用在战后的安排上。胜利之后，他是放船出港，顺风扬帆，一步一桨驶入预定的航道。

解除了韩信的指挥权以后，刘邦全面控制了军队，他重新部署将领，精心安排人事，调整疆土封邑，开始做称帝的准备。

汉五年正月，刘邦宣布天下大定，从此休战息民，赦罪人，赏有功，重新安排天下。他下令说："楚国已经平定，义帝没有后代，楚国地区需要安定，楚国人民需要抚慰。齐王韩信，熟悉楚国风土人情，变更改立为楚王。王淮北之地，定都下邳。"同时下令说："魏相国彭越为国操劳，亲民爱兵，多次以少胜多击破楚军，今以魏国旧地封彭越为梁王，定都定陶。"将楚汉战争中左右胜负的两大功臣做了妥善的安排。

韩信、彭越安排妥当以后，刘邦召集各国诸侯王和主要将相大臣会聚定陶，协商称帝的事宜。经过慎重协商和周密安排以后，由楚王韩信领头，联名韩王韩信、淮南王英布、前衡山王吴芮[1]、赵王张敖、燕王臧荼一道向刘邦上劝进皇帝号疏。疏中申明，刘

---

[1]《汉书·高帝纪》五年，诏曰："故衡山王吴芮与子二人、兄子一人，从百粤之兵，以佐诸侯，诛暴秦，有大功，诸侯立以为王。项羽侵夺之地，谓之番君。其以长沙、豫章、象郡、桂林、南海立番君芮为长沙王。"吴芮为衡山王，为项羽所封，后来被项羽褫夺王号，改称番君，所以被称为"故衡山王"。刘邦即位后，恢复王号，改封为长沙王。吴芮何时何故被褫夺王号改称番君，史书没有记载。考英布是吴芮的女婿，败亡之后，妻子皆被诛杀。合理地推测，吴芮被褫夺王号改称番君的原因，可能是受英布叛楚失败的牵连，时间当在英布兵败的汉三年十二月。楚国灭亡以后，吴芮的罪名自然消失，念及旧功，恢复王位也是顺理成章。

邦在各诸侯王中军功最高，德行最厚，汉王的称号已经不能与此相称，一致请求刘邦接受皇帝的称号[1]。刘邦故作推辞以后，正式接受了皇帝的称号，成为汉王朝的开国之君，第一任皇帝。

于是，在博士叔孙通的主持之下，按照秦王朝的礼节制定了即位的仪式，刘邦嫌麻烦，噼里啪啦一阵大删减，只愿意接受最简略的即位礼，精明柔顺的叔孙通一一照办了。

汉五年（前202）阴历二月初三，汉王刘邦在定陶县城北的汜水北岸正式即皇帝位。即位仪式，简略而盛大，起台筑坛，告祭天地先祖，以韩信为首的六位诸侯王领头居首，以太尉卢绾为首的汉与诸侯各国大臣、将军三百余人跟随，共同奉进皇帝尊号。想来，即位的场所可能就在军营中，千军万马，呼声雷动。

刘邦即位后，汉国王后吕雉尊称皇后，太子刘盈尊称皇太子，又尊称已经过世的母亲刘媪为昭灵夫人，各种名目头衔礼仪制度，都要一一制定，由战乱到安定的种种安排，都要逐一处置，从此以后，中国历史又进入一个新的时代，中国历史上第一个联合帝国——汉帝国的时代[2]。

---

[1] 刘邦即皇帝位的基本理念，在于功与德。功，即使用武力之所成就，也就是军功。德，即封赏之施行，也就是恩德。值得注意的是，在刘邦即皇帝位的过程中，看不到天命的说法。详情请参见拙著《汉帝国的建立与刘邦集团——军功受益阶层研究》第四章第三节"汉帝国皇权之起源"，三联书店，2000年。

[2] 刘邦所建立的汉帝国的政治体制，不同于秦始皇所建立的专制主义中央集权统一帝国，而是一个在汉朝的政治主导下的有统一法制的四级制国家联合体，笔者称其为联合帝国。在这个四级制联合帝国中，汉帝国包含了汉朝、复数的王国和复数的侯国三个相对独立的部分。其中，列侯拥有对于侯国的统治权，诸侯王拥有对于王国的统治权，皇帝所在的汉朝，兼有对于皇帝直辖地的统治权和对于侯国和王国的政治主导权。参见拙著《汉帝国的建立与刘邦集团——军功受益阶层研究》结语第二节"汉帝国国家论"。

第六章

倒影回声中的楚与秦

一 谁杀死了项羽？

> 吕马童等五位斩杀项羽的汉军骑士，因功封侯，从此载入史册，逐一查阅这五位骑将残存的档案材料，一个惊人的事实浮现出来：他们都出身于秦帝国的首都内史地区，都是旧秦军的骑兵将校。

二 最后的秦军

> 南部军独立、北部军被歼灭、中部军投降以后，秦宣布放弃皇帝称号，恢复秦王的名号。这个时候的秦国，最大的希望就是维持旧秦王国的存在，而支撑这个希望的物质力量，就是驻守京师地区的最后一支秦军主力部队——京师军——还完好无损。

三 秦军成为汉军主力

> 刘邦攻占了三秦以后，确定了从法统、领土、人力、制度等各个方面全面继承秦国的秦本位政策。从此以后，旧秦军将士、旧秦国本土出身的秦人，源源不断地加入到汉军当中，成为汉军的主要兵源，汉军的人员结构也因此发生了重大而意义深远的变化。

四 秦将杨喜的故事

> 杨喜的口述是当事人的证言，第一手的史料，经过第一流的历史学家司马迁的加工编撰，写成了第一流的史学篇章，堪称古代口述史的经典。

五 楚父秦母昌平君

> 我由西楚霸王与秦将吕马童的旧友关系，联想到项氏一族与

秦人的交情，进而往前追溯，一直到项燕拥立秦国丞相昌平君为楚王。昌平君是秦王嬴政的表叔，楚王负刍的兄长，公子扶苏的保护人，通过他的中介，秦公子扶苏与楚大将项燕也就联系起来了。

六 寻找传闻中的历史流

这些年来，历史现场去得多了，开始穿透纪实和传闻，超越纸上和书斋，在行走中获得动态的历史流。千百年来，散处各地的古迹遗址，常常被附会各种民间传说。这些传闻故事，真真假假，不可贸然相信。不过，这些传闻故事，自有自己的历史，其中常常混杂着历史的真实。

一 谁杀死了项羽?

公元前 202 年,项羽自刎乌江,年仅三十一岁。

司马迁说,人固有一死,或重于泰山,或轻于鸿毛。毕加索说,死是一种美。我想,美丽的死,是人生的极致。项羽是军人,战死,正是他军旅生涯最美的终结。

我整理历史到项羽之死时,对于《史记》的这一段记事,在感叹文辞之精绝壮美、叙事之栩栩如生的同时,常常有不可思议之感。这一段记事,究竟是文学还是史学,是虚构还是真实?究竟是司马迁笔补造化的神来之笔,还是历史托付太史公的秉笔之语?

让我们再一次回到太史公笔下项羽之死的最后身姿言语:

乌江河岸,血战中的项羽,已经身负十余处创伤,突然间转身不动,望着眼前一位汉军骑将喊道:"来人可是旧友吕马童?"

突然被项羽直呼其名的吕马童不敢正视项羽的目光,侧身面对身边的战友王翳,手指着项羽说:"这就是项王!"

项羽继续喊道:"我听说汉王悬赏千金,封邑万户,要我的头。我成全你!"说完挥剑自刎,享年三十一岁。

汉军将士,蜂拥而上抢夺项羽的遗体,数十人相互蹂躏残杀而死。最后,郎中骑王翳夺得项羽的头,郎中骑杨喜、骑司马吕马童,郎中吕胜、杨武各夺得项羽遗体的一部分,带回刘邦军大营，经过验证，确切无误。

按照刘邦颁布的军令，五位斩杀项羽的骑士分享千金万户的封赏，都受封最高爵位为列侯，从此载入史册。

....

真是不可思议的记事。项羽之死的最后身姿，有谁看见了？项羽之死的最后言语，有谁听见了？又是如何辗转流传，由司马迁记载下来？这位被项羽称为旧友的吕马童是什么人？他与项羽之间究竟有什么关系？进而，与吕马童并肩追杀项羽到乌江，共同夺得了项羽遗体一部分的王翳、杨武、吕胜、杨喜又是些什么人？他们与项羽和吕马童之间又有什么关系？凡此种种，千百年来都是不可解的谜。《史记》啊《史记》，在你的这些神秘记事后面，究竟隐藏着多少不为人知的秘密？

幸运的是，吕马童等五位斩杀项羽的汉军骑士，因功封侯，从此载入史册，他们的功业和世系的简介，都被保存在《史记》和《汉书》的《功臣表》中，一直流传到了今天。我为了破解项羽之死的秘密，逐一查阅了这五位骑将残存的档案材料，真是不查不知道，一查吓一跳！这五位斩杀项羽的汉军骑将，竟然无一例外都出身于同一地区，都是旧秦军的将士。

吕马童，秦帝国的内史好畤县（今陕西乾县东）人，本是旧秦军郎中骑将，汉元年参加刘邦军团，曾经以司马的官职出击楚国将领龙且的军队，后来与他人共同斩杀项羽，汉七年正月受封为中水侯，一千五百户。

王翳，秦帝国内史下邽县（今陕西渭南市临渭区）人，本是旧秦军郎中骑将，汉元年参加刘邦军团，属于淮阴侯韩信的部队，后来跟随将军灌婴与他人共同斩杀项羽，汉六年封为杜衍侯，一千七百户。

杨喜，秦帝国内史华阴（今陕西西安南）人，旧秦军郎中骑将，汉二年参加刘邦军团，属于淮阴侯韩信的部队，后来跟随将军灌婴与他人共同斩杀项羽，汉七年封为赤泉侯，一千九百户。

杨武，秦帝国内史下邽县人，旧秦军郎中骑将，汉元年参加刘邦军团，曾经参加攻击阳夏县的战斗，后来以都尉的官职与他人共同斩杀项羽，汉八年因功封为吴防侯，七百户。

吕胜，秦帝国内史地区人，旧秦军骑士，汉二年加入刘邦军团东出函谷关，后来以郎将的官职与他人共同斩杀项羽，汉七年封为涅阳侯，一千五百户。

这张表，用现在的话来说，就是一张个人档案表，明确记载刘邦军的功臣们参加革命的时间、地点、身份、所属、功绩等等内容。这种记录，是胜利后论功行赏的依据，不但可靠，而且古今中外通行。通过这张表，我们可以看出一个非常惊人的事实：斩杀项羽的五位汉军骑将，都出身于秦帝国本土的核心区域——首都内史地区，都是旧秦军的骑兵将校，他们都是秦帝国灭亡以后，在关中地区加入到刘邦军团中来的[1]。

历史是淡化远去的海流，历史记载是水面泛起的浪花。古往今来活过死去的人何止数十百亿，在史书上留下姓名者能有几人？秦末汉初，人口大约在一千五百万到一千八百万之间[2]，垓下之战，汉军六十万，楚军十万。七十万战士当中，六十九万九千九百人都是无名战士。七十万战士当中，吕马童、王翳、杨喜、杨武、吕胜五名骑士能够留下名字来，几率在

---

[1] 关于这个问题的学术研究和学术表述，参见拙文《兵马俑与项羽之死——秦京师军去向探微》，刊于《秦文化论丛》第十二辑，秦始皇兵马俑博物馆编，2005年。
[2] 葛剑雄《西汉人口地理》第一篇"本篇结论"，人民出版社，1986年。

十四万分之一,可以说是偶然中的偶然。不过,以十四万分之一的几率脱颖而出的五人,都是关中本土出身的旧秦军的将士,几率在百分之一百,这就绝非偶然了。

仔细追究下来,这五位秦军将士的身后,不但牵连着数十万旧秦军将士的命运,也关涉秦楚汉之间分合聚散、既争斗又承继的复杂关系,不得不分头一一叙说。

二 最后的秦军

秦始皇麾下的帝国秦军,曾经是当时欧亚大陆上最强大的军队。这支军队,历经百战,名将辈出,在短短十数年间,彻底摧毁六国的军事力量,统一了中国。秦帝国建立后,这支军队北上与匈奴军团作战,夺取了河套地区,将匈奴的势力驱赶到蒙古高原北部,移民建立九原郡。在南方,秦军越过五岭山脉,深入亚热带和热带山川丛林,征服广大的百越地区(现福建、广东、广西和越南北部),移民建立了桂林郡、南海郡和象郡。

秦帝国的军队组织,大体可以分为中央军和地方军两部分。地方军是属于各地的守备部队,由各地征集,按各县各郡配置,由各郡县守尉指挥,数量不多,一般在当地驻守。中央军是秦军的主力,包括驻守关中保卫京师咸阳的卫戍部队和驻守边关要塞的野战部队。中央军也由各郡县征发,装备精良,训练有素,秦征服六国,北击匈奴,南侵百越,主要都是由中央军担当。

秦末之乱爆发时,秦帝国军队的配置,除各地的地方军外,中央所属的主力军大概有四支。一支是征服岭南地区后留驻的南部军,一支是屯驻长城沿线的北部军,一支是新组建的中部军,再有一支是驻守关中的京师军。这四支秦军，在秦末之乱中命运各不相同。我们一一分别叙述。

（一）南部军

南部军是秦帝国征服和镇守岭南地区的军队，人数大约有十万人。南部军的第一任统帅是屠睢，第二任统帅是任嚣，第三任统帅是赵佗。

秦帝国出兵逾越五岭，征服岭南地区，在秦始皇三十年（前217）左右。出征岭南，秦帝国究竟出动了多少军队，《史记》没有明确的记载。西汉时期编撰的《淮南子·人间训》提到，秦将屠睢领军五十万进攻岭南。《淮南子》是诸子杂说汇编，夸夸其谈的事情多，严谨的史事少。五十万大军南征的说法，大概也是游说之士的夸张。

当时，岭南地区还处在部落君长时代，没有完整的国家机构和组织严密的军队。面对这样的对手，秦帝国全面动员，以五十万大军征岭南的说法，很难令人相信。新近的研究认为，秦帝国南征军的数量，可能在八到十万之间，比较合于情理[1]。据史书的记载，随同秦军的南进深入，秦政府曾经数次向岭南地区移民，将五十万人数理解为秦南征军、后勤运送和前后移民的总人数，或许更合适一些。

秦末之乱爆发后，帝国东南的旧楚国地区反叛最为剧烈，秦与岭南的交通联系完全断绝。驻防岭南的南部军采取了安土保民的政策，封锁了五岭边界，断绝与北部地区的交通，完全没有介入秦末之乱的战争中。大约在秦二世三年（前207）末，南部军统帅赵佗宣布独立，建立了南越国。支撑南越独立建国的基本军事

---

[1] 何维鼎《秦统一岭南投放了多少兵力》，刊于《华南师范学院学报》1982年第2期。

力量，就是南部军。

（二）北部军

北部军是秦帝国负责北方边境地区防务的军队，沿长城驻守，主要是为了防御北方地区的游牧民族，特别是匈奴骑马军团的南侵。北部军的第一任统帅是蒙恬，第二任统帅是王离，总部设在上郡肤施县（今陕西榆林一带）。北部军数量最高时号称有三十万人。

关于北部军，史书的记载比较明确。秦始皇三十二年，秦始皇派遣大将蒙恬统领三十万大军北伐匈奴，夺取了匈奴在河套地区的肥美牧地，设置九原郡，移民屯田，修筑长城要塞，建立了帝国北部边境最大的军事基地，常年驻重兵。北部军不仅直接面对匈奴的数十万骑马兵团，也是关中地区的北部屏障，重要性非同一般，军队的统帅蒙恬为内史，即兼任首都地区的行政长官，监军是皇太子扶苏。始皇三十七年，秦始皇死于出巡途中，李斯、赵高、胡亥伪造诏书送抵肤施，扶苏和蒙恬先后自杀，北部军改由副将王离统领，王离的副将是苏角和涉间。

秦末之乱爆发，北部军奉命内调参与平叛[1]。在王离的统领下，北部军主力渡过黄河，进入雁门太原地区，负责平定赵国和燕国地区的叛乱。北部军控制了雁门太原地区后，封锁井陉口，策反赵国大将李良，颠覆了武臣的赵国政权，进入华北平原，攻击在齐国支援下重建的赵歇赵国。这一段时期，北部军的主要交战对手是齐赵联军，主要战场是河北地区，数量有十余万人。二世二年九月，北部军一部秘密南渡黄河，与退守濮阳的章邯军会

---

[1] 张传玺《关于"章邯军"与"王离军"的关系问题》，收于氏著《秦汉问题研究》，北京大学出版社，1985年。

合，一举击溃围城的楚军，杀死了楚军大将项梁，取得了平叛战争中的重大胜利[1]。

濮阳大胜后，北部军乘胜攻战，将齐赵联军和赵王君臣围困在巨鹿，章邯也统领中部军主力渡河北上支援，拉开了巨鹿之战的序幕。不久，项羽统领楚军主力渡河北上，切断王离军和章邯军的连接，破釜沉舟渡过漳河，在巨鹿城下大败秦军，大将王离被俘，副将苏角战死，另一位副将涉间烧身自杀，北部军全军覆没。

（三）中部军

中部军是秦政府在秦末之乱中新组建的军团，数量在二十余万左右，主帅是章邯，知名的重要将领有司马欣和董翳。

二世元年八月，陈胜部将周文攻入关中，秦都咸阳告急。京师军在戏水击败楚军稳住阵脚后，秦政府任命少府章邯为大将，征集关中地区的兵员，释放骊山刑徒，紧急组建中部军。不久，中部军击溃周文军，出关乘胜东进，逐一消灭陈胜军主力，攻克张楚首都陈县。平定了张楚以后，中部军进入魏国地区，攻克魏国首都临济，平定了魏国地区的叛乱。进而再接再厉，击败增援魏国的齐军和楚军，杀死齐王田儋。几经胜败反复之后，与北部军联手在濮阳作战，击溃项氏楚军主力，杀死了项梁。

消灭了黄河南岸各地的叛乱军主力后，中部军主力渡过黄河，攻占了赵国首都邯郸。然后，一面沿黄河设防，一面修筑甬道为围困巨鹿的王离军运粮，准备围点打援，在巨鹿一带聚歼六国援军。巨鹿大战，北部军全军覆没，章邯统领中部军退守河内安阳。二世三年七月，内外交困的章邯统领二十万中部军投降项羽。次

---

[1] 辛德勇《巨鹿之战地理新解》，收于氏著《历史的空间与空间的历史》，北京师范大学出版社，2005年。

年十一月，投降的秦军在即将进入关中的时候，军心不稳，遭到项羽所统领的联军突然袭击，被坑杀于新安。至此，中部军全军覆没[1]。

秦帝国的建立，靠的是秦军多年连续不断的征战胜利。与此相应，秦帝国的灭亡，也因为秦军主力逐一从战场上消失。南部军独立，北部军被歼灭，中部军投降以后，秦帝国灭亡的命运已经决定，二世三年八月，秦宣布放弃皇帝称号，恢复秦王的名号。秦的这项决定有两重意义，一是宣布秦帝国解体，二是希望秦国与六国并存。这个时候的秦国政府，最大的希望就是维持旧秦王国的存在，而支撑这个希望的物质力量，一是旧秦国的本土——关中地区——还在秦政府的手中，二是最后一支秦军主力部队——驻守首都地区的京师军——还完好无损。

京师军的去向，将决定秦国的命运。

三　秦军成为汉军主力

秦帝国的京师地区，行政上称为内史。秦的内史地区，大致东以函谷关为界，西到散关，北到萧关，南到武关，三面环山，一面临河，是易守难攻的形胜之地。渭河横贯内史地区的中央，形成八百里秦川的关中平原，土地肥沃，物产丰富，人口密集，是当时天下最富饶的地区。内史地区的北部是上郡和北地郡，西部是陇西郡，南部是汉中郡、巴郡和蜀郡，都属于秦国的本土地区。

秦末陈胜、吴广起义以来，关东大乱，各郡县纷纷反叛，六

---

[1] 关于秦中部军始末的详细，参见拙著《秦崩》第五章至第八章。

国全部复国，秦军陷入苦战。与此相对照，旧秦国的本土地区一直非常稳定，没有出现任何反叛和动乱。帝国秦军的一支精锐的主力部队——京师军——始终驻守在内史地区，维系着首都的安全。这一支军队，不但与秦帝国中央政府的存亡休戚相关，也与汉帝国的建立关系密切，项羽之死种种难解之谜，需要到这支秦军的来龙去脉中去寻找。我们稍微详细地加以叙述[1]。

大体而言，秦帝国的京师军，也就是配置在京师地区、负责保卫首都和皇帝的军事力量，主要有三支，它们分别是郎中令军、卫尉军和中尉军。

郎中令军是皇帝的侍从武官团，由郎中令统领，主要由郎官组成，数量多的时候将近千人。郎中令是皇帝的侍从总管，九卿大臣之一。郎官们既是皇帝的侍从近卫，也是官员的预备队，个个出身良好，经过严格的挑选。郎官们比照军事组织编制，由诸位郎将统领，在宫内负责皇帝的警卫和侍从。

卫尉军是皇宫宿卫军，由卫尉统领。卫尉也是九卿之一，统率卫尉军负责首都咸阳内外各个宫城的进出以及宫城内的保卫。卫尉军的战士称为卫士，由帝国内郡征召，数量在两万人左右。

中尉军是首都地区的卫戍部队，由中尉统领。中尉也是九卿之一，他的工作主要包括两部分，一是管理京师地区各县的地方军，负责首都各县的治安秩序，一是统领驻京卫戍部队，负责京师地区的守备、各个官署的保卫等等。由中尉所统领的这支驻京卫戍部队，被称为中尉军，战士主要由首都地区征召，数量在五万人左右，是一支精锐的野战部队。

---

[1] 关于秦京师军始末的详细，参见前引拙文《兵马俑与项羽之死——秦京师军去向探微》。

秦末之乱中，京师军一直留在关中负责首都地区和皇帝的保卫。二世二年九月，陈胜部将周文领军攻入关中，抵达咸阳东郊的戏水地区时，屯驻在这个地区的中尉军成功击退了敌军，保卫了首都咸阳，为章邯组建中部军赢得了宝贵的时间。

戏水阻击战，是秦末之乱中秦京师军参加的第一场战事，关于这场战事的详细情况，我已经写入了《秦崩》第五章中。戏水阻击战后，中尉军协助新组建的中部军将周文军赶出关中，中部军出关乘胜追击，中尉军则留在关中，继续承担着保卫首都地区的重任，始终没有离开首都地区，也没有卷入关东地区的战事。

二世三年八月，刘邦军攻破武关，进入关中地区。九月，秦王子婴刺杀丞相赵高，掌握了政权，派遣军队在峣关（今陕西蓝田）附近阻击刘邦军，被刘邦军击败。这支前往峣关的秦军，应当是中尉军。

峣关阻击战失败，刘邦军兵临咸阳城下。汉元年十月，秦王子婴为了保全首都不被屠戮，统领百官开城投降。刘邦和平地接管了秦国政府和秦国本土，秦京师军各部也被接管，成为刘邦军的一部分。

十二月，项羽统领四十万联军进入关中，鸿门宴中刘邦屈服，将所接管的秦国政权全部交出，秦京师军也交由项羽处置。二月，项羽分封天下，旧秦国的关中地区被分为雍国、塞国和翟国三个王国，史称三秦，秦京师军被编入三秦的军队。

八月，韩信统领汉军由汉中反攻关中成功，塞国和翟国投降，雍国不久被消灭，编入三秦军的部分旧秦京师军将士，再一次回到刘邦军中，成为汉军的一部分。

刘邦攻占了三秦以后，确定了从法统、领土、人力、制度等各个方面全面继承秦国的秦本位政策，定都栎阳，以旧秦国为根基,东进与项羽争夺天下。从此以后,随着战争的持续、征兵制的执行,旧秦军将士、旧秦国本土出身的秦人,源源不断地加入到汉军当中,成为汉军的主要兵源,汉军的人员结构也因此发生了重大而意义深远的变化[1]。

我们已经叙述过了,刘邦是秦泗水郡沛县人,这个地方,过去属于楚国。陈胜、吴广起兵反秦,刘邦在沛县起兵,杀掉县令,依照楚国的制度,被推举做了沛公,就是沛县的长官,正式组建了军队,宣称从属于陈胜所建的张楚。刘邦起家的这支军队,由沛县出身的青壮年组成,约有三千人,被称为沛县子弟兵,是以后刘邦政治军事集团的核心,未来汉帝国的开国元老,如萧何、曹参、王陵、夏侯婴、樊哙之属,几乎都在其中。

陈胜死后,刘邦又投靠楚王景驹。二世二年三月,刘邦军攻克砀县,征召砀县兵六千人编入军队,一气扩张到近万人。四月,项梁攻杀楚王景驹。刘邦投奔项梁,得到项梁的信任和支持,五千楚军由项梁拨归刘邦,刘邦军扩张到一万五千人,成为楚国的主力军团之一。

项梁战死后,各路楚军收缩撤退,集结于彭城。二世二年后九月,楚怀王亲政,对反秦战略做了重大的调整,确立了保留秦国,宽待秦人,以首先攻入关中的将领做秦王的方针,同时对楚国军队也做了整顿改编。刘邦得到楚怀王的信任,被任命为砀郡的最高长官——楚国的砀郡长,接受了西进攻取关中的重要使命。从此以后,早期刘邦军的基本建制成形,这支楚国建制的楚军砀

---

[1] 参见拙著《汉帝国的建立与刘邦集团——军功受益阶层研究》第五章第二节之四"秦人集团"。秦人大量进入刘邦集团的事情,也在新近出土的《张家山汉简》中得到证实,可参见拙文《说南郡守强和醴阳令恢》,刊于《中国史研究》1998年第2期。

郡军团，人数在三万人左右，主要由旧楚国和旧魏国出身的人组成，未来汉军的中坚力量，就是这支三万人的楚军老部队[1]。在以后的征战中，这支军队始终跟随刘邦转战各地，直到建立汉帝国，转化成为帝国统治阶层的核心。

刘邦攻入关中，占领秦国，统领的是这支军队。项羽分封刘邦为汉王，跟随刘邦进入汉中的也是这支军队。以这支军队为基础，刘邦在汉中扩军备战，在韩信的主导下按照秦军的制度整训旧部，将楚制的军队改造成为秦制的军队，同时征召巴蜀、汉中的秦人入伍，重新组建汉军，一举反攻关中成功。攻占关中以后，汉军开始大规模地征召关中地区的秦人入伍，编入汉军出关作战。从此以后，秦人源源不断地进入汉军，逐渐成为汉军的主力，在战事中崭露头角，开始出现在史书的记载中。

正是在这种汉继承秦，外来的楚人和本土的秦人由上而下的合流重组中，汉军在彭城大败以后组建骑兵部队，分散在汉军中的旧秦京师军的骑兵将士，被集中抽调出来，组建了灌婴骑兵军团[2]。这支骑兵部队，在灌婴的统领下，驰骋各地，屡建奇功，成为汉军精锐的机动部队。垓下之战，他们奉命追击项羽到乌江。其中的五位幸运者，因为斩杀项羽的功绩，被封为列侯，从此青史留名。

吕马童及其战友们，在这种秦汉合流的背景下，都有自己曲折的历史。

---

[1] 砀郡，战国末年属于魏国，秦末乱起，成为楚国和魏国的争夺地。刘邦被楚怀王任命为砀郡长，明确将砀郡视为楚国领土。项羽分封天下，砀郡也是划归西楚。砀郡出身的刘邦军团的老战士们，他们的政治和文化归属，都是楚国而不是魏国。所以，我将他们与泗水郡沛县出身的老战士同视，统称为"砀泗楚人集团"。

[2] 灌婴骑兵军团组建的详细，参见本书第三章第四节"骑将灌婴"。

四　秦将杨喜的故事

世界是舞台，历史是戏剧。历史的精彩，常常在于细节。

项羽之死，堪称《史记》最精彩的名篇，我们由篇中的一个细节，项羽乌江自刎前呼唤"故人"，引出了帝国秦军的下落，也揭示了汉军的主力是旧秦军的秘密，将秦、楚、汉历史的连续性彰显了出来。

不过，千百年来，人们还忽略了项羽之死叙述中的另一个细节。垓下突围以后，项羽渡过淮河，经过阴陵，来到东城。在东城境内的一座称作四隤山的小山冈上，项羽抒发了"此天之亡我，非战之罪也"的感慨，然后布置身边仅存的二十八位骑士，溃围、斩将、刈旗，打了一次堪称经典的教科书式的漂亮仗。

《史记》记叙这次战事说，楚军的突然行动，使汉军猝不及防，队列被打乱，军阵被撕开，项羽趁势斩杀敌将一员。就在这个时候，一名被称作赤泉侯的汉军骑将迎面与项羽撞个正着，被圆睁双眼的项羽一声怒吼，马受惊，人失态，掉头一阵狂奔，跑出几里地外[1]。

这位赤泉侯，是在东城之战的记事中唯一实名出现的汉军将士，他突然在项羽面前冒了一下，然后又一溜烟消失在数千追兵当中，失去了踪迹。不过，这位赤泉侯，在随后的乌江之战中又出现了。我们已经详细地叙述过了，项羽挥剑自刎后，遗体被五

---

[1]《史记·项羽本纪》记载这件事说，项羽在东城一座小山上布置二十八骑四面突入汉军阵，"于是项王大呼驰下，汉军皆披靡，遂斩汉一将。是时，赤泉侯为骑将，追项王，项羽瞋目而叱之，赤泉侯人马俱惊，辟易数里。（项王）与其骑会为三处，汉军不知项王所在，乃分军为三，复围之"。文章乍看唐突而不可思议。

位汉军骑士夺得,他们都因此获得了赏金,受封为列侯,从此青史留名。其中的一位,就是赤泉侯,他姓杨名喜,内史华阴人,曾经是旧秦军的郎中骑将,是一位全程参加追击项羽的历史亲历者,历史事件的当事人。

杨喜这位当事人出现在项羽之死的历史记事中,是一个不起眼的细节,千百年来,没有引起人们的注意。我整理这段历史,常常有不可思议之感,为什么司马迁在精彩而简洁的记事中会插上这么一段,突兀而不着边际,宛若放错了地方的断简。另一方面,项羽圆睁双眼一声怒吼,赤泉侯人马俱惊,狂奔数里这一段描写,往往会使我想到《三国演义》,手持丈八蛇矛的张飞,长坂坡据水断桥一声怒吼,吓得曹将夏侯杰坠马而亡,五千精骑止步不前。两相对照之下,一种疑虑应运而生,《史记》的这类记述,是历史还是演义,是真实的记事还是虚构的夸张?越发不可思议。

《史记》有些记事太精彩,精彩得使人不敢相信,项羽之死就是其中的一篇。近代以来,不少严谨的学者怀疑这些精彩的篇章不是真实的历史记事,而是太史公文学虚构的神来之笔。我读《史记·太史公自序》,司马迁自述编撰《史记》的手法说:"我不过是叙述故事,整理世间的不同流传而已,并非有意去创作。"[1]这一段可靠而实在的披露,提示我们司马迁口风紧、人实在,不编故事,不过,他好奇心重、耳朵长,喜欢听故事。《史记》中的种种故事,需要寻找来源和版本。

追查杨喜,他的祖上无迹可寻,他的后代却是绵绵不绝,千古留名。原来,自从杨喜因为斩杀项羽封为赤泉侯以后,杨家从

---

[1]《史记·太史公自序》:"余所谓述故事,整齐其世传,非所谓作也。"这是司马迁在回答友人上大夫壶遂的提问时,对于《史记》的编撰方式所做的明确阐述。

此发迹,世世列侯,代代官宦,成为两汉以来最有名的世家大族,东汉时期四世三公的杨震一族,开创了隋王朝的杨坚一家,都是这个家族的后裔。

杨喜的第五代孙叫做杨敞,活跃于汉昭帝时期,深受执掌政权的大将军霍光的赏识,长期在大将军幕府担任长史,也就是秘书长。杨敞后来先后出任大司农(财政部长)和御史大夫(副首相),官运亨通,一直做到丞相,被封为安平侯。

杨敞担任丞相的第二年,汉昭帝去世,年仅二十二岁,没有后代。霍光从诸侯王中选取汉武帝的孙子、昌邑王刘贺继承了皇位。刘贺继承皇位以后,行为淫乱不轨,危及国家的安定,霍光深为忧虑,与亲信大臣们密谋废黜刘贺,另立新皇帝。这件事情,可谓是汉朝历史上破天荒的大事,不仅事关帝国的命运,也关系到参与者的身家性命。据史书上说,霍光主持制定了废黜昌邑王的方案后,由大司农田延年到丞相府向杨敞通报。杨敞生性谨慎怕事,听了通报后,吓得汗流浃背,说不出话来,只是啊啊啊地一味连声恭应。

会面途中,田延年上厕所离开,这个时候,一直在厢房旁听的杨敞夫人走了出来,急迫地对杨敞说道:"这是国家的大事情,如今大将军的方案已经决定,让大臣来通报君侯而已。君侯如果不迅速响应,果断地表示与大将军同心协力,而是犹豫不决,必定首先被诛杀清除。"

夫人的话,点醒了杨敞,促使他拿定了主意。当田延年从厕所归来时,杨敞与夫人一道,积极回应田延年的通报,表示坚决支持霍光废黜昌邑王的方案,主动参与其事。昌邑王被废黜以后,霍光拥立汉武帝的曾孙刘病已即位,是为汉宣帝。杨敞因为拥立宣帝的功劳,不但保住了丞相的地位,而且得到了三千五百户人家的新增封赏[1]。

在这次事件当中,杨敞胆小怕事,优柔寡断,杨夫人深明大义,果断决绝,夫妇二人的识见个性恰成鲜明的对照。这位在事关杨氏家族生死存亡的关键时刻站出来拿主意的杰出女性,与司马迁关系甚深,《史记》项羽之死的精彩篇章,也与她有分割不开的关系。

原来,杨敞夫人是司马迁之女,杨敞是司马迁的女婿。司马迁没有儿子,他倾其一生所著的《史记》,完成后只抄写了两部传世,副本一部收藏于汉朝政府的图书馆,正本一部收藏于家中,去世后由女儿带到丈夫杨敞府中保存下来。杨敞与杨夫人所生的儿子叫杨恽,是宣帝时期难得的博学才俊,他喜好历史,熟读《史记》,有外祖父司马迁的遗风[2]。

杨敞大概生于武帝元光年间,他在武帝元封年间(前110—前105)结婚,娶司马迁之女为妻,年纪在25岁左右。司马迁生于汉景帝中元五年,他比杨敞大十三岁左右。司马迁大约死于武帝后元年间,他去世的时候,大概有六十岁了,女婿杨敞大约四十七岁。司马迁与杨敞的交往,从元封年间两家联姻算,到后元年间为止,有二十年以上。两家的往来,可谓是久远而密切。

对于杨家来说,杨喜追杀项羽,是家族发迹的起点,也是杨家最引以为自豪的伟业。汉政府封赏杨喜为赤泉侯,颁发有丹书铁券,用红笔将封状写在铁板上,与相关的档案文书一道,作永久性的保存。丹书铁券,是一分为二的合符,一半保存在汉朝宗庙,另一半保存在杨家,世世代代流传。丹书铁券结尾处有这样几行文字:"使河如带,泰山若厉,国以永宁,爰及苗裔。"意思

---

[1]《汉书·杨敞传》。
[2]《汉书·杨恽传》。

是说，即使黄河干涸变成衣带，泰山崩塌变为砺石，封赐之国仍将永存，绵绵不绝传给子孙[1]。

这就是历史，王朝的历史，侯国的历史，家族的历史，又一部《史记》。完全可以想象这样一个场面，这份杨家发迹的丹书铁券，供奉在杨家祠堂的中央，杨喜手抚丹书铁券，向儿孙们讲述受封的由来，讲述当年的事情。杨喜去世以后，儿子继承了侯位，他同样手抚丹书铁券，向自己的儿孙讲述老爷子当年的辉煌事迹。儿子去世以后孙子接替，孙子去世以后曾孙接替，一代一代继续将故事讲述下去。

杨喜的故事，一直讲述到第五代孙杨敞。杨敞将这些故事讲给夫人听，当然，他也将这些故事讲给老丈人司马迁听。司马迁是汉政府的太史令，他正为写《史记》网罗天下的放失旧闻，收集世间的传言故事。言者也许无心，听者定然有意。在与女婿的酒席宴间，司马迁听得津津有味，事后将这些鲜活的历史记录下来，写进书中。

杨喜的一生中，最光彩、最值得回忆、最值得大讲特讲的事情，毫无疑问就是参加垓下之战，追击到乌江斩杀项羽的战绩，这是他得以受封的功勋啊！在东城被项王吓得人马受惊，倒退数里，在乌江岸边目睹项王最后的雄武，听到项王最后的呼声，他都亲历现场，自然讲述得活灵活现，虎虎有生气。当然，在杨喜的讲述中，耳闻目睹之外，被俘楚军的口供转述，战友间的传闻流言，都可能混杂其中，都可能被添油加醋。不过，无论如何，杨喜的口述

---

[1]《史记·高祖功臣侯者年表》序。对于"铁券丹书"以及"封爵之誓"的分析，参见拙著《汉帝国的建立与刘邦集团——军功受益阶层研究》第六章第一节之三"封爵之誓分析"。

都是当事人的证言,第一手的史料,经过第一流的历史学家司马迁的加工编撰,写成了第一流的史学篇章,堪称古代口述史的经典[1]。

五 楚父秦母昌平君

在杨喜讲述的项羽之死的故事当中,战友吕马童最为神秘。

故事中说,项羽在血战烟尘中认出了吕马童,高声问道:"来人可是旧友吕马童?"吕马童不敢正视项羽,侧身手指项羽对身边的战友说道:"这就是项王。"项羽又一声高呼:"我听说汉王悬赏千金,封邑万户,要我的头。我成全你!"于是拔剑自刎[2]。

精彩历史中的又一个细节,引出又一个疑问:这位吕马童,究竟是什么人?他为什么会被项羽称为旧友,他与项羽究竟有什么故旧关系?

追查吕马童的历史,他是秦帝国的内史好畤县人,本是旧秦军郎中骑将,皇帝近卫武官团的高级将校。秦将吕马童不但地位比杨喜高,加入刘邦军团的时间也比杨喜早一年。后来的经历与杨喜类似,编入灌婴所统领的骑兵部队,随同韩信征战齐国,曾经以司马的官职出击楚国将领龙且的军队,垓下之战后奉命追击,在乌江岸边与杨喜等人共同斩杀项羽,受封为中水侯。以上简历,就是史书中所留下的有关吕马童的全部信息。在这些残存的信息

---

[1] 对于这个问题的详细研究,参见拙文《论〈史记〉叙事中的口述传承——司马迁与樊它广和杨敞》,刊于《周秦汉唐文化研究》第四辑,2006年。
[2]《史记·项羽本纪》:"项王身亦被十余创,顾见汉骑司马吕马童曰:'若非吾故人乎?'马童面之,指王翳曰:'此项王也。'项王乃曰:'吾闻汉购我头千金,邑万户,吾为若德。'乃自刎而死。"

中，找不到吕马童与项羽直接交往的踪迹。

项羽自幼跟随叔父项梁，由项梁一手抚养成人。项梁的交游，常常就是项羽的交游。秦帝国时期，项梁曾经到过关中，犯法入狱，被关在栎阳县的监狱里。后来，项氏家族通过关系，请蕲县的司法部长、狱掾曹咎写信给栎阳县的狱掾司马欣求情，项梁得以释放。曹咎是蕲县人，属于楚人，后来从军跟随项梁，成为项氏楚军的大司马。司马欣是栎阳人，属于秦人，后来策动章邯投降项羽，被封为塞王，首都就定在栎阳。从这件事情当中，项梁、项羽和项氏家族与秦地秦人的往来，已经浮现出一些隐约的踪迹。这些隐约踪迹所透露出来的关系，是楚人与秦人的交情。

继续往前追溯，项氏家族是楚国的名门贵族，世世代代为楚军将领。项梁的父亲、项羽的祖父项燕曾经出任楚军大将。秦始皇统一天下，秦军大将王翦攻破楚国首都寿春，楚王负刍被俘。项燕拥立昌平君熊启继承王位，在淮北继续抗击秦军。

昌平君熊启是一位神秘的历史人物，根据史书的记载，他在历史上只有两次光辉的亮相，一次是在秦国，他与吕不韦一道受命领兵平定嫪毐之乱，扶持年满二十二岁的秦王嬴政亲政掌权；还有一次是在楚国，就是他与项燕联手反秦，被拥立为末代楚王的事情。这两次光辉的亮相，乍一看可谓是风马牛不相及，矛盾重重扯不到一起。

昌平君平定嫪毐之乱，在秦王政九年，也就是公元前238年。昌平君被拥立为楚王反秦，是在秦王政二十四年，也就是公元前223年，其间整整隔了十五年。十五年前，他是秦国的政要，在咸阳扶持秦王嬴政亲政。十五年后，他成了嬴政的敌人，在淮北被项燕拥立为楚王。这位朝秦暮楚，活跃在秦楚两国政权中枢的昌平君，究竟是什么人？他与秦王嬴政、与楚将项燕究竟有什么关

第六章　倒影回声中的楚与秦　　　261

系？在他的身后，是否隐藏着秦楚两国之间不为人知的秘密？

1975年，考古学家们在湖北省云梦县睡虎地发掘了多座秦国的墓葬，其中有一座编号为11号的墓，是秦王政时代的一位地方官员的墓葬，从这座墓葬中出土了大量的秦代竹简，竹简中有一份关于墓主生平的履历书，用编年纪事的形式写成，被称为《大事记》[1]。在这份《大事记》中，昌平君的大名赫然出现：

廿一年，韩王死。昌平君居处其处，有死士属。

"廿一年"，秦王政二十一年，公元前226年。韩王，末代韩王韩安。秦王政十七年，秦军攻陷了韩国首都新郑，韩王韩安被俘虏，韩国灭亡，被俘的韩王安被迁徙到陈县（河南淮阳）软禁。秦王政二十一年，韩王安死在陈县，昌平君被迁徙到这里来，有敢死之士跟随。语焉不详的只言片语，宛若历史的汪洋大海中溅出的点滴浪花，映照出水下无垠的深沉。

1989年，著名历史学家田余庆先生发表《说张楚——关于亡秦必楚问题的探讨》一文[2]，首次以索隐钩沉的形式，将昌平君与项燕联手反秦的事迹做了历史复原，秦国与楚国之间复杂而密切的关系，也由此透露出可以解读的曙光。2010年，我追随先生足迹，结合文献和出土文物，将昌平君的一生做了完整的复原，写成《末代楚王史迹钩沉——补〈史记〉昌平君列传》[3]，终于将这位楚父秦母，连接嬴姓和熊姓两大王族的神秘人物的真相大白于

---

[1] 《睡虎地秦墓竹简》，文物出版社，1978年。
[2] 收于田余庆著《秦汉魏晋史探微》，中华书局，1993年。
[3] 刊于《史学集刊》2012年第1期。

天下。秦国和楚国延续了四百余年、整整二十一代的婚姻关系，也由此被披露出来。《昌平君列传》，我用文言文写成，下面，将全文白话翻译如下：

> 昌平君，是楚考烈王的庶子，名字叫做熊启。楚顷襄王二十七年，秦国与楚国和好，楚国派遣太子熊元到秦国作人质，被留在秦国十年之久，在秦国娶妻生子。熊启出生于秦国，他的母亲，应当是秦昭王的女儿。
>
> 楚顷襄王三十六年，顷襄王熊横病重，熊元与春申君密谋，只身从秦国逃亡，回到楚国。同年秋天，顷襄王病逝，熊元被立为楚王，这就是考烈王。
>
> 熊启和母亲一道留在秦国，亲近舅母华阳太后。到了（秦始皇的父亲）子异认华阳太后为养母的时候，熊启于是与子异也亲近起来。庄襄王子异即位，熊启以王室至亲的关系出仕，受到华阳太后的宠爱和信任，受封为昌平君。
>
> 庄襄王病逝，长子嬴政十三岁被立为秦王，委政于太后与大臣。当时，太后有三位，嬴政的养祖母华阳太后、亲祖母夏太后、母亲帝太后。大臣有多位，主要有相国吕不韦、昌平君和昌文君等人。
>
> 秦王政九年，嬴政亲政，长信侯嫪毐在咸阳发动武装政变。秦王命令相国吕不韦、昌平君和昌文君领兵平定叛乱。当时，昌平君当为御史大夫，为平叛出力甚多。嫪毐的案件，牵涉吕不韦。十年，吕不韦免相，昌平君被任命为丞相。
>
> 十二年，右丞相熊启与左丞相颠共同监造铜戈。十七年，华阳太后过世，秦王日益成长壮大，昌平君愈益感到旁落不安。这个时候，左丞相是隗状，熊启于是与他一道监造在郢

阳制造的铜戈。

二十一年,秦王急欲攻灭楚国,大将王翦慎重谏言,不为所用,被贬斥罢将,称病回到故乡频阳养老。丞相熊启在朝廷的会议上附和王翦,另有隐情微词,同时失去秦王的信任。就在这个时候,韩国故都新郑发生叛乱,被俘后迁徙到郢陈□山的韩王安受牵连死去。于是,秦王将昌平君罢相,迁徙到韩王安死去的地方,有敢死之士随他前往。

二十二年,李信、蒙武领军进攻楚国。昌平君在郢陈起兵反秦,迫使李信、蒙武军撤回。在楚军的夹击下,李信军大败,部下七名都尉被杀。

秦王大怒,亲自前往频阳陈谢,强使王翦出任大将,领军进攻楚国,围困郢陈,南出平舆,攻破楚国都城寿春,俘虏楚王负刍。于是楚国大将项燕拥立昌平君为楚王,撤退到淮北继续抗秦。这一连串事件,都发生在秦王政二十三年。

二十四年,王翦、蒙武继续攻击楚国,在蕲县大破楚军,昌平君战死,项燕自杀,楚国至此灭亡。

…………

在昌平君神秘而波澜壮阔的一生中,有一件事情与本书所叙述的历史最有关联,值得专门提出来加以说明。

秦王政九年,长信侯嫪毐发动武装政变,昌平君与吕不韦等一道受命领兵平定叛乱。秦王政十年,吕不韦免相,昌平君被任命为丞相,主持秦国政府的工作。在昌平君主持秦国政府的这一年,有一件重要的事情发生,就是秦王嬴政大婚,娶了正妻。

秦王嬴政的婚姻,由养祖母华阳太后主持。华阳太后是楚国人,是多年执掌秦国政权的楚系外戚集团的领军人物,按照当时的国际婚姻惯例，她从自己的出身国楚国为自己的孙子选取了媳妇。昌平君是华阳太后信任的至亲，他既是嬴政的表叔，又是在位的楚幽王的兄长，事情当由他一手操办。迎娶的楚夫人，来自楚国王室，也是他的一位近亲。

我进而大胆推测，这位楚夫人，就是秦王嬴政的王后、长公子扶苏的母亲，史书失载的始皇后。华阳太后去世以后，昌平君成了秦国政权中楚系外戚集团的头面人物，他是楚夫人的靠山，也是楚系公子扶苏的保护人……[1]

历史很神秘，因为我们不能再回去。历史也很无奈，因为史料太残缺。有时候，历史学家不得不如同侦探一样，由少而又少的证据，通过联想和推理，将断裂的往事连接起来，求得合情合理的理解。

我由西楚霸王与秦将吕马童的旧友关系，联想到项氏一族与秦人的交情，进而往前追溯，一直到项燕拥立秦国丞相昌平君为楚王。昌平君是秦王嬴政的表叔，楚王负刍的兄长，公子扶苏的保护人，通过他的中介，秦公子扶苏与楚大将项燕也就联系起来了。

六　寻找传闻中的历史流

昌平君的父亲熊元是楚顷襄王熊横的嫡长子。楚顷襄王二十一年（前278），秦将白起攻破楚国的首都郢城（今湖北江

---

[1] 参见藤田胜久文《秦始皇と諸公子について》，刊于《愛媛大学法文学部論集第十三号》，人文学科编，2002年；同氏著《項羽と劉邦の時代——秦汉帝国興亡史》第三章《陳涉・呉広の叛乱》，讲谈社，2006年；并参见拙著《秦谜》第四案（二）"扶苏与他的母亲"。

陵），楚国被迫迁都到陈县（今淮阳），称为郢，俗称郢陈。顷襄王二十七年（前272），熊元在春申君的陪同下，由郢陈出发到秦国作人质，不久在咸阳娶了秦王的女儿，生下昌平君。楚顷襄王三十六年（前263），熊横病重，通过春申君的策划，熊元由咸阳只身逃回郢陈，继承了王位，是为考烈王，不久，春申君也回到郢陈，做了令尹。

考烈王二十二年（前241），在春申君的主持下，楚国联合山东五国合纵进攻秦国失败，被迫放弃郢陈，迁都到寿春（今安徽寿县），也称郢。秦王政二十一年（前226），昌平君罢相，由咸阳迁徙到陈县。一年后，他与楚国大将项燕联手，在陈县竖起反秦的旗帜，大败攻楚的秦军。这一段段秦楚纠结、复杂而曲折的历史，都与陈县这个地方相关联。

秦统一天下后，陈县一直是反秦的热土，汇集了各种反秦势力。魏国名士张耳、陈馀被秦政府通缉，逃到陈县隐藏。张良为了复仇离开故乡，首先来到陈县学习。秦末之乱，陈胜、吴广起义建立张楚国，首都就定在陈县。陈县啊陈县，不去不足以了解这一段风云突变的历史。

2009年8月，我随历史到淮阳访古，直奔平粮台。先去马鞍冢，看了楚顷襄王夫妇的墓，早就被盗窃一空。就近去平粮台遗址，新石器时代的古城，聚集着商周以来直到战国、秦汉的千余座墓葬，顷襄王墓的车马坑也在这里。

又去淮阳县城，四面皆湖，荷叶田田，莲花点点，依稀到了江南。地面已无陈县故城的踪迹，考古的朋友介绍说，"文革"前城墙还有，知青返城时无处安身，都被削平修了住房。在引领下，我顺着旧城墙地表走过，湖光水影间，弥漫出伤感，期待中的淮阳访古行，渐行渐远。

楚顷襄王墓

> 2009年8月,我到淮阳访古,先去马鞍冢,看了楚顷襄王夫妇的墓,早就被盗窃一空。就近去平粮台遗址,新石器时代的古城,聚集着商周以来直到战国、秦汉的千余座墓葬,楚顷襄王墓的车马坑也在这里。

渐行渐远中,陈县淡去,浮现出来的,都是商水县。商水县在淮阳市西南,距淮阳不到五十公里。秦汉时代,商水和淮阳都属于陈县。因为顺道,前一天先去过了。

商水之所以吸引我,是因为两位历史人物。一位是陈胜,秦末之乱的首事者,一位是扶苏,秦始皇的长子。乍一看,陈胜和扶苏,风马牛不相及的人物,怎么会与商水扯在一起?

《史记·陈涉世家》记载大泽乡起义时说,陈胜、吴广斩杀了两位押解的将尉,领导九百戍卒举事复楚反秦,那一声"王侯将相宁有种乎"的呼喊，千百年来成了平民革命、农民战争，甚至阶级斗争的标志。奇怪的是，千百年来，人们有意无意地无视了陈胜、吴广起义的另一个标志，就是"诈称公子扶苏、项燕"，宣称扶苏和项燕还活着，起义是在他们二位的领导下进行的[1]。

项燕和扶苏，都是第一等的贵族，陈胜、吴广宣称起义是在他们的领导下进行的，已经将阶级斗争的颜色漂白，透露出陈胜可能是陈国王族后裔的信息，相关的事情，我已经写进《秦崩》[2]，这里就不再多说了。

秦末之乱的性质是六国复兴，后战国时代来临。在这个历史大背景中，陈胜、吴广起义复楚反秦，用抗秦而死的楚军大将项燕号召楚国民众，很好理解；然而，同时也用秦始皇的长子扶苏来号召楚国民众，就相当费解了。我曾经这样解释说，扶苏仁慈而冤死，陈胜、吴广起义借助于对于仁者的怀念来反抗暴君，有利于瓦解秦军和秦政府[3]。虽然也是一种理由，总是不尽如人意。

后来，为了亲临历史现场，查询文物地图，得知商水县有扶苏村，扶苏村有扶苏墓，还有一座战国、秦汉时代的古城，可能就是陈胜的出生地阳城。历史考古圈内的人都知道，扶苏被胡亥、赵高害死在上地，他的墓葬在今陕西省绥德县，他从来没有到过河南商水，怎么可能埋在这里？商水的扶苏墓，肯定不是埋葬扶苏的真墓。

这些年来，历史现场去得多了，对于真实的历史和历史的真实有了切身的体验，开始穿透纪实和传闻，超越纸上和书斋，在行走

---

[1] 《史记·陈涉世家》：陈胜、吴广杀押解的县尉聚众起义，"召令徒属曰：'公等遇雨，皆已失期，失期当斩。藉弟令毋斩，而戍死者十六七。且壮士不死即已，死即举大名耳，王侯将相宁有种乎！'徒属皆曰：'敬受命。'乃诈称公子扶苏、项燕，从民欲也"。
[2] 参见拙著《秦崩》第四章之四"贵族后裔陈胜"。
[3] 参见拙著《秦崩》第四章之五"陈胜、吴广反了"。

阳城古城

　　循路进了扶苏村，村里村外地下，延伸着一座古城遗址，地上还可以见到城墙的残留。上世纪 80 年代，商水县对古城做过考古调查，确认遗址属于战国、秦汉，可能就是陈胜的出生地阳城？

中获得动态的历史流。千百年来，散处各地的古迹遗址，常常被附会各种民间传说。这些传闻故事，真真假假，不可贸然相信。不过，这些传闻故事，自有自己的历史，其中常常混杂着历史的真实。

由此生发开去，商水县有扶苏村，扶苏村有扶苏墓和阳城古城，这些在传闻中被放在同一时代的遗址，背后或许有历史的关联。这些关联，恐怕与《史记·陈涉世家》的那条难解的记载有关，陈胜、吴广起义"诈称公子扶苏、项燕"的历史之谜，或许可以在商水获得解答？

扶苏村在商水县舒庄乡，距离县城十八公里。亲临现场的当天，大概是下过雨，路上多泥泞，战国、秦汉的绳纹瓦片，不时散见在路边。村外的扶苏墓意外的大，使我想起长安县秦二世胡亥墓的规模，属于商水县文物保护单位，有1978年商水县革命委员会所立的石碑。扶苏墓北二百米，还有一墓，据称为蒙恬墓，已经被平毁。两座墓葬，都建在古代遗址上，不知何时被戴上了花冠，写上了扶苏和蒙恬的名字。

循路进了扶苏村，村里村外地下，延伸着阳城古城，地上还可以见到城墙的残留。上世纪80年代，商水县对古城做过考古调查，确认这是一座战国、秦汉时代的古城，东西长800米，南北宽500米，城中有建筑和冶铁遗址。在城东南的堆积层中，还采集到四件印有"扶苏司工"的陶器残底[1]。

临场推想，扶苏墓是毛，阳城古城是皮；扶苏墓是附会，阳城古城是附会下面的根基。皮之不存，毛将附焉？看来，扶苏墓

---

[1] 商水县文物管理委员会《河南商水县战国城址调查记》，刊于《考古》1983年第9期。据该调查，扶苏城属于战国晚期以来的古城遗址，可能是陈胜的出生地阳城故址。扶苏城遗址北城墙残存，城内出土刻有疑似"楚"字带孔方砖一块，另有四片戳印大篆文"扶苏司工"的陶片。扶苏墓，在扶苏城东南150米处。

与杨凤翔先生

打听到当年参与调查的杨凤翔先生还健在,当即前往拜望。杨先生七十有余,退休在家,喜迎我等远道的好古同行。一席话下来,喜出望外,杨先生就是当年陶片的采集人,采集到的四件陶片,有一件还保存在杨先生手边,欣然展示与我们。

扶苏陶片

大碗大小的陶罐残底,当中一四方的戳印,陶文据考证为"扶苏(胥)司工",陶片上有杨凤翔墨笔手书"河南省商水县扶苏村古城址 1980,04,10日出土 采集人杨凤翔",是仅存的一件,堪称珍贵。

的由来，一定与阳城古城相关，"扶苏司工"的陶文，正是连接扶苏墓与阳城古城的节点。

去文管所寻找当年的采集物，时过境迁，人事多变，已经荡然无存。打听到当年参与调查的杨凤翔先生还健在，当即前往拜望。杨先生七十有余，退休在家，喜迎我等远道的好古同行。一席话下来，喜出望外，杨先生就是当年陶片的采集人，采集到的四件陶片，有一件还保存在杨先生手边，欣然向我们展示。大碗大小的陶罐残底，当中一四方的戳印，陶文据考证为"扶苏（胥）司工"，陶片上有杨先生墨笔手书"河南省商水县扶苏村古城址1980，04，10日出土——采集人杨凤翔"，是仅存的一件陶片，堪称珍贵。

宋代地理书《舆地纪胜》称这座古城为扶苏城，说"秦二世时，陈涉诈称公子扶苏，此城盖涉所筑"。陈胜、吴广起义建立张楚国，定都淮阳，政权仅仅存在了半年，这座古城，不可能是陈胜修建的。不过，这座古城与扶苏有关的传说却相当久远。据当地的民间传说，陈胜在大泽乡起义打出了扶苏的旗号，诈称起义是在扶苏和项燕的领导下进行的，他定都淮阳以后，宣称扶苏战死，将自己的故乡阳城改名为扶苏城，为他修筑坟墓，并修建有祭祀的建筑。或许这就是扶苏墓的由来？

陈胜的故乡在哪里？多年来一直聚讼纷纭，有人说在安徽宿县，有人说在河南登封，还有人说在南阳方城。陈胜是古代陈国王族的后裔，大泽乡起义的九百壮士，都是从陈郡各地召集来的戍卒。他的故乡，应当在古代陈国境内，也就是秦帝国的陈郡境内。商水属于古代陈国，距离陈国的首都陈县很近，扶苏村的这座古城，应当就是陈胜的故乡阳城。

陈胜、吴广大泽乡起义后，不但各国贵族纷纷响应，天下名士学者也前往投奔。以孔子的后裔孔甲为首的儒生们,身怀礼器诗书,也来到陈县加入张楚政权。儒生们虽然不擅长骑马打仗,却能够制造舆论,建设制度。想来,他们加入张楚政权以后,继承了大泽乡起义的传统,继续制造扶苏的传说,不但将扶苏塑造成为保护儒生的仁者,而且将这些附会传说实实在在地融合到张楚政权的制度和文化建设中,扶苏城、扶苏墓的渊源,也许一直可以追溯到这里来?

　　历史是什么?历史是用残存的史料,复活消失了的往事。在终极的意义上讲,一切历史都是推想。我随历史到现场,阅读文献,考察文物,采集民间传说,融会贯通中,情不自禁加入传说的建设中,体验到从传闻中也可以觅得真实的历史流。

尾声

失人心者失天下

写完《楚亡》以后,项羽为什么失败的问题一直盘旋在我的脑际,千头万绪,千言万语,不知从哪里说起。

项羽二十四岁随同叔父项梁起兵会稽,成为楚军副将。二十七岁在巨鹿全歼秦军主力,主宰天下自封西楚霸王。二十八岁以三万精兵击溃五十六万刘邦联军,达到军事生涯的顶峰。三十一岁垓下战败,亡走乌江自杀身亡。他那短暂的一生,宛如流星划过长空,辉煌炫目,转瞬即逝。

司马迁总结项羽的一生说,秦末群雄并起,争夺天下的豪杰不可胜数。项羽没有尺寸的封土领地,乘势崛起于里巷民间,不过三年时间,统领六国联军灭亡秦朝,号令天下分封王侯,被称为"霸王"。地位虽然不长久,也是近代以来未曾有过的事情。不过,项羽背弃关中回到楚国,放逐义帝自立为王,当各国纷纷仿效而背叛他时,他却怨恨不解,不也是自困自恼吗?以功高自傲,行事逞一己的私见而不师法古人,一意以武力经营天下,自称霸王之业。不过五年时间,国破家亡,身死东城,至死不觉悟、不反省、不自责,大错啊!他宣称"这是天要亡我,而不是用兵的罪过",岂不荒谬![1]

---

[1]《史记·项羽本纪》。

在司马迁的总结中，明确地指出了项羽之所以失败的四个原因。一、背弃关中回到楚国，是说项羽不继承秦国西都关中，而是自王梁楚东都彭城，犯了战略地理的错误。二、放逐义帝自立为王，是说项羽不能妥善对待旧主楚怀王，引发以下克上的政治风潮，犯了政治伦理错乱的错误。三、以功高劳厚自傲，行事逞一己的私见而不师法古人，是说项羽犯了固执己见、不向历史学习的错误。四、一意以武力经营天下，自称霸王之业，是说项羽犯了迷信武力而忽视政治的错误。

司马迁的总结，写于项羽败亡百年以后，是历史学家整理文献、回顾往事的结论。在项羽败亡五年以前，伟大的军事家韩信曾经精辟地分析过项羽的为人行事，预测项羽将会由强转弱，最终败亡。韩信的分析和预测，见于他出任汉军大将前向刘邦呈述的灭楚战略方策——"汉中对"。在"汉中对"中，韩信陈述项羽必败的原因说："项羽虽然称霸天下臣服诸侯，却不据有关中而定都彭城，这是他的第一个失误（战略地理）；项羽背弃怀王之约，以自己的好恶裂土封王，诸侯心中不服，这是他的第二个失误（分配不公）；项王将旧主怀王驱逐到江南，新封诸侯纷纷效仿，也都驱逐旧主，抢占肥美的土地，这是他的第三个失误（政治伦理错乱）；项王所到之处，没有不摧残破灭的，百姓都怨恨，人民不亲附，只不过迫于威势，勉强服从而已，这是他的第四个失误（迷信武力）[1]。

对照韩信和司马迁对项羽败亡原因的分析，我们可以很清楚地看到，两人的看法是完全一致的。

司马迁是历史学家，他从前后贯通的历史视野，补充了项羽

---

[1]《史记·淮阴侯列传》。

固执己见和不向历史学习的错误，在《史记》的其他篇章中，他曾经多次批评项羽不采纳范增的意见和不学习周秦成功的经验，进一步做了具体的说明[1]。韩信是历史的当事人，"汉中对"是韩信当面呈述给刘邦的灭楚方略，其中强调项羽背弃怀王之约分配不公的过失，是直接针对刘邦被分封到巴蜀汉中而言的，是站在刘邦的立场强调反楚的法理依据，未必是项羽的败因。如果从总结历史教训的角度上看，鸿门宴没有诛杀刘邦，大分封没有对刘邦采取更为严厉的防范措施，比如将刘邦分封到巴蜀而不追加汉中，才是项羽败于刘邦的原因之一。

值得注意的是，司马迁在总结了导致项羽败亡的四大原因后说：在不过五年时间内，项羽国破家亡，身死东城，至死不觉悟、不反省、不自责，还宣称"这是天要亡我，而不是用兵的罪过"，岂不荒谬！他通过批评项羽的谬误，引出了天意的话题，委婉指出并非是天要亡你，而是另有原因。韩信则简洁明确，他在指出导致项羽败亡的四大原因后说："从整体上来看，项王名义上是天下的霸主，实际上已经失去了天下的人心，所以，他的优势容易转化为劣势。"他睿智地阐述了自己的见解：失人心者失天下，人心的向背是命运转化的决定性条件。

韩信上"汉中对"时，楚汉战争尚未爆发，项羽携分封天下的威势，手握重兵，坐镇彭城，君临天下，正处在西楚霸王的极盛峰巅。在这个时候，韩信为什么会说项羽已经失去了天下的人心呢？这并非空穴来风，而是实有所指，指的是项羽新安坑杀二十万秦军降卒，首先失去了秦国人心的事情。他在"汉中对"

---

[1] 比如在《史记·高祖本纪》中，司马迁选取了刘邦在洛阳南宫酒会上的话，"项羽有一范增而不能用，此其所以为我所擒也"。

的后半段中明确指出:"二十万将士,在新安被项王使诈坑杀,唯有章邯、司马欣、董翳三人脱逃,秦人怨恨这三个人,痛入骨髓。如今,项王以威势封三人为王,得不到秦人的拥护和爱戴",换来的是秦人的背离和仇恨。

我在《秦崩》中写道:"新安坑杀降卒,使项羽失去了秦国,断绝了项羽入关以后在关中立足的可能。新安坑杀降卒,埋下秦国人民仇恨项羽的种子,使秦国军民从此敌对项羽。二十万秦军被坑杀于新安地下,数百万敌对军民被人为地制造出来。在尔后的楚汉战争中,秦国军民死心塌地跟随刘邦与项羽血战死斗,关中成为刘邦稳固的根据地,秦人秦军成为汉军的主力部队,归附刘邦的秦军将士们最后追击项羽至乌江岸边,将项羽分尸斩首,种种曲折历史的根源,都可以追溯到这里。可以说,新安坑杀秦军降卒,是项羽一生中最大的政治失误,是项羽由盛而衰的转折点、失败的起点。"[1]

决定性的错误往往是后续一系列错误的开端。新安坑杀秦军降卒,使项羽无法在关中生根立足,不得不放弃秦国,回到彭城建立西楚。回到彭城的项羽,不得不驱逐已经定都彭城的楚怀王,由此而失去了拥戴怀王的楚国旧臣的人心,促成陈婴和吕青等人后来纷纷离去[2],也埋下了与范增决裂的种子[3]。项羽在彭城,远离三秦蜀汉,为了弥补地理上的不利,他吞并魏国,将魏豹分封到河东,又将韩王韩成杀害,有意吞并韩国,由此失去韩魏两国

---

[1] 《秦崩》第八章之五"项羽坑杀降卒"。
[2] 陈婴和吕青、吕臣父子,都是最早参加项梁军的楚军将领。楚怀王立,陈婴为上柱国留在楚国都城盱台辅佐怀王,项梁战死,怀王亲政,任命吕青为令尹、吕臣为司徒主持国政,他们都是受怀王重用、亲近怀王的楚臣,后来都脱离项羽,归属了刘邦。
[3] 参见本书第四章之五"范增之死"。

的人心，不但促成魏豹背楚，彭越生乱，也促使张良与韩王信死心塌地跟随刘邦，又为自己制造了新的敌人……

　　人心是什么？人心就是众人之心，体现在臣，就是臣心，体现在军，就是军心，体现在民，就是民心，民心是最大的人心。人心可察可用，人心多变如水，人心可以载舟，也可以覆舟。泛舟掌舵的人，熟悉水性则顺水乘风，往往事半功倍，不察水性则逆流顶风，难逃折楫覆舟。领军治国的人，体察人心则能定国安邦，不察人心难逃国破身亡。

　　项羽国破身亡的命运，决定于垓下之战。垓下之战，楚国众叛亲离，几乎丧失了所有的盟国，不得不孤军与诸国联军奋战。垓下之战，指挥联军击败项羽，决定项羽败亡命运的人，正是预言项羽必败的韩信。伟大的韩信，他自己就是从项羽身边离开的人，而且是造成项羽命运转变的关键性人物，他认为项羽必败，"失人心者失天下"，不但来自于他的睿智，也来自他亲身的体验，可谓是历史的至理名言。

　　失人心者失天下。历史的后来者，不可不警惕深思。

后记

历史是中国人的宗教

这本书，献给父亲的在天之灵。

父亲是文史学者[1]。我步入史学之门，父亲是引路人；我开始写作，父亲是最忠实的读者和最细致的批评者，也是最贴心的鞭策者。2010年，父亲满了八十八岁，失去了对于尘世的眷恋，声言大限已到，去世前告诫我说："人生无常，万物有主，慎之敬之，留名于世。"

无常，变化不定。无常，短暂不久。人生百年，几近极限。人生苦短，来时不想，去时常思。来时观望未来，去时回首往事。观望未来，多是历程的展望；回首往事，常是终极的关怀。

"人生无常"，是父亲在生命结束之前对于生命的终极关怀，关怀的是个人的生命，关怀的是人的生命，飘摇的生命在永恒中短暂无定。对于这一点，我很能理解。

"万物有主"，是父亲在生命结束之前的另一终极关怀，他关怀万物，关怀万物的主人，使我深感意外。万物有主，关注的是宇宙万物，相信宇宙万物之上有更高的存在，这是明确无误的宗教关注。父亲不是教徒，生前对于各种宗教都关心，却从来没有

---

[1] 李运元（1922—2010），西南财经大学经济系教授，主治中国经济史，著有《柿红阁经济史文选》（方志出版社，2006年）等。

深入。他一生沉浸在中国的古代典籍中,最关心的是历史,特别是古代中国,古书成了他晚年最高的精神慰藉。对于父亲来说,历史是宗教,古典就是经书。费解的是:在父亲心中,谁是万物的主人?

对于死后世界的思考,是催生宗教的源头。各种宗教,无一不产生于对于死后世界的超越关怀。天堂、地狱、人间,前世、今生、来世,都是宗教的观念。在佛教传来以前,古老的中国缺少对于死后的关怀,诸子百家关注生,回避死,追求生命的延续,逃避生命的终结,古老的中国文化,成为一种重生避死的世俗文化。因此之故,古老的中国,有哲学而没有宗教,有天而没有神,有追求而没有信仰,关注兴盛的延续而忽视衰亡的新生⋯⋯

我读《论语》,"季路问事鬼神。子曰:'未能事人,焉能事鬼。'曰:'敢问死。'曰:'未知生,焉知死。'"智慧的孔子,以应当致力于人事的理由,回避了对于神事的倾注,以应当关注生的理由,回避了对于死的追问。以孔子为代表的诸子百家,在生与死之间选择了生,在神与人之间选择了人,创造了广及宇宙自然、道德伦理、政治军事的东方理性文化,却与宗教失之交臂,留下了精神的空白。

古来中国人精神的空白,往往由历史填补,千百年来,历史成了中国人的宗教。我们没有圣经而有古典;我们没有神殿而有宗庙;我们没有神的教谕而有历史的教训;我们没有最后的审判而有历史的裁决;我们没有永遭惩罚的地狱,而有遗臭万年的历史耻辱柱;我们没有进入天堂的永恒至福,而有写入青史的千古留名。孔子说:"知我罪我,其惟春秋。"在历史的殿堂中接受审判获得位置,成了中国人的来世追求。

唐代诗人陈子昂写道:"前不见古人,后不见来者。念天地之悠悠,独怆然而涕下。"面对久远的历史、无限的空间,诗人感叹生命的短暂、认识的有限。面对此情此景,历史学家另有感悟,"前不见古人,历史可以复活;后不见来者,历史可以预测;念天地之悠悠,历史绵延不绝;独怆然而涕下,历史慰藉心灵"。

如果说历史是中国人的宗教,历史学家就是祭司。司马迁说:"文史星历,近乎卜祝之间。"远古的史官,正是上观天文、下察人事的卜师,也是沟通神与人、连接过去与未来的先知。史官如实地记录人事,虔诚地上达神明,谦虚地倾听天声,忠实地下达人间,如此得到神意,作为行动指南。不真实的记录,不忠实的传达,无异于欺骗神明,必将遭受灾难惩罚。历史学家的秉笔直书,植根于正确预测未来的期待,来源于人类对于神明的敬畏。

多少年来,耳边都是无神论,喧嚣着人定胜天、人是万物之灵、人是自然的主人,如今看来都是虚妄之心、狂放之言,颠倒了主客、倒置了本末。花草一季,树木百年,千万年的河山,永恒的星空,人何以堪?在伟大的自然面前,人类渺小如同蝼蚁蟪蛄,短暂如同雪花飘落。

也并非天人合一,而是天主人客。人与自然,不是对等,而是主客。自然是永恒的主人,人类是短暂的过客。人来做客要感恩,人来做客要知足,干干净净地来,干干净净地去,保持清洁的环境,留给后来的新客。自然是超越人类的存在,不管是在时间的永恒,还是在空间的无限;自然是君临人类的神明,不管是在未知的无限,还是在力量的无穷。自然是人类应当感恩的主,自然是人类应当敬畏的神。

我读《圣经》,了解人类的原罪。我读佛经,知晓人欲的虚妄。我读《周易》,明了福祸天降。我读《老子》,体会万物自然。我读司马迁撰写《史记》的宗旨:"究天人之际,通古今之变,成一家之言。"心领神会,铸为心中的模范丰碑,奉为史家的最高境界。

中国自殷周革命以来,天取代鬼神成了心灵的皈依和精神的敬畏。天是自然化的神明,天是规律化的主宰,天是历史理性化的本源。运行的天道,主宰着宇宙万物,主宰着历史和人类、国家和个人的命运。历史学家游走在星空和大地之间,在天道和人道之间求索,观望星宿的移动,推演大地的分野,观察天道的变化,预测人世的变迁。

"殷鉴不远,在夏后之世。"中国文化中历史意识的觉醒,也在殷周之际。殷灭夏,正是周灭商的镜鉴。以水为镜,可以知容颜;以史为镜,可以知兴替。自己看不见自己,需要借助于镜子;当代不能认识当代,需要借助于历史。司马迁说:"居今之世,志古之道,所以自镜也。"已经参透了今借助于古,当代借助于历史以自我认识的奥妙。

司马迁生于后战国时代,列国并立,诸子百家的流风遗韵尚存,他继承家风遗训,网罗天下放失旧闻,观望历史变迁,体察兴盛衰亡,成就一家之言。他是孔子的继承者,他引孔子之言自述心志:"我欲载之空言,不如见之于行事之深切著明也。"他著《史记》,是延续孔子整理《周易》、《春秋》、《诗》、《书》、《礼》、《乐》的传统,寓义理于历史,五百年后自成一家。

两千年来,《史记》堪称中国历史叙事的峰巅,其叙事之良美有据,思想之微露深藏,堪称"史家之绝唱,无韵之离骚",诸子之别家。司马迁的人格风格,特立独行而坚韧高洁,起伏曲折而独领风骚。他体察生死有不同价值:"人固有一死,或重于泰山,或轻于鸿毛。"他相信生的价值要到死后才能确定:"要之死日,然后是非乃定。"伟大的司马迁,他将生命注入历史,在著述立言中求得永生，历史是他的宗教，他是历史的祭司。

  2010年7月，我送父亲的骨灰到青城后山墓地与母亲合葬。祭祀之余，环视群山，仰望云天，空谷绝响中，再次听到父亲的训诫："人生无常，万物有主，慎之敬之，留名于世。"小子须臾不敢忘。古圣先贤有言："太上有立德，其次立功，其次立言，经久不废，此之谓三不朽。"小子无德无功，唯立言以不辱先人。

  叔本华说，立言者的天空，有流星、行星和恒星。流星闪烁，转瞬即逝；行星借光，与时并行；唯有恒星，矢志不渝地放射自身的光芒，因其高远，需要多年才能抵达地球人间。

  承先父遗训，有幸学史的我，已将立言的价值交由时间审量。怅望无垠的星空，能留下几丝光亮？

楚汉之际列国大事月表

汉元年·前 206 年

二月　（一）项羽尊楚怀王为义帝，分天下为十九国，封十九王。
　　　　楚　西楚霸王项羽　都彭城（今徐州）　楚将（立一月）
　　　　　　衡山王吴芮　都邾（今湖北黄冈北）　楚将（立一月）
　　　　　　九江王英布　都六（今安徽六安东北）　楚将（立一月）
　　　　　　临江王共敖　都江陵（今湖北荆州）　楚将（立一月）
　　　　秦　汉王刘邦　都南郑（今陕西汉中）　楚将（立一月）
　　　　　　雍王章邯　都废丘（今陕西兴平东南）　秦将（立一月）
　　　　　　塞王司马欣　都栎阳（今陕西临潼北）　秦将（立一月）
　　　　　　翟王董翳　都高奴（今延安北）　秦将（立一月）
　　　　赵　常山王张耳　都襄国（今河北邢台西南）　赵将（立一月）
　　　　　　代王赵歇　都代（今河北蔚县东北）　赵王（立一月）
　　　　魏　西魏王魏豹　都平阳（今山西临汾西南）　魏王（立一月）
　　　　　　殷王司马卬　都朝歌（今河南淇县）　赵将（立一月）
　　　　齐　齐王田都　都临淄（今山东淄博）　齐将（立一月）
　　　　　　济北王田安　都博阳（今山东泰安东南）　齐将（立一月）
　　　　　　胶东王田巿　都即墨（今山东平度）　齐王（立一月）
　　　　燕　燕王臧荼　都蓟（今北京西南）　燕将（立一月）
　　　　　　辽东王韩广　都无终（今天津蓟县）　燕王（立一月）
　　　　韩　韩王韩成　都阳翟（今河南禹县）　韩王（立一月）
　　　　　　河南王申阳　都洛阳（今河南洛阳）　赵将（立一月）

三月　（一）各王起程离开关中就国。

　　　　楚　义帝熊心立二月。徙都郴县。
　　　　　　西楚霸王项羽立二月。
　　　　　　衡山王吴芮立二月。
　　　　　　九江王英布立二月。
　　　　　　临江王共敖立二月。
　　　　秦　汉王刘邦立二月。
　　　　　　雍王章邯立二月。
　　　　　　塞王司马欣立二月。
　　　　　　翟王董翳立二月。
　　　　赵　常山王张耳立二月。
　　　　　　代王赵歇立二月。
　　　　魏　西魏王魏豹立二月。
　　　　　　殷王司马卬立二月。
　　　　齐　齐王田都立二月。
　　　　　　济北王田安立二月。
　　　　　　胶东王田市立二月。
　　　　燕　燕王臧荼立二月。
　　　　　　辽东王韩广立二月。
　　　　韩　韩王韩成立二月。被项羽带往彭城，张良随行。
　　　　　　河南王申阳立二月。
四月　（一）

　　　　楚　义帝熊心立三月。
　　　　　　西楚霸王项羽立三月。废韩王韩成，更为侯，颍川郡属楚。
　　　　　　衡山王吴芮立三月。
　　　　　　九江王英布立三月。
　　　　　　临江王共敖立三月。
　　　　秦　汉王刘邦立三月。
　　　　　　雍王章邯立三月。

塞王司马欣立三月。

翟王董翳立三月。

赵　常山王张耳立三月。

代王赵歇立三月。

魏　西魏王魏豹立三月。

殷王司马卬立三月。

齐　齐王田都立三月。

济北王田安立三月。

胶东王田市立三月。

燕　燕王臧荼立三月。

辽东王韩广立三月。不肯徙辽东。

韩　颍川郡属楚。

河南王申阳立三月。

五月（一）

楚　义帝熊心立四月。

西楚霸王项羽立四月。

衡山王吴芮立四月。

九江王英布立四月。

临江王共敖立四月。

秦　汉王刘邦立四月。拜韩信为大将，申军法，整军备战。

雍王章邯立四月。

塞王司马欣立四月。

翟王董翳立四月。

赵　常山王张耳立四月。

代王赵歇立四月。

魏　西魏王魏豹立四月。

殷王司马卬立四月。

齐　齐王田都立四月亡。之临淄，为田荣所攻，失国降楚。

济北王田安立四月。

　　　　胶东王田市立四月。

　　燕　燕王臧荼立四月。

　　　　辽东王韩广立四月。不肯徙辽东。

　　韩　颍川郡属楚。

　　　　河南王申阳立四月。

六月　（一）

　　楚　义帝熊心立五月。

　　　　西楚霸王项羽立五月。

　　　　衡山王吴芮立五月。

　　　　九江王英布立五月。

　　　　临江王共敖立五月。

　　秦　汉王刘邦立五月。大将韩信整军备战。

　　　　雍王章邯立五月。

　　　　塞王司马欣立五月。

　　　　翟王董翳立五月。

　　赵　常山王张耳立五月。

　　　　代王赵歇立五月。

　　魏　西魏王魏豹立五月。

　　　　殷王司马卬立五月。

　　齐　齐王田荣立一月。田荣击杀胶东王田市，自立为齐王。予彭越将军印，令反梁地，击济北王田安。

　　　　济北王田安立五月。彭越来袭。

　　　　胶东田市立五月亡。在即墨为田荣所杀。

　　燕　燕王臧荼立五月。

　　　　辽东王韩广立五月。不肯徙辽东。

　　韩　颍川郡属楚。

　　　　河南王申阳立五月。

七月　（一）

　　楚　义帝熊心立六月。

西楚霸王项羽立六月。诛杀韩王韩成。彭越来袭，遣萧公角击之，军败。

衡山王吴芮立六月。

九江王英布立六月。

临江王共敖立六月。

秦　汉王刘邦立六月。韩信指挥汉军佯攻陇西，疑兵子午，大军秘密集结陈仓道。

雍王章邯立六月。

塞王司马欣立六月。

翟王董翳立六月。

赵　常山王张耳立六月。陈馀与齐联军来袭。

代王赵歇立六月。

魏　西魏王魏豹立六月。

殷王司马卬立六月。

齐　齐王田荣立二月。使彭越击楚，助陈馀攻常山。

济北王田安立六月亡。被彭越攻杀，并入齐国。

燕　燕王臧荼立六月。

辽东王韩广立六月。不肯徙辽东。

韩　颍川郡属楚。故韩王韩成为项羽所杀。

河南王申阳立六月。

八月　（一）

楚　义帝熊心立七月。

西楚霸王项羽立七月。领兵击齐。封郑昌为韩王拒汉。

衡山王吴芮立七月。出兵随项羽攻齐。

九江王英布立七月。称病不出。

临江王共敖立七月。出兵随项羽攻齐。

秦　汉王刘邦立七月。反攻进入关中。战陈仓、好畤，围废丘，灭塞、翟。

雍王章邯立七月。从楚。章邯被汉围于废丘。章平困守陇西。

　　　　塞王司马欣立七月亡。兵败降汉，并入汉国为渭南、河上郡。
　　　　翟王董翳立七月亡。兵败降汉，并入汉国为上郡。
　　赵　常山王张耳立七月。陈馀与齐联军来袭，军败。
　　　　代王赵歇立七月。
　　魏　西魏王魏豹立七月。
　　　　殷王司马卬立七月。
　　齐　齐王田荣立三月。项羽来袭。
　　燕　燕王臧荼立七月。攻占辽东国，击杀韩广。
　　　　辽东王韩广立七月亡。为臧荼所击杀，并入燕国。
　　韩　韩王郑昌立一月。为项羽所立，都阳翟，拒汉。
　　　　河南王申阳立七月。

九月（一）
　　楚　义帝熊心立八月。
　　　　西楚霸王项羽立八月。领兵击齐。发兵拒汉军于阳夏。
　　　　衡山王吴芮立八月。从楚。
　　　　九江王英布立八月。称病。
　　　　临江王共敖立八月。从楚。
　　秦　汉王刘邦立八月。围废丘，将军薛欧、王吸出武关，因王陵兵，从南阳迎太公于沛，被楚军拒之于阳夏。
　　　　雍王章邯立八月。从楚。章邯被汉围困废丘。章平困守陇西。
　　赵　常山王张耳立八月。陈馀与齐联军来袭，军败。
　　　　代王赵歇立八月。
　　魏　西魏王魏豹立八月。从楚。
　　　　殷王司马卬立八月。从楚。
　　齐　齐王田荣立四月。项羽来袭。
　　燕　燕王臧荼立八月。并辽东国。
　　韩　韩王郑昌立二月。都阳翟，拒汉。
　　　　河南王申阳立八月。从楚。

汉二年·前205年

十月 （二）

  楚 义帝熊心立九月亡。在郴县被英布部下杀害。

     西楚霸王项羽立九月。领兵击齐。

     衡山王吴芮立九月。从楚。

     九江王英布立九月。称病。

     临江王共敖立九月。从楚。

  秦 汉王刘邦立九月。张耳来归，谒废丘。出关至陕县，河南王申阳降，置河南郡。

     遣韩信攻韩，郑昌降。张良自韩归来。

     雍王章邯立九月。从楚。章邯被汉围废丘。章平困守陇西。

  赵 常山张耳立九月亡。军败奔汉。

     赵王赵歇立一月。为陈馀迎立。亲齐。

     代王陈馀立一月。为赵歇所立。亲齐。陈馀留赵辅佐赵歇，以夏说为相国守代。

  魏 西魏王魏豹立九月。从楚。

     殷王司马卬立九月。从楚。

  齐 齐王田荣立五月。项羽来袭。

  燕 燕王臧荼立九月。从楚。

  韩 韩王郑昌立三月亡。韩信来袭，军败降汉。

     河南王申阳立九月亡。军败降汉，为河南郡。

十一月 （二）

  楚 西楚霸王项羽立十月。领兵击齐。

     衡山王吴芮立十月。从楚。

     九江王英布立十月。称病。

     临江王共敖立十月。从楚。

  秦 汉王刘邦立十月。还都栎阳，开放秦苑。立韩王信。拔雍国陇西郡。

     雍王章邯立十月。从楚。章邯被汉围废丘。汉拔陇西郡。

章平走北地郡。

赵　赵王赵歇立二月。亲齐。

　　代王陈馀立二月。亲齐。

魏　西魏王魏豹立十月。从楚。

　　殷王司马卬立十月。从楚。

齐　齐王田荣立六月。项羽来袭。

燕　燕王臧荼立十月。从楚。

韩　韩王韩信立一月。为刘邦所立，都阳翟。

十二月　（二）

楚　西楚霸王项羽立十一月。领兵击齐。

　　衡山王吴芮立十一月。从楚。

　　九江王英布立十一月。称病。

　　临江王共敖立十一月。从楚。

秦　汉王刘邦立十一月。

　　雍王章邯立十一月。从楚。章邯被汉围废丘。章平退守北地郡。

赵　赵王赵歇立三月。亲齐。

　　代王陈馀立三月。亲齐。

魏　西魏王魏豹立十一月。从楚。

　　殷王司马卬立十一月。从楚。

齐　齐王田荣立七月。项羽来袭。

燕　燕王臧荼立十一月。从楚。

韩　韩王韩信立二月。从汉。

正月　（二）

楚　西楚霸王项羽立十二月。项羽与田荣会战成阳。田荣败死平原。项羽立田假为齐王。坑降卒，齐民叛。

　　衡山王吴芮立十二月。从楚。

　　九江王英布立十二月。称病。

　　临江王共敖立十二月。从楚。

秦　汉王刘邦立十二月。拔北地郡，虏章平。
　　　　雍王章邯立十二月。从楚。被汉围废丘。北地郡失守，章平被虏。
　　赵　赵王赵歇立四月。亲齐。
　　　　代王陈馀立四月。亲齐。
　　魏　西魏王魏豹立十二月。从楚。
　　　　殷王司马卬立十二月。从楚。
　　齐　齐王田荣立八月亡。为项羽所杀。齐王田假立一月。为项羽所立。
　　燕　燕王臧荼立十二月。从楚。
　　韩　韩王韩信立三月。从汉。

二月（二）
　　楚　西楚霸王项羽立十三月。齐民叛，继续征齐。
　　　　衡山王吴芮立十三月。从楚。
　　　　九江王英布立十三月。称病。
　　　　临江王共敖立十三月。从楚。
　　秦　汉王刘邦立十三月。立汉社稷，施恩赐爵。
　　　　雍王章邯立十三月。从楚。章邯被汉围废丘。
　　赵　赵王赵歇立五月。亲齐。
　　　　代王陈馀立五月。亲齐。
　　魏　西魏王魏豹立十三月。从楚。
　　　　殷王司马卬立十三月。从楚。
　　齐　齐王田假立二月。从楚。田横反叛。
　　燕　燕王臧荼立十三月。从楚。
　　韩　韩王韩信立四月。从汉。

三月（二）
　　楚　西楚霸王项羽立十四月。齐民叛，继续征齐。
　　　　衡山王吴芮立十四月。从楚。
　　　　九江王英布立十四月。称病。

临江王共敖立十四月。从楚。

秦　汉王刘邦立十四月。自临晋渡河，魏王豹降，将兵从。下河内，虏殷王司马卬，置河内郡。至修武，陈平来归。至洛阳，受董公说为怀王发丧。

　　　雍王章邯立十四月。从楚。章邯被汉围废丘。

赵　赵王赵歇立六月。出兵助汉攻楚。

　　　代王陈馀立七月。出兵助汉攻楚。

魏　西魏王魏豹立十四月。汉兵压境，从汉攻楚。

　　　殷王司马卬立十四月亡。为汉所虏，属汉为河内郡。

齐　齐王田假立三月。从楚。田横反叛。

燕　燕王臧荼立十四月。从楚。

韩　韩王信立五月。从汉攻楚。

四月（二）

楚　西楚霸王项羽立十五月。在齐城阳郡，以精兵三万袭彭城，大败汉军五十六万。故塞王司马欣、翟王董翳来归。

　　　衡山王吴芮立十五月。从楚。

　　　九江王英布立十五月。称病。

　　　临江王共敖立十五月。从楚。

秦　汉王刘邦立十五月。集结诸国联军攻克彭城，五十六万大军为三万项羽军所败。败退途中遣随何之九江国说英布。

　　　雍王章邯立十五月。从楚。章邯被汉围废丘。

赵　赵王赵歇立七月。助汉攻楚。

　　　代王陈馀立七月。助汉攻楚。

魏　西魏王魏豹立十五月，从汉攻楚。

齐　齐王田假立四月亡。被田横击败，亡走楚。齐王田广立一月，为田横所立。田横为相。

燕　燕王臧荼立十五月。从汉。

韩　韩王信立六月。从汉攻楚。

楚汉之际列国大事月表　　　293

五月　（二）

　　　　楚　西楚霸王项羽立十六月。攻下邑，进军荥阳。遣项声、龙且攻淮南。

　　　　　　衡山王吴芮立十六月。从楚。

　　　　　　九江王英布立十六月，随何说英布叛楚。

　　　　　　临江王共敖立十六月。从楚。

　　　　秦　汉王刘邦立十六月。退守荥阳，萧何发关中兵。韩信收兵来会，破楚京索间，筑甬道取敖仓粟。组建骑兵，灌婴为将。

　　　　　　雍王章邯立十六月。从楚。章邯被汉围废丘。

　　　　赵　赵王赵歇立八月。知刘邦不杀张耳，反汉从楚。

　　　　　　代王陈馀立八月。知刘邦不杀张耳，反汉从楚。

　　　　魏　西魏王魏豹立十六月。反汉从楚。

　　　　齐　齐王田广立二月。与楚和解。

　　　　燕　燕王臧荼立十六月。从楚。

　　　　韩　韩王信立七月。从汉败归荥阳。

六月　（二）

　　　　楚　西楚霸王项羽立十七月。战荥阳。项声、龙且攻淮南。

　　　　　　衡山王吴芮立十七月。从楚。

　　　　　　九江王英布立十七月。叛楚从汉，楚军来袭。

　　　　　　临江王共敖立十七月。从楚。

　　　　秦　汉王刘邦立十七月。还栎阳，立太子。拔废丘，定雍地。

　　　　　　雍王章邯立十七月亡。废丘城降，章邯自杀。

　　　　赵　赵王赵歇立九月。从楚。

　　　　　　代王陈馀立九月。从楚。

　　　　魏　西魏王魏豹立十七月。从楚。

　　　　齐　齐王田广立三月。从楚。

　　　　燕　燕王臧荼立十七月。从楚。

　　　　韩　韩王信立八月。从汉。

七月 （二）

西楚霸王项羽立十八月。

八月 （二）

楚　西楚霸王项羽立十九月。战荥阳。项声、龙且攻淮南。遣项它助魏。

　　衡山王吴芮立十九月。从楚。

　　九江王英布立十九月。叛楚从汉，楚军来袭。

　　临江王共敖立十九月。从楚。

秦　汉王刘邦立十九月。之荥阳。令萧何辅太子守关中。遣郦食其说魏豹不听。遣韩信、曹参、灌婴击魏。

赵　赵王赵歇立十一月。从楚。

　　代王陈馀立十一月。从楚。

魏　西魏王魏豹立十九月。从楚。汉军来袭。楚将项它领军来援，为步将。

齐　齐王田广立五月。田横为相，从楚。

燕　燕王臧荼立十九月。从楚。

韩　韩王信立十月。从汉。

九月 （二）

楚　西楚霸王项羽立二十月。战荥阳。项声、龙且攻淮南。项它助魏。

　　衡山王吴芮立二十月。从楚。

　　九江王英布立二十月。叛楚从汉，楚军来袭。

　　临江王共敖立二十月。从楚。

秦　汉王刘邦立二十月。韩信破魏虏魏豹。请以三万人北击燕赵东击齐，南断楚粮道。

赵　赵王赵歇立十二月。从楚。

　　代王陈馀立十二月。从楚。

魏　西魏王魏豹立二十月亡。魏国为韩信攻破，魏豹被俘押送荥阳。属汉为河东、上党、太原郡。

- 齐　齐王田广立六月。从楚。
- 燕　燕王臧荼立二十月。从楚。
- 韩　韩王信立十一月，从汉。

后九月（二）

- 楚　西楚霸王项羽立二十一月。战荥阳。项声、龙且攻淮南。项它兵败魏国归来？
  - 衡山王吴芮立二十一月。从楚。
  - 九江王英布立二十一月。叛楚从汉，楚军来袭。
  - 临江王共敖立二十一月。从楚。
- 秦　汉王刘邦立二十一月。韩信破代，虏代相国夏说。
- 赵　赵王赵歇立十三月。从楚。
  - 代王陈馀立十三月。从楚。
- 魏　属汉为郡。魏豹在汉。
- 齐　齐王田广立七月。从楚。
- 燕　燕王臧荼立二十一月。从楚。
- 韩　韩王信立十二月。从汉。

汉三年·前204年

十月（三）

- 楚　西楚霸王项羽立二十二月。战荥阳。项声、龙且攻淮南。
  - 衡山王吴芮立二十二月。从楚。
  - 九江王英布立二十二月。叛楚从汉，楚军来袭。
  - 临江王共敖立二十二月。从楚。
- 秦　汉王刘邦立二十二月。韩信攻赵，井陉关之战，杀陈馀，虏赵歇。
- 赵　赵王赵歇立十四月亡。韩信来袭，被俘。属汉为常山郡。
  - 代王陈馀立十四月亡。韩信来袭，败死。属汉为代郡。
- 魏　属汉为郡。魏豹在汉。
- 齐　齐王田广立八月。从楚。
- 燕　燕王臧荼立二十二月。听韩信从汉。

韩	韩王信立十三月。从汉。

十一月（三）

	西楚霸王项羽立二十三月。楚汉相持荥阳。

十二月（三）

楚	西楚霸王项羽立二十四月。战荥阳，破汉粮道。项声、龙且攻下淮南。项伯收九江兵。杀英布妻子。 衡山王吴芮立二十四月亡？废为番君[1]。从楚。 九江王英布立二十四月亡。兵败，亡走荥阳。九江为楚郡。英布使人收旧部数千人，与汉王俱屯守成皋。 临江王共敖立二十四月。从楚。
秦	汉王刘邦立二十四月。守荥阳、成皋。粮道破乏粮，郦食其劝刘邦封六国后，张良反对。与陈平黄金四万离间楚君臣。韩信、张耳继续平定赵国。
赵	属汉为郡，张耳、韩信在赵国。
魏	属汉为郡，魏豹在汉。
齐	齐王田广立十月。从楚。
燕	燕王臧荼立二十四月。从汉。
韩	韩王信立十五月。从汉。

正月（三）

	西楚霸王项羽立二十五月。楚汉相持荥阳。

二月（三）

---

[1]《汉书·高帝纪》五年，诏曰："故衡山王吴芮与子二人，兄子一人，从百粤之兵，以佐诸侯，诛暴秦，有大功，诸侯立以为王。项羽侵夺之地，谓之番君。其以长沙、豫章、象郡、桂林、南海立番君芮为长沙王。"吴芮为衡山王，为项羽所封，后来被项羽褫夺王号，改称番君，所以被称为"故衡山王"。刘邦即位后，恢复王号，改封为长沙王。吴芮何时何故被褫夺王号改称番君，史书没有记载。考英布是吴芮的女婿，兵败之后，英布妻子皆被诛杀。合理地推测，吴芮被褫夺王号改称番君的原因，可能是受英布叛楚属汉的牵连，时间当在英布兵败的汉三年十二月。楚国灭亡以后，吴芮的罪名自然消失，刘邦念及旧功，恢复其王位也是顺理成章。

西楚霸王项羽立二十六月。

三月（三）

西楚霸王项羽立二十七月。

四月（三）

楚　西楚霸王项羽立二十八月。围荥阳急。范增不许刘邦请和，急攻。中陈平反间计，范增告老，死于途中。钟离昧等被疏远。

临江王共敖立二十八月。从楚。

秦　汉王刘邦立二十八月。刘邦在荥阳、成皋。请和不成，离间范增成功。

赵　属汉为郡。张耳、韩信继续平定赵国。

魏　属汉为郡。魏豹在汉。

齐　齐王田广立十四月。从楚。

燕　燕王臧荼立二十八月。从汉。

韩　韩王信立十九月。从汉。

五月（三）

楚　西楚霸王项羽立二十九月。围荥阳，杀纪信。攻破成皋。闻汉王出武关，引兵南下。令终公守成皋。汉王不战，又引兵击彭越。

临江王共敖立二十九月。从楚。

秦　汉王刘邦立二十九月。刘邦与陈平等脱出荥阳，入成皋回关中收兵。纪信出城伪降。周苛、枞公杀魏豹守荥阳。成皋失守，退守巩县一带。刘邦从袁生计，出武关，与英布行收兵宛叶间，闻项羽来，坚壁不战。复北上击破终公，攻克成皋。

赵　属汉为郡，韩信、张耳继续平定赵国。

魏　属汉为郡，魏豹死。彭越渡泗（睢）水，与项声、薛公战下邳，杀薛公。

齐　齐王田广立十五月。从楚。

燕　燕王臧荼立二十九月。从汉。

韩　韩王信立二十月。从汉。

六月（三）

楚　西楚霸王项羽立三十月。破彭越，引兵西拔荥阳，掳周苛、枞公、韩王信。围成皋，拔之。

临江王共敖立三十月。从楚。

秦　汉王刘邦立三十月。荥阳失守。刘邦被围成皋。与滕公出成皋北门，渡河之小修武，夺韩信、张耳兵。成皋失守，汉军退守巩县一带。

赵　属汉为郡。韩信、张耳在小修武，刘邦来夺其军。

魏　属汉为郡。彭越军为项羽击破。

齐　齐王田广立十六月。从楚。

燕　燕王臧荼立三十月。从汉。

韩　韩王信立二十一月。荥阳破，韩王信为项羽所俘。

七月（三）

楚　西楚霸王项羽立三十一月。被阻于巩县一带。

临江王共敖立三十一月，死，子共尉嗣。从楚。

秦　汉王刘邦立三十一月。得韩信军复大振，军小修武，临河。西守巩。令张耳守赵，遣韩信攻齐。

赵　属汉为郡。张耳守赵。韩信准备攻齐。

魏　属汉为郡。彭越亡走，游击河北。

齐　齐王田广立十七月。备战抗击韩信军来袭。

燕　燕王臧荼立三十一月。从汉。

韩　韩王信立二十二月。被俘在楚。

八月（三）

楚　西楚霸王项羽立三十二月。被阻于巩县一带。彭越、刘贾、卢绾扰乱后方。

临江王共尉立一月。从楚。

秦　汉王刘邦立三十二月。军小修武，临河。西守巩。从郎中

楚汉之际列国大事月表　299

郑忠计，高垒不战，使卢绾、刘贾将卒二万，骑数百，从白马津渡河入楚地，会合彭越，烧粮草，下睢阳、外黄等十七城。

赵　属汉为郡。张耳守赵。韩信准备攻齐。

魏　属汉为郡。彭越会合刘贾、卢绾攻楚后方。

齐　齐王田广立十八月。备战抗击韩信军来袭。

燕　燕王臧荼立三十二月。从汉。

韩　韩王信立二十三月。被俘在楚。

九月（三）

楚　西楚霸王项羽立三十三月。东击彭越。留曹咎守成皋。

临江王共尉立二月。从楚。

秦　汉王刘邦立三十三月。军小修武，高垒不战。西守巩。郦食其建议取敖仓。遣郦食其说齐。

赵　属汉为郡。张耳守赵。韩信军逼近平原津。

魏　属汉为郡。彭越会合刘贾、卢绾攻楚后方。项王来袭。

齐　齐王田广立十九月。从楚。遣华无阳、田解将重兵屯历下，备韩信。郦食其来说。

燕　燕王臧荼立三十三月。从汉。

韩　韩王信立二十四月。被俘在楚。

汉四年·前203年

十月（四）

楚　西楚霸王项羽立三十四月。项羽引兵击彭越、刘贾、卢绾，下梁地十余城。曹咎、司马欣军败失守成皋。钟离昧守荥阳，为汉所围。项羽还军广武与刘邦对峙。遣龙且救齐。

临江王共尉立三月。从楚。

秦　汉王刘邦立三十四月。破曹咎、司马欣军，取成皋，围荥阳，军广武。与项羽对峙广武涧，数项羽十大罪状，为项羽射中，退入成皋。韩信渡河攻破齐军。

- 赵　属汉为郡。张耳守赵。韩信用蒯通计，渡河攻破齐军。
- 魏　属汉为郡。彭越、刘贾、卢绾在梁楚地游击。
- 齐　齐王田广立二十月。从楚。楚将龙且来救。
- 燕　燕王臧荼立三十四月。从汉。
- 韩　韩王信立二十五月。被俘在楚。

十一月（四）

- 楚　西楚霸王项羽立三十五月。军广武。龙且救齐，兵败身亡。临江王共尉立四月。从楚。
- 秦　汉王刘邦立三十五月。在成皋，疾愈。入关至栎阳，枭司马欣头于栎阳市。留四日，复入军广武。韩信使者来，请王齐。汉王怒，欲攻齐。
- 赵　赵王张耳立一月。刘邦所立，都邯郸。
- 魏　属汉。彭越、卢绾、刘贾在梁地游击。田横兵败投彭越。
- 齐　齐王田广立二十一月亡。齐王田横立一月。齐楚联军为韩信所破，龙且死，齐王田广被俘。田横自立为齐王，还击灌婴，败于嬴下，走归彭越。灌婴下博阳，得齐相田光。曹参击田既，取胶东。
- 燕　燕王臧荼立三十五月。从汉。
- 韩　韩王信立二十六月。被俘在楚。

十二月（四）

西楚霸王项羽立三十六月。

正月（四）

西楚霸王项羽立三十七月。

二月（四）

- 楚　西楚霸王项羽立三十八月。军广武。
  临江王共尉立七月。从楚。
- 秦　汉王刘邦立三十八月。军广武。遣张良立韩信为齐王。
- 赵　赵王张耳立四月。
- 魏　属汉为郡。彭越、刘贾、卢绾在梁地游击。

　　　　齐　齐王韩信立一月。都临淄。刘邦所立。
　　　　燕　燕王臧荼立三十八月。从汉。
　　　　韩　韩王信立二十九月。被俘在楚。

三月（四）
　　　　　　西楚霸王项羽立三十九月。

四月（四）
　　　　楚　西楚霸王项羽立四十月。军广武。遣武涉说韩信中立。
　　　　　　临江王共尉立九月。从楚。
　　　　秦　汉王刘邦立四十月，在成皋，广武。
　　　　赵　赵王张耳立六月。
　　　　魏　属汉为郡。彭越、刘贾、卢绾在梁地游击。
　　　　齐　齐王韩信立三月。楚使武涉来说韩信。蒯通说韩信。
　　　　燕　燕王臧荼立四十月。从汉。
　　　　韩　韩王信立三十一月。被俘在楚。

五月（四）
　　　　　　西楚霸王项羽立四十一月。

六月（四）
　　　　楚　西楚霸王项羽立四十二月。军广武。
　　　　　　临江王共尉立十一月。从楚。
　　　　秦　汉王刘邦立四十二月。军广武。
　　　　赵　赵王张耳立八月。
　　　　魏　属汉。彭越、卢绾、刘贾在梁地游击。
　　　　齐　齐王韩信立五月。从汉。
　　　　燕　燕王臧荼立四十二月。从汉。
　　　　韩　韩王信立三十三月。被俘在楚。

七月（四）
　　　　楚　西楚霸王项羽立四十三月。军广武。
　　　　　　临江王共尉立十二月。从楚。
　　　　　　淮南王英布立一月。刘邦所立。

秦　汉王刘邦立四十三月。军广武。

赵　赵王张耳立九月死。子张敖嗣。

魏　属汉。彭越、卢绾、刘贾在梁地游击。

齐　齐王韩信立六月。从汉。

燕　燕王臧荼立四十三月。从汉。

韩　韩王信立三十四月。被俘在楚。

八月（四）

楚　西楚霸王项羽立四十四月。军广武。陆贾来说，不许。侯公来说，许与汉和。以鸿沟为界，中分天下。
临江王共尉立十三月。从楚。
淮南王英布立二月。从汉。

秦　汉王刘邦立四十四月。军广武。遣陆贾说项羽不成。再遣侯公说项羽成。

赵　赵王张敖立一月。

魏　属汉为郡。彭越、刘贾、卢绾在梁地游击。

齐　齐王韩信立七月。从汉。

燕　燕王臧荼立四十四月。从汉。至枭骑助汉攻楚。

韩　韩王信立三十五月。被俘在楚。

九月（四）

楚　西楚霸王项羽立四十五月。军广武。归还太公、吕后。
临江王共尉立十四月。从楚。
淮南王英布立三月。从汉。

秦　汉王刘邦立四十五月。军广武。太公、吕后归自楚。

赵　赵王张敖立二月。

魏　属汉为郡。彭越、刘贾、卢绾在梁地游击。

齐　齐王韩信立八月。从汉。

燕　燕王臧荼立四十五月。从汉。

韩　韩王信立三十六月。获释归汉？[1]

汉五年·前202年

十月（五）

楚　西楚霸王项羽立四十六月。从广武东归，被汉军追至阳夏南，大败汉军于固陵。

临江王共尉立十五月。从楚。

淮南王英布立四月。从汉。

秦　汉王刘邦立四十六月。追项羽至阳夏，大败于固陵。用张良计，招韩信、彭越领兵前来会战。

赵　赵王张敖立三月。

魏　属汉为郡。彭越引兵之陈。刘贾、卢绾引兵之寿春。

齐　齐王韩信立九月。引兵南下西进。

燕　燕王臧荼立四十六月。从汉。

韩　韩王信立三十七月。从汉。

十一月（五）

楚　西楚霸王项羽立四十七月。陈下之战，大败。大司马周殷叛楚。彭城失守。

临江王共尉立十六月。从楚。

淮南王英布立五月。之九江会周殷。刘贾围寿春，大司马周殷叛，以舒屠六，举九江兵迎英布，并行屠城父。

秦　汉王刘邦立四十七月。陈下大败项羽。

赵　赵王张敖立四月。从汉。

魏　属汉为郡。彭越之陈下会战。

齐　齐王韩信立十月。之陈下会战。攻破彭城。

燕　燕王臧荼立四十七月。从汉。

韩　韩王信立三十八月。从汉。

---

[1] 韩王信被俘，在汉三年六月，何时被释放，史书没有记载。楚汉议和成功，双方释放俘虏和人质。合理推想，韩王信当在此时被楚释放归汉。

十二月（五）

  楚 西楚霸王项羽立四十八月亡。垓下之战大败，突围至乌江自杀，葬穀城。

    临江王共尉立十七月亡。卢绾、刘贾来袭。共尉兵败被俘处死。属汉为郡。

    淮南王英布立六月。之垓下会战。

  秦 汉王刘邦立四十八月。垓下会战大胜，引兵之鲁，葬项羽于穀城，还至定陶，夺韩信军。卢绾、刘贾攻灭临江王共尉。封项伯等四人为侯。

  赵 赵王张敖立五月。

  魏 属汉为郡。彭越之垓下会战。

  齐 齐王韩信立十一月。之垓下会战。

  燕 燕王臧荼立四十八月。从汉。

  韩 韩王信立三十九月。从汉。

正月（五）

  楚 楚王韩信立一月，都下邳。由齐王改立。定陶拥立刘邦。

    长沙王吴芮立一月，都临湘。刘邦所立。定陶拥立刘邦。

    淮南王英布立七月。定陶拥立刘邦。

  秦 汉王刘邦定陶即皇帝位。定都洛阳。

  赵 赵王张敖立六月。定陶拥立刘邦。

  魏 梁王彭越立一月，都定陶。刘邦所立。定陶拥立刘邦。

  齐 齐王韩信改立为楚王。齐国属汉。田横亡入海。

  燕 燕王臧荼立四十九月。定陶拥立刘邦。

  韩 韩王信立四十月。定陶拥立刘邦。

项羽年表

前232年·秦王政十五年
　　一岁。生于楚国下相（今江苏宿迁）。
　　秦军败于李牧。燕太子丹质于秦，逃归燕。

前231年·秦王政十六年
　　二岁。
　　韩南阳假守腾降秦。

前230年·秦王政十七年
　　三岁。
　　内史腾攻韩，俘韩王安，韩国亡。

前229年·秦王政十八年
　　四岁。
　　秦将王翦、杨端和攻赵。

前228年·秦王政十九年
　　五岁。
　　秦军破赵都邯郸，俘赵王安，赵迁代。

前227年·秦王政二十年
　　六岁。
　　荆轲刺秦王。秦将王翦、辛胜攻燕。

前226年·秦王政二十一年
　　七岁。
　　秦军攻取燕都蓟，燕迁辽东。秦将王贲攻楚。韩国新郑反。

前 225 年·秦王政二十二年

八岁。

秦将王贲水淹大梁，魏王假降。魏国亡。故秦相昌平君熊启与楚将项燕联手反秦。秦将李信、蒙武攻楚大败。

前 224 年·秦王政二十三年

九岁。

秦将王翦攻取楚都寿春，俘楚王负刍。

前 223 年·秦王政二十四年

十岁。

楚将项燕拥立昌平君为楚王。秦将王翦、蒙武大败楚军，昌平君死，项燕自杀。楚国亡。

前 222 年·秦王政二十五年

十一岁。

秦将王贲攻辽东，俘燕王喜，燕国亡。攻代，俘代王嘉，赵国亡。

前 221 年·秦王政二十六年

十二岁。随项梁徙关中？

秦将王贲攻齐，俘齐王建，齐国亡。秦统一天下。徙天下豪户十二万户于咸阳。

前 220 年·秦始皇二十七年

十三岁。

秦始皇第一次巡游。

前 219 年·秦始皇二十八年

十四岁。

秦始皇第二次巡游。

前 218 年·秦始皇二十九年

十五岁。

秦始皇第三次巡游。张良博浪沙刺杀秦始皇未遂。

前 217 年·秦始皇三十年

十六岁。

秦将屠雎伐南越失败。

前 216 年 · 秦始皇三十一年

十七岁，傅。

秦始皇逢盗兰池。

前 215 年 · 秦始皇三十二年

十八岁。

秦始皇第四次巡游。秦将蒙恬伐匈奴。

前 214 年 · 秦始皇三十三年

十九岁。秦将任嚣攻占南越。秦将蒙恬渡河筑长城。

前 213 年 · 秦始皇三十四年

二十岁。随项梁避难吴中？

发五十万军民戍岭南。焚书。

前 212 年 · 秦始皇三十五年

二十一岁。

修直道。筹建阿房宫。处罚方士。

前 211 年 · 秦始皇三十六年

二十二岁。

迁三万户至北河、榆中。

前 210 年 · 秦始皇三十七年

二十三岁。随项梁在吴县遇始皇帝车驾。

秦始皇第五次巡游。七月，秦始皇死于沙丘。

前 209 年 · 秦二世元年

二十四岁。随项梁起兵会稽。

二世巡游天下。陈胜、吴广起兵于大泽乡，各地响应，六国复国。

前 208 年 · 秦二世二年

二十五岁。随项梁渡江北上，在薛县拥立怀王。与刘邦联军救东阿，破秦军濮阳东，东屠成阳，斩三川守李由于雍丘。章邯大破项梁军于定陶，项梁死。怀王徙都彭城亲政，项羽还军彭城西。

二世杀李斯，赵高为丞相。

前 207 年 · 秦二世三年

二十六岁。杀宋义夺军。全歼王离军巨鹿城下，诸侯军皆属。秦将章邯统领二十万秦军投降。

赵高杀二世，秦撤除帝号。

前 206 年 · 汉元年

二十七岁。秦王嬴婴降，秦亡。新安坑杀秦军降卒，将诸侯兵四十万进入关中。鸿门宴和解。杀嬴婴，火烧咸阳。自封西楚霸王，分割天下为十九国。

田荣反楚，自立为齐王。项羽领兵征齐。诛杀韩王韩成，封郑昌为韩王。

前 205 年 · 汉二年

二十八岁。杀义帝。击杀田荣。立田假为齐王。以精兵三万袭彭城，大败联军五十六万。西战荥阳。遣项声、龙且攻淮南。遣项它助魏。

韩信攻克魏国、代国。

前 204 年 · 汉三年

二十九岁。中陈平反间计，范增死。围攻荥阳，杀纪信，攻破成皋。闻汉王出武关，引兵南下，令终公守成皋。又引兵击破彭越，西拔荥阳，掳周苛、枞公、韩王信。再拔成皋，被阻于巩。又东击彭越，留曹咎守成皋。

韩信攻克赵国，迫使燕国归顺。

前 203 年 · 汉四年

三十岁。引兵击卢绾、彭越，下梁地十余城。曹咎、司马欣军败失守成皋。钟离昧守荥阳，为汉所围。项羽还军广武与刘邦对峙，射伤刘邦。遣龙且救齐军败。遣武涉说韩信中立。陆贾来说，不许。侯公来说，许与汉和。

韩信大败齐楚联军，封齐王。

前 202 年 · 汉五年

三十一岁。项羽军广武，东归，被汉军追至阳夏南，大败汉军于固陵。陈下为联军所败。垓下大败，乌江自刎，死葬穀城。

韩信出兵陈下、垓下，大败楚军。

韩信年表

前 228 年·秦王政十九年

一岁[1]。生于楚国淮阴（今江苏淮安）。

秦军破赵都邯郸，俘赵王安，赵迁代。

前 227 年·秦王政二十年

二岁。

荆轲刺秦王。秦将王翦、辛胜攻燕。

前 226 年·秦王政二十一年

三岁。

秦军攻取燕都蓟，燕迁辽东。秦将王贲攻楚。韩国新郑反。

前 225 年·秦王政二十二年

四岁。

秦将王贲水淹大梁，魏王假降。魏国亡。故秦相昌平君熊启与楚将项燕联手反秦。秦将李信、蒙武攻楚大败。

前 224 年·秦王政二十三年

五岁。

秦将王翦攻取楚都寿春，俘楚王负刍。

前 223 年·秦王政二十四年

六岁。

---

[1] 关于韩信的生年，史书没有记载。张大可、徐日辉著《张良萧何韩信评传》，结合史事和民间传说推断韩信生年为前 228 年，今从之。

楚将项燕拥立昌平君为楚王。秦将王翦、蒙武大败楚军，昌平君死，项燕自杀。楚国亡。

前222年·秦王政二十五年

七岁。

秦将王贲攻辽东，俘燕王喜，燕国亡。攻代，俘代王嘉，赵国亡。

前221年·秦王政二十六年

八岁。

秦将王贲攻齐，俘齐王建，齐国亡。秦统一天下。徙天下豪户十二万户于咸阳。

前220年·秦始皇二十七年

九岁。

秦始皇第一次巡游。

前219年·秦始皇二十八年

十岁。

秦始皇第二次巡游。

前218年·秦始皇二十九年

十一岁。

秦始皇第三次巡游。张良博浪沙刺杀秦始皇未遂。

前217年·秦始皇三十年

十二岁。

秦将屠雎伐南越失败。

前216年·秦始皇三十一年

十三岁。

秦始皇逢盗兰池。

前215年·秦始皇三十二年

十四岁。

秦始皇第四次巡游。秦将蒙恬伐匈奴。

前214年·秦始皇三十三年

十五岁。

秦将任嚣攻占南越。秦将蒙恬渡河筑长城。

前 213 年 · 秦始皇三十四年

十六岁。母死，葬高敞地？

发五十万军民戍岭南。焚书。

前 212 年 · 秦始皇三十五年

十七岁，傅。游荡乡里，从人寄食，受南昌亭长妻之辱？

修直道。筹建阿房宫。处罚方士。

前 211 年 · 秦始皇三十六年

十八岁。垂钓，受漂母之食？

迁三万户至北河、榆中。

前 210 年 · 秦始皇三十七年

十九岁。受胯下之辱？

秦始皇第五次巡游。七月，秦始皇死于沙丘。

前 209 年 · 秦二世元年

二十岁。在淮阴静观时局之变。

二世巡游天下。陈胜、吴广起兵于大泽乡，各地响应，六国复国。

前 208 年 · 秦二世二年

二十一岁。加入渡江北上的项梁军。

二世杀李斯，赵高为丞相。

前 207 年 · 秦二世三年

二十二岁。为郎中随项羽，参加巨鹿之战。

赵高杀二世，秦撤除帝号。

前 206 年 · 汉元年

二十三岁。随项羽入关中。失望脱离楚国，随刘邦进入汉中。为连敖、治粟都尉，拜为大将，统领汉军出汉中攻克关中。围章邯于废丘。

秦亡。项羽自封西楚霸王，分割天下为十九国。

前 205 年 · 汉二年

二十四岁。之荥阳援救刘邦败军，破楚军于京索之间。领军开辟北方战场，攻克魏国、代国。

刘邦军彭城大败,退守荥阳。

前 204 年 · 汉三年

二十五岁。背水之战,攻克赵国。迫使燕国归属。

刘邦与项羽拉锯对峙于洛阳—荥阳地区。

前 203 年 · 汉四年

二十六岁。破齐,大败齐楚联军,封齐王。拒绝武涉和蒯通三分天下的提议。

刘邦与项羽对峙于荥阳广武涧。

前 202 年 · 高帝五年

二十七岁。领齐军援救刘邦,败楚军于陈。垓下之战,统领联军大败项羽。被解除兵权,徙为楚王,都下邳。

刘邦即皇帝位。

前 201 年 · 高帝六年

二十八岁。之陈朝见刘邦,以谋反罪被拘捕带回洛阳,后赦免为淮阴侯,软禁于长安。

封子刘肥为齐王,封从兄子刘贾为荆王,封兄刘喜为代王,封弟刘交为楚王。

前 200 年 · 高帝七年

二十九岁。软禁于长安。

刘邦领军攻韩王韩信,被匈奴围困于平城。代王刘喜废为侯,封子刘如意为代王。

前 199 年 · 高帝八年

三十岁。软禁于长安。

汉与匈奴和亲。

前 198 年 · 高帝九年

三十一岁。软禁于长安。

废赵王张敖。徙代王刘如意为赵王。

前 197 年 · 高帝十年

三十二岁。软禁于长安。

代相国陈豨反。

前196年·高帝十一年

三十三岁。以谋反罪被杀,夷三族。

封子刘恒为代王。以谋反罪杀梁王彭越,夷三族。封子刘恢为梁王。封子刘友为淮阳王。封赵佗为南越王。淮南王英布反,兵败死。封子刘长为淮南王。封兄子刘濞为吴王。燕王卢绾逃入匈奴,封子刘健为燕王。

苏轼《代侯公说项羽辞》

汉与楚战，败于彭城。太公间走，见获于楚。项羽常置军中以为质。汉王遣辩士陆贾说项羽请之，不听。后遣侯公，羽许之，遂归太公。侯公之辩，过陆生矣。而史阙其所以说羽之辞，遂探其事情以补之，作《代侯公说项羽辞》。

汉王四年，遣辩士陆贾东说项王，请还太公。项羽弗听，贾还。汉王不怿者累日。左右计无所出。侯公在军中，而未知名，乃趋进而言曰："秦为无道，荼毒天下，戮人之父，刑人之子，如刈草菅。大王奋不顾身，建大义，除残贼，为万民请命。今秦氏已诛，天下且定，民之父子室家，皆得保完以相守也，其庆大矣。宜与太公享万岁无穷之欢。不幸太公拘于强仇，以重大王夙夜之忧。臣闻主忧臣辱，主辱臣死。大王诸臣，未有输忠出奇，以还太公之属车，蹈义死节，以折项羽之狼心者，臣恐天下有以议汉为无人矣，此臣等之罪也。臣愿先即辱国之诛。"汉王嘻歍曰："吾惟不孝不武，而太公暴露拘辱于楚者，三年矣。吾重念天下大计，未获即死之，此吾所以早夜痛心疾首东向而不忘也。顾为之奈何？"侯公曰："臣虽不敏，愿大王假臣革车一乘，骑卒十人，臣朝驰至楚壁，而暮与太公骖乘而归，可乎？"汉王慢骂曰："腐儒，何言之易也。夫陆贾天下之辩士，吾前日遣之，智穷辞屈，抱头鼠窜，颠狈而归，仅以身免。若何言之易也！"

侯公曰："待人以必能者，不能，则丧气。倚事之必集者，不集，则挫心。大王前日之遣贾也，恃之为必能之人，望之有必集之事。今贾乃困辱而归，是大王气丧而心挫也，宜有以深鄙臣也。且大王一失任于陆贾，乃遂惩艾以为无足使令者，是大王示太公之无还期，待天下为无士也。"汉王曰："吾岂忘亲者耶，顾若岂足以办此？且项王阴忮不仁，徒触其锋，与之俱靡耳。"侯公曰："昔赵平原君苦秦之侵，欲结楚从也，求其可与从适楚者二十人。盖择于门下也，食客数千，得十九焉，其一人无得也，最下客毛遂请行。平原君不择而与之俱，卒至强楚，廷叱其王，而定从于立谈之间者，毛遂功也。日者，赵王武臣见获于燕，以其臣陈馀、张耳之贤，择人请王，往者十辈，无一返者。终于养卒请行，朝炊未终，乃与赵王同载而归。此大王之所知者。臣乃今日愿为大王之毛遂、养卒，大王何慊不辱平原、馀、耳之听哉。"汉王曰："善。"即饬车十乘，骑卒百人，以遣侯公。

侯公至楚，晨扣军门，谒项王曰："臣闻汉王之父太公为俘囚，臣窃庆大王获所以胜于汉者。前日汉王遣使请之，而大王不与，至将烹焉，臣窃吊大王似不恤楚矣。"项王瞋目大怒，叱侯公曰："若自荐死，乃欲为而主行说以侥幸也。且吾亲与人角，而获其父，固将甘心焉。今乃言无恤者，何也？"侯公曰："臣以区区之身，备汉之使，而有谒于大王，故大王以臣为汉游说而忘忠楚也。大王试幸听之。使其言有可用，则楚汉之大利，两君之至欢，岂臣之私幸也。使其言无可用，则臣徐蹈鼎镬，以从太公之烹，盖未晚也。"

项王曰："太公之不得归必矣，若将何言？"侯公曰："夫汉王失职，怏怏而西，因思归之士，收豪杰之伍，举梁汉之师，下巴蜀之粟，并三秦，定齐魏，日引而东，以与大王决一旦之命，大王视其志，固将一天下，朝诸侯，建七庙，定大号，为万世基业耶？抑将区区徇匹夫之节，为曾参之孝而已者耶？且连兵带垒，与楚百战以决雌雄，乃有天下三分之二，大王军覆将死，自救不暇，凡所以运奇决胜为大王之勍敌者，在汉王与诸将了事耶？抑太公实为之也耶？虽庸人孺子固知之。然则太公，独一亡似人耳，不足为楚、汉之轻重。大王幸虏获之，而祸福实系焉，视其用之如何耳。得所以用而用之者强，失所以用而用之者亡。苟为失其所用，未若不获之为善也。大王所以久拘而不归者，固以要之。要之诚是也。且要而能致之，则权在我。要而不能致，则权在人。权之所在，以战必克。则要者，名也；归者，实也。大王苟不得志于名，当速收效于实，无为两失而自遗其患。是以臣窃为大王慎惜此举也。大王固尝置之俎上而命之矣，彼报之曰：'必欲烹之，愿分羹焉。'且父子相爱之情，岂相远哉。方汉王窘于彭城，二子同载，推堕捐之，弗顾也，安知其视父不与子同也。太公之囚楚者，三年矣，彼诚笃于爱父，固将捐兵解甲，膝行顿颡楚之辕门，为之请一旦之命，今励士方力，督战方急，无一日而忘与楚从事，此其志在天下，无以亲为也。大王今不归之，以收其实，将久留之，以执其名，故曰似不恤楚也。"

项王怒气少息，徐曰："顾吾所仇者汉王尔，其父何与耶？且汉王亲以其身投吾掌握者，数矣，我常易而释之，今乃曰东向必欲亡楚而后已，故吾深仇之，欲菹醢其父，聊快于一时，况与之归耶？"侯公曰："辱大王幸赐听臣，臣请言其不可者。夫首建大义诛暴秦者，惟楚。世为贤明显名于天下者，惟楚。天下豪杰乐从而争赴者，惟楚。被坚执锐为士卒先，所向摧靡，莫如大王。兵强将武，百战百胜，莫如大王。诸侯畏慑，惟所号令，莫如大王。割地据国，连城数十，莫如大王。大王持此数者以令天下，朝诸侯，建大号，何待于今。然而为之八年，智穷兵败，土疆日蹙，反为汉雠。大王尝自知其所以失乎？"项王曰："吾诚每不自知，如公言焉，公试论吾所以失者。"侯公曰："大王知夫博者事乎？夫财均则气均，气均则敌偶，然后胜负之势，决于一时。今大王求与汉博，方布席徒手未及投地，而骤以己资推遗之，已而财索气竭，徒手而校之，则大王之胜势去矣。夫仁义礼智，所以取天下之资，而制敌之具也。大王乃弃资委具，以为无所事，以故汉皆获而收执之，此所以自引而东，视大王如无也。"项王曰："何谓弃资委具？"侯公曰："夫秦民之不聊生久矣。汉王之入关也，秋毫无所犯，解秦之罝，约法三章，民大庆悦，惟恐其不王秦也。大王之至，燔烧屠戮，酷甚于秦，秦人失望，何以为仁？大王始与诸侯受约怀王，先入关者，王之，汉王出万死不顾一生之计，叩关决战，降俘其主，以待大王，而大王背约，迁之南郑，何以为信？大王以世为楚将，方举大义，不立其后，无以令天下，遂共立怀王而禀听之，及天下且定，乃阳尊为帝而放杀之，何以为义？以范增之忠，陈平之智，韩信之勇，皆人杰。争天下者，视此三人为之存亡。然而增死于疑，平、信去而不用，何以为智？是以汉王于其入关也，天下归其仁。其还定三秦也，天下归其信。为义帝缟素也，天下归其义。其用平、信也，天下归其智。此四者，大王素有之资，可畜之具，惟其委弃而不用，故汉皆得而收执之，是以大王未得所以税驾也。方今之势，汉王者，高资富室也。大王者，窭人也。天下者，市人也。市人不趋窭人而趋高资富室，明矣。然则大王今日之资，恃有一太公尔。天所以相楚也。今不归之，以伸区区之信义，纾旦夕之急，臣恐汉人怒气益奋，战士倍我，是大王又以其资遗汉，且将索然而为穷人矣。此臣所以为大王寒心也。夫制人之与见制于人，克人之与见克于人，岂同日而语哉。愿大王熟计之。"

项王曰："孤所以恩汉者亦至矣。然去辄背我，今其父在此，犹日急斗，诚一旦归之，徒益其气尔。"侯公曰："不然。臣闻怀敌者强，怒敌者亡。大王于汉，未能怀而制之，乃欲怒而斗之，臣意天溺大王之衷，将遂孤楚矣。大王诚惠辱一介之使护太公，且致言于汉王曰：'前日太公播越于外，羁旅敝军，获侍盥沐者三年于兹，而君王方深督过之，是以下国君臣未敢议太公之归。今君王敕驾迎之，孤恐久稽君王旦暮问安侍膳之欢，敢不承令，敬遣下臣卫送太公之属车以还行宫。孤亦愿自今之日，与君王捐忿与瑕，继平昔之欢，君王有以报不谷者，皇天后土，实与闻之。'如此而汉不解甲罢兵以答大义，则曲在彼矣。大王因之号令士卒，以趋汉王，此秦所以获晋惠公也。今大王不辱听臣，臣无所受命而归，汉王固将恸哭于军曰：'楚之仇我者深矣，使者再返，而太公不归矣，且号为举大义，除残贼，拯万民，终之有不共戴天之仇，何面目以视天下，今日之事，有楚无汉，有汉无楚，吾将前死楚军，不返顾矣。'汉王持此感怒士心，整甲而趋楚军，此伍子胥所以鞭平王之尸也。"

项王曰："善。吾听公，姑无烹。公第还，语而主令罢兵，吾今归之矣。"侯公曰："此又不可。夫智贵乎早决，勇贵乎必为。早决者无后悔，必为者无弃功。王陵，楚之骁将也，一旦亡去汉，大王拘执其母，将以还陵也，而其母慷慨对使者为陵陈去就之义，敕陵无还，遂伏剑而死。故天下皆贤智其母，而莫不哀其死也。今太公幽囚郁抑于大王之军，久矣。今闻使者再返，而大王无意幸赦还之，臣窃意其变生于无聊，不胜恚辱之积，一旦引决，以蹈陵母之义，则大王追悔前失，虽欲回汉军之锋，不可得矣。臣闻来而不可失者，时也。蹈而不可失者，机也。方今大王粮匮师老，无以支汉，而韩信之军，乘胜之锋，亦且至矣，大王虽欲解而东归，不可得矣。臣愿大王因其时而用其机，急归太公，与汉王约，中分天下，割鸿沟以西为汉，以东为楚。大王解甲登坛，建号东帝，以抚东方之诸侯，亦休兵储粟，以待天下之变。汉王老，且厌兵，尚何求哉，固将世为西藩，以事楚矣。"项王大悦。听其计，引侯生为上客，召太公，置酒高会三日而归之。

太公、吕后既至，汉王大悦，军皆称万岁。即日封侯公平国君，曰："此天下辩士，所居倾国者，故号平国君焉。"

王世贞《短长说》下

说明：《短长说》分上、下两编，共四十则14868字，内容为历史故事。上编二十三则，叙述战国中后期到秦亡的多种历史逸闻。下编十七则，叙述楚汉相争到西汉初年的多种历史逸闻。

《短长说》是明代文豪王世贞的补史之作。他假借托古的形式，声称补史的文字出于地下，是整理竹简的记录，给后代的读者制造了不少困惑。根据最新的研究，这部书肯定不是出土文献而是王世贞的编撰。不过，这部书的内容，绝非天马行空的胡编乱造，而是在史书记载的空白点上，运用间接的材料，基于已知史实，作合理的推测和构筑。这部书从史料学的角度上看，无疑是伪书。不过，这部书从文学的角度上看，是拟古文的佳作；从史学的角度上看，相当逼近历史的真实；从哲学上看，具有逻辑的真实性。

《短长说》最初收入王世贞的文集《弇州山人四部稿》。万历后期，李光缙增订《史记评林》时，将全文插入卷首。长期以来，该书的流传相当有限，学界也了解不多，关注甚少。我在写作《楚亡》的过程中，基于一切历史都是推想的理念，较多地使用了该书下编的内容，于是将其作为附录转载于此。转载的文字，依据日本汲古书院1972年出版的《和刻本正史史记》，该书辗转依据的原本是《史记评林》李光缙增订本。篇题和文字校正，依据我的学生藤田侑子的硕士论文《〈短长说〉的研究》（论文一部刊于《就实修士论文报》13号，2014年）。

短长说下

王世贞曰："耕于齐之野者，地坟，得大篆竹册一帙曰"短长"。其文无足取，其事则时时与史抵牾云。按刘向叙《战国策》，一名国事，一名短长，一名长书，一名修书。所谓短长者，岂战国逸策欤？然多载秦及汉初事，意亦文景之世好奇之士假托以撰者。余怪其往往称嬴项薄炎德，诞而不理。至谓四皓为建成侯伪饰，淮阴侯毋反状，乃庶几矣。因录之以佐稗官一种，凡四十则。

（《短长说》上二十三则，略）

第二十四则 "项王晨朝诸大夫"章

项王晨朝诸大夫。韩生见曰："大王有意幸王关中，关中四塞地，肥饶可都，勿失也！"项王默未答。亚父曰："善哉韩生言也。秦以虎踞东面，而笞捶天下，固万世业也。"沛公闻之，惊曰："殆矣！夫项王虎狼也，而据关中，是负嵎而伺肉人也，吾且肉矣！"子房曰："无恐也，请得见项伯。"乃夜见项伯曰："舍人言大王乃肯王关中，灞浐之旁美田宅园圃百一之贾，君擅甲焉。不佞亡臣之余敢请其羡。"伯曰："唯唯，赖君之庇，庶几有之。"曰："敢问大王之所与将者师几何？"曰："四十万人固也。""渡江而北为楚者师几何？"曰："十万有奇。人之好去乡者情乎。"曰："非情也。新城之役，秦师之就坑者几何？"曰："二十万人。""二十万人之为父兄若子弟亲戚者几何？"曰："不可几也，亡虑百万。""敢问大王之坑秦师也何故？"曰："为武信君。"乃起叹曰："嗟夫，君之不蚤计良也，今幸乃遇良。为武信君报也者，则为秦师报也者。其怀刃而欲剚大王与君之腹专矣！大王之卒四十万人，其从诸侯王而国者三十万人，则王卒十万人，不好去乡者十之八，则毋跳而留卫王者十之二矣。夫以二万之卒，而欲压百万之怨民，使之日耽耽焉而计其隙。即灞浐之旁美田宅园圃以亿计，君安得长擅之乎？夫使乌获酣寝，十其仇，褒短衣而环侍，即毋乌获明矣。"项伯曰："善。"入言之项王曰："客有称新城之役者，宫其室，伻其人，寝食其共，惴惴焉。"项王曰："亚父亟请之，吾非忘之也。富贵不归故乡，如衣绣夜行，谁知者？"明日韩生复流讪，乃烹韩生。

第二十五则"亚父谓项王（一）"章

亚父谓项王曰："善胜敌者策敌者也，不善胜敌者策于敌者也。甚矣大王之为汉也，臣荐韩信而大王不用，已令汉用之矣。臣荐陈平而大王不用，已令汉用之矣。汉欲大王杀义帝，以为大王罪，大王杀之矣。今者又欲大王弃臣，大王固先厌臣矣。"

第二十六则"亚父谓项王（二）"章

亚父谓项王曰："木蠹肤者浅蠹也，蠹衷者全蠹也。臣不肖少尝习于秦，知秦之善因六国之间也。始用应侯策走信士，日夜辇而之函谷之外，以害胁诸孱王而相之，毋事治事练卒。务以东折符南詟敌，而北肆兵而归重于秦，偃然而坐，制天下之权十七。秦犹以为未也。夫吴冠而越吟，人得其自也。有信信有疑信，则日夜辇黄金而走函谷之外，以隙乘诸幸臣而诱之。而后天下之权十全制也。诸孱王各贤其臣而不疑自。魏无忌天下之贤公子也，收五弱挫强鳌于崤渑之外。秦因晋鄙客而间之曰：'是阴王乎？'公子卒谢病免。角尉文君上党陑而未快志也，又使蔺卿之舍人间于平原君曰：

'此夫易与且降矣,独畏马服君子耳。'马服君子代尉文君,而丧四十五万人。武遂之役,秦难李牧也。则以郭开间曰:'牧为寿捍七首行弑也。'赵王信之而洴亡。燕王不欲诛太子丹以媾,代嘉为秦间曰:'秦欲得太子丹头而饱,无所事燕也。'丹头献而兵朝度辽水之上矣。五国兵而齐惧亡,欲从。后胜为之间曰:'齐谨秦,秦不忍以尺刃东向也。'齐不备而王建饿于松柏,而后知后胜也。是何秦之巧,而六国之拙也!故用间难也,因间易也。虽然犹未尽易也。自夫英主鲜幸,而间则破也。若乃处骨肉之地,当肺腑之任,休戚均焉,而旦暮为敌间。如伯者此全蠹也,虽英主不得破矣。"

第二十七则 "亚父既谢项王而归彭城也" 章

亚父既谢项王而归彭城也,邑邑刺刺,唇燥吻涸,淫火四上焚于大宅,肉食鲜进,数引浆勺,中夜起坐,彷徨颠错。乃召卜师取龟躬以清水澡之,以卵祓之,祝之曰:"玉灵夫子增虽耄老敢忘家国,其敢以请。"则为楚卜曰:"兵庶几戢哉?"其兆首仰足开,身作外强情。则又卜曰:"增病矣,其得无殆乎。?"其兆首上开,内外交骇,身节折。亚父惨然不悦曰:"卜师前。"卜师乃前跽曰:"下走愚,不敢以天请,敢以人请也。君侯之初从武信君也。为策谁立。"亚父曰:"立怀王。"曰:"武信君之败于雍王也,君侯奈何不先言之?"曰:"固言之,而武信君愎弗听也,然吾时在襄城。"曰:"君王之擅杀卿子冠军也,而胡弗止也?"亚父曰:"何哉!夫卿子冠军以口将者也,而又多外心,且师老矣!秦克赵而强,我闻克而馁必败。夫一呼吸而存亡系焉,非君王其谁安楚!"卜师曰:"善!君王之坑秦降卒二十万新安也,而胡弗止也?"曰:"吾固止之,而君王方有恐也。其秦卒怨且有谋,夫六国之吏民,刳项刲腹断肢屠胃于秦人之手者十世矣,而今幸得复。且以秦人之一谢赵人之二，而犹未足也。盖君王一言之而众刃猬发，谁能已也？以诸侯僇秦二十万而不可，以秦僇诸侯十世而百倍之可，吾未之敢信也。"曰："君王之诛子婴而烧秦宫室也，而胡弗止也？"曰："有之。夫子婴者，秦公子也。我楚之先怀王而以诈死，王负刍而以幽死，君王之大父燕与武信君，而皆以斗死。夫诸侯王之先降而全者谁也？其各修怨焉，夫谁能止？都城之内外，若朝宫者大而不可训，其离宫则孰非诸侯王之故，而忍存之。夫是以弗止也。"曰："君王之倍帝约，而弗予汉秦也，而胡弗止也？"曰："君王非倍约也，以程功也。当是时救河北难，入关易。支秦之劲难，乘秦之隙易。籍令汉王与卿子偕而北也，我君王之入关也。我入关秦且折而楚，汉王与卿子败，败而彭城继之，楚亦折而秦。且汉王不待报而遽有秦，闭关以扞我，是汉先倍约也，非君王也！"曰："然则君王胡以不遂都关中？"曰："以存约也，示与汉两置之。且君王纲纪之仆靡西人焉，而皆楚卒也，谁能无楚思？"卜者前贺曰："卜之天而君侯左也，卜之人天且为右焉。虽然义帝江之役其真盗乎，抑有以受乎？君王其与闻乎，抑弗闻也？请更卜之心。"亚父不能答。夕疽发于背，七日而亚父卒。

第二十八则 "汉王欲媾楚以请太公不得" 章

汉王欲媾楚以请太公不得。客有侯生者，蹙䯖胜挛，泪目泥耳，前仰后俯，衣褐。因谒者见曰："臣请为王媾楚。"汉王叱曰："而胡言之易也！谋若良、平，辩若随、陆，弗敢任行。而胡言之易也！"侯生曰："王请太公耶，弗请太公耶？请太公也，而以轻绝天下之士何也？令臣必貌见王，王必貌取人，则胡不以将张苍而将韩信？"王曰："善！子先之，富贵且共之。"侯生遂东见项王曰："汉王之使陪臣来谒。"媾未毕，项王按剑疾声若霆霓，曰："季不欲得父耶？欲得父而不以丞相何来，令竖儒来调乃公也！"趣鼎提烹之。侯生曰："臣始以为大王英雄也，乃今知大王非英雄也，大王乃不如汉王。"项王曰："何谓也？"曰："汉王诚欲得太公，则遣丞相何来。遣臣来，是不欲得太公也。大王之王汉王也，汉王如不闻也；既王汉，因以王汉为大王罪曰，负约而愚天下。江之役汉王如不闻也；义帝死，乃以死义帝为大王罪曰，弑君而愚天下。鼎之问太公且就烹，汉王如不闻也；必太公死，乃以是为大王罪曰，杀吾父弗义，请与天下共报之。大王幸赦太公，汉王语塞请和也。汉之君臣相与谋曰：吾遣丞相何往，赍金帛称臣，割地以求太公。楚王必喜而予太公。予太公吾毋以为兵端也。乃定使臣。烹臣与太公，而后汉君臣之计中。夫决谋之谓英，立断之谓雄。大王勇掩谋而不断，已食其祸，而食敌以实利也。臣故曰大王非英雄也。大王以直予汉，则毋若以曲予汉。正告天下曰：汉之土地甲兵，寡人无所利焉，汉王尝与寡人约为兄弟，吾不忍其父而归之。以庶几息肩元元。汉王内逼亲外逼名，必不敢畔楚而构祸于天下。"项王室剑敛膝曰："快乎先生之言，如发曚也。"礼太公使侯生御而归汉。汉王悦曰："此辩士所居倾国。"因封侯生平国君。

第二十九则 "西楚霸王使司马"章

西楚霸王使司马奉书汉之诸王、列侯、大将、护军、中尉、卒正、人吏："汉王刘季奸回不道，倍诅弃父，酗酒嫚贤，以干天伐。惟我两军迫于凶残，不以好见，敢布腹心。昔我武信君有讨于薛，季实帅群盗而请启行，爰锡虎贲五千骠、将十人，以为季纪纲之仆。寡人迅扫河北，遏刘全师。季得抵间以入崤函之险，蹈空解理，兵刃不血，伊谁之故？季遂鬻寡人以奸而距峣关，义帝一介之使，逆闻不内，寡人以为讨。实摇其尾，寡人宽之，弗诛。念厥功剪茅压纽，王有巴汉，惟是故裔劳臣，瓜分天下。寡人亡所利焉，庶几与诸侯王息肩。季复潜兵布谋，以盗三秦，强劫五国，衷刃向德。饬撼浮憎，污蔑寡人，簧鼓其下。嬴秦为毒。屠割寰宇，十世之殇，奋其武怒，甘心于报。新安之役，虽寡人先之，实诸侯王吏民意也。秦凿元元之膏以建阿房，示万世侈，寡人有忧焉。六王之宫厥亦有孙子臣士，痏胸疾首，郁为烈炎。秦获六王，良者饿死，敢忘子婴之僇？惟义帝之暴终，以侍卫不处，为寡人罪，君其问诸水浜！抑闻之，季也出蜀而东窥关，帝岂已大故耶？季又耸诸田畔王命，以牵我于齐，而入我彭城。寡人不获已，乃泗睢之役。季不习于战，大弃其师。寡人宽之弗追。季又跳劫老弱，张兵威而窥我。寡人不获已，乃有荥阳之役。季又不习于守，大弃其师。寡人宽之弗追。季又掩夺我同盟，挑胁我与国，离间我腹心，为鬼为蜮，为蝾为螟。寡人欲有肆焉，为先武信君之故，与诸侯王大夫吏之不宁。季幸旦赦，寡人夕改也，盟季父而归之。约曰：'鸿沟以西为汉，以东为楚。'季踊跃称报世世臣妾。季履后土而戴皇天后土实闻斯言。余腥在齿，复谬听一二恔壬，称兵固陵。矢铩未交，鸟溃兽散。今者复诱齐王、武王、赵王、梁相国，以土地金帛而谋楚曰：'得楚与天下共之。'诸侯王自视，与季父孰亲？佐汉而伐人国，与活季父孰德？季已灭寡人德，弃父不顾，其何有于诸侯王也？寡人甲虽敝，足以一奋，诸侯王所习巨鹿、彭城事者。斩季降，请以关中事之，世世邻好，与天无极。季能革心自悔，窜还故封，寡人亦无所恨。"

第三十则"彭王既封梁"章

彭王既封梁，大置酒会客。扈辄伛而前吊曰："嗟夫！大王之以身托王是也，是殉王也。""何故？"曰："大王之起，巨野一役夫耳，非六国素贵众附而暂失职者也。大王游师于梁楚，其附离汉，若沉而若浮。非有萧、曹金石之素也。大王之功，独有狥魏下昌邑，绝楚粮道，间给军食耳。非齐王信略定之勋也。夫萧、曹之贵不益侯，而齐王之立非主上之意也。大王安得偃然南面而称孤哉？且固陵之役，汉以诛楚告，而大王恐疑恫喝而不应也。汉以胜楚，捐睢阳以北至谷城王大王告，而大王翩然来也。是以梁而来也，抑为汉而来也者。汉焉得以纯臣视大王也？且夫天下不一而人易王也，天下一而王不易王也。无智愚知之。臣故曰，殉王也。大王盍谢梁而就侯之故封乎？夫以一世王而身裂，孰与百世侯而子孙不绝也？"彭王嚄唶不忍辞也，后竟有洛阳事。

第三十一则 "钟离将军辟汉亡之楚"章

钟离将军辟汉亡之楚。楚王信欲弗纳，钟离将军恚且自刭也。骑无诡谓曰："请为将军尝之。"乃入拜贺曰："大王行千金报漂母，又阔略恶少年而不诛且官之，天下之士靡不南向凭轼而入楚，以得奉大王布衣之间为幸。大王之英风薄海外，今者门有一钟离将军，自言与大王有连也。"楚王曰："钟离将军故有连也。虽然，垓下之决，田王亦既辞梁王而之岛矣。愿钟离将军之事田王也。"曰："德德者常也，德儺者变也，然而厚也。儺德者薄也。大王既以幸宽恶少年而不诛且官之，而独弃钟离将军，是大王再用变而后居薄也。臣窃为大王不取也。且夫虞卿，贤臣也，急魏齐之祸，捐相印而与之间行亡命。钟离将军怨不胜魏齐，汉暴不胜秦，而大王之贤远过虞卿。幸毋以他却也。"楚王曰："固也，钟离将军得罪汉，而寡人汉臣也。寡人眇眇之身，不足以殉钟离将军，不愿见也。"曰："大王虞臣汉也，则请毋虞臣汉。夫什方侯之玺，汉皇帝腐心而授之，为其功大也。汉皇帝必不忍以大王之匿钟离将军，掩大王功明矣。且楚国云梦之渚，折芦之炎，亦足以藏钟离将军而无虞。"楚王曰："诺。请见之。"

第三十二则 "汉之五年封英布为淮南王" 章

汉之五年封英布为淮南王，出而有骄色。随大夫请见，不拜曰："幸甚无恙，今天下称雄勇于大王者，独项王耳。项王灭，独大王在。汉之诸王，楚王信最贵，大王次之。其诸南面而王者，固皆雁行弗敢先也。虽然，大王之所称功烈于天下者五耳：初渡江，振武信君之弱而起之，以破秦嘉景驹军，一也。以二万人北揉邯离之锐，而为军锋冠，二也。坑秦卒二十万以快诸侯，三也。取间道破函谷关以与大会兵，四也。又与衡山临江王为郴之绩，五也。夫是五功而皆在楚，汉弗与也。其一功为楚窘汉者也，其二功又豪杰之所腹诽也。大王以九江归汉，龙且来见，讨弗能拒。固陵之役在军，军不能胜。今徒以一归诚故，而偃然而当列城邑之封，又以骄色御之，臣恐汉幕之士自执圭而上，皆得持功籍而与王差计也。"淮南王谢不敏曰："孤之获有此日也，大夫之赐也，请以黄金百镒，白璧一双，为大夫寿。"随大夫辞而去之，曰："吾以为淮南王功也，是吾且代淮南王祸也，吾弗敢爱也。"

第三十三则 "高皇后谓酂侯" 章

高皇后谓酂侯曰："相国来！帝讨叛豨，托君以老妇弱子。胡媮自遂也。"酂侯免冠谢曰："唯社稷之策，与主上之宠命，不有宁也！"后曰："吾三使使问军中事，而三不答也，意者忧不在外欤？夫淮阴侯蹶项之劲也，而中废，意怏怏。吾甚忧之。其反也，老妇请厉硕盎而为君先。"酂侯曰："臣闻之，决痈者虞其咽。淮阴侯，功臣也，主上未有命诛之，臣惧挑祸也，且臣老不足以任大事。"酂侯趋出。辟阳侯见曰："臣异日得侍后，未见不色怿者也，今者乃不色怿也。毋以臣委弱欤？"后曰："否。吾欲甘心淮阴侯，相国不与也。"辟阳侯曰："相国文吏，易摇。臣请征之。"出见酂侯曰："下走不敢从百执事以见，窃怪相国鲜食恶寝，中若负隐惩胡愈也。"相国谢曰："无有。"曰："不佞得从良家侍环卫之列，唯是一二语与闻之。日者皇后朝罢而叹曰：'老妇谇过言汉中之帅谁坛而拜者，得无生语泄乎？吾母子不食新矣。'"酂侯大恐色变，入请死。遂谋诛淮阴侯。

第三十四则 "冒顿为单于强" 章

冒顿为单于强，而数苦北边。高祖患之，以问刘敬。敬曰："天下初定，士卒罢于兵，未可以武服也。冒顿以力为威，未可以仁义说也。独可以计久远子孙为臣耳，然恐陛下不能为。"上曰："诚可。何为不能？顾为奈何？"刘敬对曰："陛下诚能以适长公主妻之，彼知汉适女，必慕以为阏氏。生子必为太子，代单于。冒顿在，固为子婿；死则外孙为单于。岂闻外孙敢与大父抗礼者哉？兵可无战以渐臣也。"上曰："善。"叔孙生进曰："大汉方一宇宙超三五，乃无故而饬爱女以为匈奴御？得无贻笑后世哉！夫匈奴，豺狼也。其父之不恤，而手镝之以死，何有于妇父？冒顿之有子也，而见其大父之死于冒顿也，则曰吾父且不武，何以独忍吾大父，而弗忍外大父也？不然而以十万骑入塞牧，曰：'均而孙也，吾何以无汉分地？请得九州之偏若幽冀者寓牧焉。'奚辞扞之？"上曰："虏贪而好色，故饵之。"叔孙生曰："冒顿，饵人者也，非为人饵者也。不观其初得志，而以其所爱阏氏予东胡，而兵随其后。彼岂其遽耄昏哉？而我乃用彼之饵人而饵之乎？"上不听。入宫以语吕后，后大啼泣曰："妾唯一子一女，奈何弃之匈奴？"上乃叹曰："唉！而之不欲弃女匈奴也晚矣。则胡以碟淮阴侯也？"

第三十五则"高皇帝谓群臣"章

高皇帝谓群臣曰："吾少也贱，尝习于战国而未竟也。夫三武安君孰贤？"陆大夫曰："武安君秦似贤。夫武安君秦不假尺棰寸兵一介之卫，缓颊而鼓燕、厉赵、怿楚、靡齐、胶韩魏，而西胁秦。天下之权，舒缩三寸之舌，佩金者六。此豪达之极操也。十五年函谷不出兵而男女获老，此慈惠之宏覆也。臣故曰武安君秦贤。"舞阳侯曰："不然，武安君起贤。白起将而摧韩魏伊阙、安邑、华阳、陉城野，王赵上党、楚鄢郢，首虏百万，城大小二百。自蚩尤以还，未有绩烈若是伟著者也。身死而秦用其教以吞天下，臣故曰武安君起贤。"季将军曰："因易也，反难也，二武安君无无因者。起因勇也，秦因怯也。以关中吏士之勇，即非起将之，势不得不胜也。以六国之怯，即非秦诱之，势不得不合也。武安君牧贤也。夫武安君当衰季之赵，厉残伤之卒，北摧虏、西遏强嬴若拉朽然。反弱而见强，反负以要胜。牧存赵存，牧亡赵亡。臣故曰武安君牧贤。"帝曰："善夫，季将军之言将矣！"

第三十六则"建成侯为太子谓留侯"章

建成侯为太子谓留侯曰："君故为主上时时秘谋，今数欲易太子，太子不敢以望君。君为言太子而主上不听也，万岁后太子不敢以望君。"留侯曰："地疏而计亲者拙也，位贱而图贵者悖也，且上数在困急中幸用臣策。今天下安定，以爱欲易太子。夫以疏贱几弃之人，而处于骨肉之间，百臣等何益？"建成侯劫曰："虽然为我强计之。"曰："此未易口舌争也。顾上有不能致者天下四人，东黄公、绮里、季夏黄公、角里先生，四人者老矣，皆以为上慢侮人，故逃匿山中，义不为汉臣。然上高此四人。公能为太子致之乎？为太子致之而见之，上必异而问之。问之而事可大助也。"建成侯曰："善！"言之高皇后，使使者赍黄金百镒、白璧四双、安车四乘，以太子书，由商山而道，披箐棘贻四皓曰："寡人之窃寤寐高谊久矣，属卒卒无燕闲之间，不敢以身过，请使家令布其区区。夫四先生鸾矫鹄举，游于空外，糠秕万乘，草芥穹显，使海内倾响而慕声。且以秦皇帝之强挃六国王，而不能以寸组被四先生；以项氏之暴血五诸侯，而不能尺刃胁四先生，寡人则何敢言？虽然寡人可以执鞭彗，而共扫除之役无不为也。寡人窃有请也。尧舜欲以天下辱巢、许，故巢、许弗辱也，出不能加治于唐虞，而遁足增华于尧舜，是故其入箕渭益深也。若师尚父之于文王则不然，八十而非熊，九十而鹰扬，百有二十而盘石于齐，施于孙子，大表东海。夫天下不以巢、许故而废师尚父。四先生有意肯幸临寡人，寡人旦夕事之如父。四先生即不厌师尚父，一沛其余，卷舒若云，又似游龙，九有被施。万代若新，岂不快哉！"四皓委发蜕卧，佯瘈不属曰："老臣不足以辱太子使者，庶无所之。长安千里而遥，老臣固道路之遗骨也。且焉敢以子先父也？"使者三请不可，乃返。建成侯忧曰："若之何更见？"留侯曰："子为之号鹜于市而曰鹳也，其曰非鹳，而讪之者十九。号山鸡于市曰鸾也，其不即以为鸾，而讪之者十不一也。夫鹳恒见，而鸾不恒见也。四皓之辟世人久矣，帝向者固高之特耳之耳。"建成侯曰："请受教。"秘使者问状貌，所近而推得之舍人中老者，为隐衣冠，抵掌而谈商山甚悉。及太子燕，上置酒，受留侯辞以从。上怪问曰："彼何为者？"四人前对言姓名。上乃大惊曰："吾求公数岁，公辟逃我。今公何自从吾儿游乎？"四人皆曰："陛下轻士善骂，臣等义不受辱，故恐而亡匿。窃闻太子仁孝、恭敬、爱士，天下莫不延颈欲为太子死者，故臣等来耳。"上曰："烦公，幸卒调护太子！"四人为寿已毕，趋去。上目送之。召戚夫人指示曰："我欲易之。彼四人辅之，羽翼已成，难动矣。吕后真而主矣。"长安人人谓太子能屈四皓也。

第三十七则 "汉高帝诛淮南王"章

汉高帝诛淮南王还，张饮沛，欢甚。已而酒见群臣，倨谓曰："吾孰与古帝王称？"鄡侯曰："尧舜。"帝不怿曰："相国过谀吾，吾焉敢望尧舜哉！"鄂君曰："唯陛下过损以不如尧舜，即尧舜不如也。夫尧唐，侯也；舜，天子之介婿也。陛下起布衣，无尺寸之籍，其不如一也。嬴、项之强难为力，故百倍水焉，尧使禹治之，九年而甫毕，陛下五载而大定，其不如二也。唐虞之甸不千里而近，今薄海内外，罔不臣妾，其不如三也。尧举共工、鲧、骥、兜而偾事，陛下拔三杰而将相之，动若响应，其不如四也。臣故曰陛下过损也，非相国过谀也。"帝大悦曰："虽然，请舍是而拟我。"鄂君曰："秦始皇哉！"帝怒甚，按剑而叱曰："竖子吾提三尺诛无道秦，童子知之。始皇何人而辱我？"鄂君再拜曰："始皇圣之威也，以不足辱陛下乎则可。然愚者任目睹迹，从耳程响。陛下幸赦之，请得举其似。夫始皇称皇帝，陛下因之不改。始皇斥郡县，汤沐之奉大于王畿，陛下因之不改。始皇立丞相、太尉、御史九卿，陛下因之不改。始皇筑冀宫象天阙，陛下之未央、崔嵬不改。始皇为黄屋左纛千乘万骑，陛下之旌旂郁然不改。始皇恶儒，陛下亦恶儒。始皇斥太子，陛下亦数欲斥太子。然而始皇不好酒，陛下好酒。始皇之诛韩灌魏卤赵斩燕灭楚囚齐，兵不留行；陛下血睢水而跳荥阳。始皇使蒙恬北逐胡、筑长城，万里之内无马迹；陛下之困白登，七日不食，卑赂以脱。始皇下五岭，拓南粤；陛下不能使尉佗解椎而正襟。始皇之世，六王之裔胁息黔首；陛下不能使臧荼、黥布之毋反。始皇之世，蒙信终腩下；而陛下不能使韩彭之毋族。由此言之，陛下殆不如也。"帝默然良久，乃举爵自罚曰："敬以谢鄂君之规。"

第三十八则"高帝崩"章

高帝崩，曲逆侯畏吕媭之谗也，舍军而驰至宫，哭甚哀。因奏事丧前，太后哀之曰："君劳，出休矣。"曲逆侯固请得宿卫。太后乃以为郎中令曰："傅教帝，居久之。"曲逆侯为人长白姣丽，时时与辟阳侯审食其并宿卫，其美逾辟阳侯，即辟阳侯亦自以弗如也。而太后数目属之。劳赐餐糒，上尊相继。曲逆侯心恐。乃使其舍人谒辟阳侯曰："陈侯敬使，使谒君侯，敢布腹心。陈侯虽幸蚤贵，然外臣也，岂敢以僭君侯。惟是长信之目属焉，惧一旦之失身以为君侯忧。帝长矣，无所事傅，侯请得辞宿卫为外臣。"辟阳侯心然之耳，且又多之也。曰："是能让。"乃请间于太后曰："曲逆侯何如臣也？"太后曰："是忠臣也，先帝信之而托肺腑。今其傅人主也，十日而不洗沐，蚤起晚罢，若忘其有家者。"辟阳侯起避席曰："曲逆侯之为忠臣，天下莫不闻。然其美丽也，少而有佚行于嫂，天下亦莫不闻。今臣幸而得侍宿卫，以貌寝故无讥者。以曲逆侯之万一而波及臣也，臣何所逃死？"太后不怿曰："若貌曲逆侯耳，吾何有也？"为出之。虽然不可以不重，乃拜安国侯右丞相，而曲逆侯为左丞相。

第三十九则 "颖阴侯为大将军东击齐"章

颖阴侯为大将军东击齐，齐哀王贻之书曰："高帝提三尺剑，诛暴秦，有天下，实赖君侯及二三大臣之力。剖符定封以启汤沐，世世勿绝，唯是庶邦兆民之供，与君侯二三大臣共之。惠帝崩，高后用事，私其家人，诛僇懿亲，蔑灭宗社，弗神其鬼，白马之盟蔑焉，以王诸吕。君侯及二三大臣实与闻之曰：'委曲旁迕以济大几，今少主非先惠帝遗体，觥觥负乘，禄产实齼其牙，且夕改社。'寡人渺小之区，非敢以与宗庙大策。唯君侯与二三大臣，是希以徼惠于高皇帝。今者崤函之间有兵师焉，云君侯将之以诛寡人，寡人未敢信也。寡人少，不能知君侯。尝闻之先王言，雍丘之起，君侯实布腹心。高皇帝削嬴扫项百十邻死，以有今日爵列通侯，位至三事。君侯所邻死百十，且富贵者为高皇帝耶，为吕后也。今幸社稷之灵，吕氏倒持太阿以授君侯，君侯不蚤定计即不讳，与二三大臣何面目见高皇帝于地下？"颖阴侯大惭诧曰："此婴之日夜切齿而腐心者也。"敬与齐王连和。

第四十则 "淮南王之椎辟阳侯也"章

淮南王之椎辟阳侯也，免冠诣北阙谢。文帝以亲亲故不忍诛，而怒不已也。入见太后而请罪曰："臣有弟不能训，而擅僇高皇帝之大臣。臣不能属司寇，而宽之敢谢不法。"太后曰："帝毋忘高皇帝耶？"曰："何敢忘！"曰："帝亦知吕后之人彘戚夫人乎？""知之。"曰："高皇帝而在也，其能无人彘辟阳侯哉。淮南王代帝，而行高皇帝诛者也。何罪？"其速赐王冠。

参考书举要

这本《楚亡：从项羽到韩信》，是《秦崩：从秦始皇到刘邦》的续编，凡是列在《秦崩》书后的参考书，都是本书参考过的，附于此。不过，随着内容的推移，也随着新的发现和新的研究成果的公布，我对参考书目也相应做了一些补充，增添在原来的书目后面，希望保持连续性。

一　历史叙述类

黄仁宇：《万历十五年》，中华书局，1982年，2006年增订版

顾颉刚：《秦汉的方士和儒生》，上海古籍出版社，1982年

西岛定生：《武帝之死》，载《日本学者研究中国史论著选译》3，中华书局，1993年

伏尔泰：《路易十四时代》，吴模信等译，商务印书馆，1997年

吉本：《罗马帝国衰亡史》，席代岳译，台北：联经出版，2011年

盐野七生：《ローマ人の物語》，东京：新潮社，1992年

李开元：《秦崩：从秦始皇到刘邦》，三联书店，2015年

二　人物传记类

吴晗：《朱元璋传》，人民出版社，2003年

林语堂：《苏东坡传》，作家出版社，1995 年

朱东润：《张居正大传》，东方出版中心，1999 年

安作璋、孟祥才：《汉高帝大传》，河南人民出版社，1997 年

张文立：《秦始皇评传》，陕西人民出版社，1996 年

鶴間和幸：《秦の始皇帝》，吉川弘文館，2001 年

藤田勝久：《司馬遷とその時代》，東京大学出版社，2001 年

李开元：《秦谜：重新发现秦始皇》，北京联合出版公司，2015 年

堀敏一：《漢の劉邦》，研文出版，2004 年

佐竹靖彦：《劉邦》，中央公論新社，2005 年

普鲁塔克：《希腊罗马英豪列传》，席代岳译，台北：联经出版，2009 年

三　古典类

司马迁：《史记》，中华书局，1989 年

班固：《汉书》，中华书局，1975 年

司马光：《资治通鉴》，中华书局，1976 年

洪兴祖：《楚辞补注》，中华书局，1983 年

梁玉绳：《史记志疑》，中华书局，1981 年

王先谦：《荀子集解》，中华书局，1988 年

王先谦：《汉书补注》，中华书局，1983 年

陈奇猷：《韩非子集释》，上海人民出版社，1974 年

张双棣：《淮南子校释》，北京大学出版社，1997 年

杨守敬注、熊会贞疏：《水经注疏》，江苏古籍出版社，1989 年

顾祖舆撰，贺次君、施何金点校：《读史方舆纪要》，中华书局，2005 年

長澤規矩也解题：《和刻本正史史記》，汲古書院，1972 年

王象之撰，赵一生点校：《舆地纪胜》，浙江古籍出版社，2012 年

周振甫:《周易译注》,中华书局,1991年

苏东坡:《苏轼文集》,中华书局,1986年

韩兆琪:《史记笺证》,江西人民出版社,2005年

王叔岷:《史记斠证》,中华书局,2007年

四 专门史类

马非百:《秦集史》,中华书局,1982年

杨宽:《战国史》,上海人民出版社,1998年

林剑鸣:《秦史稿》,上海人民出版社,1981年

王子今:《秦汉交通史》,中央党校出版社,1994年

霍印章:《秦代军事史》(《中国军事史》第四卷),军事科学出版社,1998年

陈梧桐、李德龙、刘曙光:《西汉军事史》(《中国军事史》第五卷),军事科学出版社,1998年

葛剑雄:《西汉人口地理》,人民出版社,1986年

周振鹤:《西汉政区地理》,人民出版社,1987年

马新:《两汉乡村社会史》,齐鲁书社,1997年

台湾三军大学编:《中国历代战争史》第二卷,中信出版社,2012年

李孝聪:《中国区域历史地理》,北京大学出版社,2004年

后晓荣:《秦代政区地理》,社会科学出版社,2009年

五 专题研究类

郭沫若:《十批判书》,科学出版社,1962年

劳榦:《劳榦学术论文集》,艺文印书馆,1976年

陈梦家：《汉简缀述》，中华书局，1980年

谭其骧：《长水集》，人民出版社，1987年

田余庆：《秦汉魏晋史探微》，中华书局，1993年

钱穆：《先秦诸子系年》，河北教育出版社，2002年

李开元：《汉帝国的建立与刘邦集团——军功受益阶层研究》，生活·读书·新知三联书店，2000年

辛德勇：《历史的空间与空间的历史》，北京师范大学出版社，2005年

蓝永蔚：《春秋时期的步兵》，中华书局，1979年

张传玺：《秦汉问题研究》，北京大学出版社，1985年

张大可：《史记研究》，甘肃人民出版社，1985年

辛德勇：《秦代政区与边疆地理研究》，中华书局，2009年

陈苏镇：《"春秋"与"汉道"——两汉政治与政治文化研究》，中华书局，2011年

邢义田：《治国安邦》，中华书局，2011年

六　考古类

袁仲一：《秦始皇陵的考古发现与研究》，陕西人民出版社，2002年

王学理：《咸阳帝都记》，三秦出版社，1999年

徐卫民：《秦公帝王陵》，中国青年出版社，2002年

王辉：《秦出土文献编年》，台北：新文丰出版公司，2000年

七　地图类

谭其骧主编：《中国历史地图集》第二册，中国地图出版社，1982年

史念海主编：《西安历史地图集》，西安地图出版社，1999年

国家文物局主编：《中国文物地图集》陕西分册（上、下），西安地图出版社，1998年

国家文物局主编：《中国文物地图集》河南分册，中国地图出版社，1991年

国家文物局主编：《中国文物地图集》江苏分册，中国地图出版社，2008年

八　日文学术类

增渊龙夫：『中国古代の社会と国家』，岩波書店，1996年版

西嶋定生：『中国古代国家と東アジア世界』，東京大学出版社，1980年版

守屋美都雄：『中国古代の家族と国家』，東洋史研究会，1968年

佐藤武敏：『司馬遷の研究』，汲古書院，1997年

栗原朋信：『秦漢史の研究』，吉川弘文館，1986年版

藤田勝久：『"史記"戦国史料の研究』，汲古書院，1997年

鶴間和幸：『秦帝國の形成と地域』，汲古書院，2013年

藤田勝久：『"史記"秦漢史の研究』，汲古書院，2015年